寻找美丽

马妮和形体梳理

马妮／著

全彩版

中国妇女出版社

图书在版编目（CIP）数据

寻找美丽：马妮和形体梳理 / 马妮著. -- 北京：中国妇女出版社，2019.3

ISBN 978-7-5127-1686-5

Ⅰ.①寻… Ⅱ.①马… Ⅲ.①女性－身体形态－基本知识 Ⅳ.①G804.4

中国版本图书馆CIP数据核字（2019）第021499号

寻找美丽——马妮和形体梳理

作　　者：马　妮　著
责任编辑：陈　元
封面设计：尚世视觉
责任印制：王卫东
出版发行：中国妇女出版社
地　　址：北京市东城区史家胡同甲24号　　邮政编码：100010
电　　话：（010）65133160（发行部）　　65133161（邮购）
网　　址：www.womenbooks.cn
法律顾问：北京市道可特律师事务所
经　　销：各地新华书店
印　　刷：北京中科印刷有限公司
开　　本：165×235　1/16
印　　张：22.25
字　　数：285千字
版　　次：2019年3月第1版
印　　次：2019年3月第1次
书　　号：ISBN 978-7-5127-1686-5
定　　价：78.00元

再版前言

PREFACE

形体梳理33年

马妮《寻找美丽》一书于2001年1月由中国妇女出版社出版，2009年6月再版，2019年，第三版即将问世。

这是一本讲述“形体梳理”的书。

形体梳理——简单说是一种形体训练的方式。它诞生于1986年，是马妮本人出于要减肥、要改善形体的需求编创而成，至今已走过33年。

33年前，马妮是“形体梳理”的第一个受益者，在那之后将近10年的时间里，“形体梳理”只是马妮自己保持形体的“小秘方”。直到1995年春，在福建海峡之声华艺广播电台记者贺杰女士主持的《把靓丽留给你》谈话节目中，“马妮形体梳理”第一次公开亮相，接着有了第一个“马妮形体梳理”训练班。之后，一步步走到今天。

形体梳理源于马妮减肥的需求，最初目标就是减肥。但是不久，马妮发现了“体态”的魔力和美妙，便突破了单纯减肥的圈子，走向了“体态塑造”的更高境界。

这本《寻找美丽》对此进行了详细的叙述，正如著名作家毕淑敏所言：“马妮的书好看，有哲理、有故事、有理论、有方法，让你生出好奇与感叹……”

这本书用质朴的语言传递了往往被人忽略的美丽箴言，引着你从不同的层面去认识“形体梳理”，读着它，也许你会豁然开朗：

原来减肥、改善形体、拥有美丽是可以这样做的呀！

33年过去了，“形体梳理”一直保持着独树一帜的特性，显示着深厚的生命力。

单就“塑造形体美”这个总体目标而言，“形体梳理”有自己的观点、手段、手法。这在书中都有相应的讲述。

而就“形体梳理”的特性和生命力来说，我姑且归纳出以下几个方面：

一、创立自己的减肥理念

“形体梳理”因减肥而起，但它不是单纯的减肥法。马妮说：“如果只停留在减肥层面，则对自己的要求太低了。”马妮的减肥理念是客观的、辩证的，其减肥思想和操作方法，颠覆了人们所熟知的减肥理念，她反对把减肥严重化、复杂化，而认为要把复杂问题简单化，主张不依赖任何外界力量（包括减肥药、塑身衣等），开掘自身潜能，来解决减肥问题。

二、以“体态”为纲，从根本上找到了解决形体问题的最佳途径

在“形体梳理”编创初期，马妮就发现，单纯的减肥最终不能解决问题，必须摆脱单纯减肥的羁绊，从体态着手，在寻找“体态美”的过程中，去解决包括肥胖在内的各种形体问题。体态，是形体梳理的核心概念。从“减肥”走向“体态”塑造，给人们提供了关于“形体美”的新的思考角度，并且，对于如何获得“形体美”，如何呈现良好的整体形象气

质，给出了切实可行的意见。

三、注重“心态”与“体态”的相互作用

“形体梳理”汲取中国传统文化精华，深入体验“相由心生”，采取相应手法促成身心同步梳理、内外兼修，使训练事半功倍。

四、理清体态、仪态、礼仪三者之间的关系

这三者是融合在一起分不开的，其本质是体现文明素养。要做到知规矩，求自然；懂尊重，会欣赏；善聆听，真反应；戒虚张，不做作。简单说就是正心态、正体态、正举止，在不同的场合，呈现出得体的气质风度，让自己成为舒适与和谐氛围的贡献者。

五、社会价值

“形体梳理”一经面世就受到了热情的关注，吸引了众多媒体报道，体现出不同寻常的格调。另外，从课堂训练到各种形式的宣讲、培训，一直到承担北京奥运会礼仪专业人员的体态仪态培训任务，到承担中国人民解放军三军仪仗队升旗手团队的体态仪态培训任务等，一次次达到该领域的高度，反复印证了“形体梳理”的优秀品质和社会价值。

这些，共同构成了“形体梳理”独一无二的特性，也是“形体梳理”能够具有深厚生命力的理由。

好雨知时节，
当春乃发生。
随风潜入夜，
润物细无声。

人们曾用杜甫的诗句表达对“马妮形体梳理”的感受，很美妙，也符合“形体梳理”的气质。

然而，也许正因为这个，“形体梳理”的声音并不强劲，没有形成相应的市场气势。所以，马妮关于减肥、体态的理念和主张远没有被广泛认知，尤其表现在减肥的问题上。

马妮认为，人们对于减肥的认识，至今还是停留在最低的一个层面上，几十年来没有实质性的进步。

比如，媒体上会经常出现某某明星在减肥，在节食减肥，每天只能吃一点点什么什么东西……某某在减肥，已经减了多少多少斤……

他们还不知道“体态”的作用和妙处，还不懂得单纯减肥与综合的形体梳理在塑造形体美的效果上有着多么大的差异。

所以，“形体梳理”还有着非常广阔的发展空间，大有工作可做。

这些年，全国各地大大小小、针对女性人群的形体礼仪培训如雨后春笋般兴起，应该说，这些培训丰富了人们的文化生活。但是，其良莠不齐、真假相杂，也是很明显的现象。

有的自称培训“导师”，只懂得摆姿势、弄造型照相，拼凑课程，玩噱头，制造“心灵鸡汤”，动不动就是“贵族”“优雅”“高端”“国际”，把仪态、礼仪庸俗化，以至于把搔首弄姿当成了“美”，失去了仪态、礼仪的本意。

对于这种现象，马妮说，从事形体仪态培训工作的人，自己首先要从理念到技术都明晰、过硬，把自己打磨成为一名合格的形体老师。要做得“真”，不急功近利，才会进步、才会长远。

而《寻找美丽》这本书，从某种意义上说，也是给形体仪态培训工作者提供了一个别致的样本。

33年走过来，“形体梳理”依然大树长青！这在于它的创始人马妮数十年耕耘不辍，不断地把“形体梳理”向深处开掘，开掘出越来越精准的训练“秘籍”，使得“形体梳理”日益厚重，常做常新。

33年弹指一挥间，但也是人生命的三分之一的时间了。

我们愿意看到，“形体梳理”继续她的行程，把她的理念和方法，纯粹地、完整地传递下去。

我们也愿意看到，“形体梳理”继续以她自己的风格和节奏往前走，继续她的“润物细无声……”

不忘初心，方得始终！

白明

2019年1月16日

推荐序

PREFACE

挺起你的脖子

读马妮的书《寻找美丽》，你不由得会伸长了脖子。这不但是因为马妮的书好看，有哲理、有故事、有理论、有方法，让你生出好奇与感叹，更因为马妮要求你伸长脖子。作者在书中反复强调——一个美丽的女人，她首先应该是自信的，是昂首挺胸的，所以，你想美丽吗？请伸长你的脖子。

在这里，马妮所指的“脖子”，就不单是生理上的脖子了，而是一种精神意义上的“脖子”。马妮在书中说：“脖子的长短，当然是先天的因素决定的，要说真把脖子拉长，是不实际的。我所说的‘拉长’……其实并不只是拉脖子，而是首先从拉脖子开始，颈椎向上牵引，喉头找头顶的百会，同时也就引导胸椎、腰椎、尾椎都处在一个正确的状态。‘牵一发而动全身’……”

脖子是头颅和躯体的连接之处。如果它是软弱的、低垂的、委顿的、畸形的（先天和外伤者除外），那么，你很难设想，在这其上的头颅，是智慧和昂扬的；在这之下的身体，是健康和充满活力的。

于是，脖子就成了一个人精神状态的窗口。

在阅读马妮的文字过程中，不管你是一个天生丽质的女人，还是一个姿色平平的女人，你都会被这本书感动，在这本书里找到让你更加美丽的方法。

我这里说“更加美丽”，有人可能嫌比较武断。因为在这句话里，隐藏着一个大前提——这就是表明我一厢情愿地认定——世界上所有的女人，天然是美丽的。我猜：一定有人会反驳这种观点，其数量一定还不少。有的男人会说，美丽的女人？嗯，很少喔，满大街找找，也没几个啊！我一眼就能看出女人的缺陷，不是这儿长了，就是那儿短了，毛病多极了，你怎么敢说普天下的女人都是美丽的呢？我还猜：我的这个观点还一定会受到很多女人的批评。她们会说，别的女人美丽不美丽，我不敢说，但我知道自己就不美丽，比如我的个子不够高，身材不够优美，五官不够端正，肤色不够白皙……总之，缺憾甚多。

我承认这些人说的都有部分正确，女人天生是有美丑之分的。但我词汇中的美丽，并不只是一个生理层面的词汇，它涵盖了精神气质的范畴。当我们说一个女人是美丽的时候，我们的心情里更多地感受到她的温暖、亲切、美好、快乐，她接受并喜欢自己的性别，她是自信、坚定、自爱和爱他人的。正是因为这些精神元素的濡养，她才焕发出光彩，如同一道跌宕的飞瀑——既有水的柔美，也有力的迸射。

我相信，当每一个女人是小女孩的时候，都是美丽的。

但是，在女人成长的过程中，很多人把美丽遗失了。在环境的重压下，在文化的塑造下，在一系列的打击和风雨中，被动地或是主动地遗失了自己的美丽。

马妮也是持这种观点的。她认为任何年纪的女人都可以重新寻找到美丽。也就是说，美丽可以失去，也会复来。每一个人都可以拥有，无论年纪、肤色、种族、文化和地位……

至于怎样找回我们的美丽，这是女人们一道永远的题。生理层面的、心理层面的……需要艰苦细致、持之以恒的自我锻炼。马妮为此做了很深入的研究，在本书中，列出了一些行之有效的方法，各位期望自己美丽的女性，可以细细阅读，恕我就不一一列举了。

在美国的国会博物馆里，保存着一本手抄的《礼貌行为准则》。它的主人是乔治·华盛顿，200年前的一位德高望重的美国总统。

总统为什么要手抄这小册子呢？这本书是16世纪90年代法国耶稣传教士集体编撰的，供年轻绅士遵循的守则，共有110条。它被广泛地译成了多种语言，在世界各地传布。华盛顿把它如同法律文件一样地抄在笔记本上，用意是在抄写的过程中，加深印象，把它默记下来。

这是一本告诉你怎样走路、怎样谈话、怎样穿衣、怎样吃饭的书……华盛顿熟读了它，牢记在心，身体力行。它在某种程度上，使华盛顿总统的一生都充满了非凡的魅力。

我不敢说，马妮的书目前就具有了《礼貌行为准则》这样的权威性和实用性，但我想说，它已经有了可喜的雏形。期待着马妮，将自己的研究成果进一步发扬光大，有朝一日，写一部东方女性的《美丽准则》。

毕淑敏

目　录

CONTENTS

体态与心态

体态、仪态与礼仪

体态与服饰

形体梳理概说

Part 2 | 我 的 故 事

梳理前

梳理后

奥运会的记忆

Part3 | 她的故事

美，各有颜色

爱，是个学问

Part4 | 我的方法

几个概念

化繁为简

“正产品”与“副产品”

开　篇

曾经拥有过美丽，失去了，我要把它找回来！我走上了一条寻找的路。

这一路上，经历了曲折、艰辛，还有喜悦。终于，找到了一个东西，我叫她“形体梳理”。就是她，帮助我重新拥有了美丽和自信。

虽然我也会一年一年地老去，但是，“形体梳理”却可以让我身心的感觉永远年轻。

“形体梳理”要说的和要做的，是一件关于“美”的事情。

“美”是一个大题目，是一个充满哲理性的题目。许多的哲学家、思想家给“美”下了无数的定义，但都没能表尽她的内涵，因为“美”这件事儿太深厚、太广博了。

“美”存在于天地间，更存在于每一个人的心里。

不同的时代、不同的国度、不同的民族、不同的人群……有着各自的美的憧憬、美的标准、美的追求、美的创造。

尤其是说到我们女人的“美”，它又可以体现一个时代、一个社会、一个国家、一个民族的气质和风貌。

“美”是属于我们人类的。人类经过漫长的艰苦卓绝、永不停息的劳作，不断获得了发现美、认识美、创造美的巨大能力，从而使自己成为宇宙间最智慧、最伟大的生命——宇宙的精华，万物的灵长。

人自身，就是天地间最美妙的造化。在世界上千姿百态的美当中，人体美是最高级的美，无与伦比。

这样的“大话”，是我从一些学问家那里搬过来的。但我觉得，从这样的“大话”里，可以体会到作为人的自豪和美好，可以让我们的胸怀更宽阔，心情更舒畅。

用这样的胸怀和心情来审视自己，珍爱自己的身体，把自己变得再美一些，让生活变得再美一些，应该是一件有意义的、快乐的事情。

Part 1
我的观念

形体问题困扰着众多爱美的女性，

其中，减肥最折磨人。

其实，女人的美与不美，

又怎么能够只以“胖”和“瘦”而论呢？

五彩缤纷的世界让人眼花缭乱，

也会让人在寻求“美”的路途中盲目追随。

清醒一些，不必匆忙，

一定能找到属于你自己的美丽。

体态与减肥

不同时代对形体美的认识

在这里我们要说的“美”，是从一个最狭义、最具体的角度来谈的，就是谈我们人的“形体美”。

人的形体怎么样算是美的呢?

有人经过调查研究，计算出人的肚脐以下的长度与身高的比例是0.618∶1，叫作黄金比。就是说，身体的比例接近于这个数，就是标准的美人。这是中世纪意大利的一位数学家测算出来的，据说以这个比例为标准创作出来的人体绘画、雕塑，看上去最舒适，它是符合黄金分割线的。

这一点是不用怀疑的，但我觉得这种生硬的量化标准，对于活生生的人体来说意义并不大。

古今中外不同时代，人们留下的许多关于人，特别是关于女人的形体美的记载，对我们才更有意义。

比如，“窈窕淑女，君子好逑”“楚王好细腰”。

比如，汉代以女子的形体小巧玲珑为美，传说赵飞燕就是身姿小巧，腰肢纤细，能在掌上跳舞。

比如，到了唐代，则多以女性的丰满肥腴为美，据说杨贵妃就是这样的典范。而到宋、明、清，又讲求女人的端丽、清秀，以至于认为溜肩、平胸、细腰、小脚的女子是美的。

再比如，古希腊人以女性体态修长为美；文艺复兴以后又以女性形体丰腴、肉感为美；《天方夜谭》里有对古代阿拉伯女性形体美的描写：颈项细长，腰部的曲线和缓适度，腹部光滑，丰润的大腿像雪花膏做成的圆柱，臀部浑圆像清澈的波浪……

还有大量的人体绘画、雕塑，都能反映出不同国度、不同时期对形体美的认识。

在今天，各种视频、图片、电影、电视、图书、画报等媒介，加上网络传播，不厌其烦地向人们展示着关于形体美、关于女性形体美的画面，丰富之极。

这些信息都在不知不觉中影响着我们，无形中影响着人们对形体美的认识。所以，要说什么样的形体是美的，每一个人都会有自己的看法和判断。

其实，形体美没有绝对的标准。同样是名模，她们身体的具体尺寸也绝不会整齐划一。这里面就有一个关于“形体美”的共性的条件，比如，身体健康、身材匀称、肢体协调、五官端正等，我想，这应该是形体美永远都要具备的条件吧。

对众多爱美的人而言，形体的“胖”和“瘦”是最敏感的问题。历史上除了少有的几个时期，比如唐朝，是崇尚女人胖为美，除此之外，女人们都是希望自己瘦一些、苗条一些的。

除了“胖”和“瘦”的问题，还有与女性美关系密切的、走马灯似的时尚变换，也在强烈地影响着我们，引导着我们。

体态是最好的“装饰品”

跟三四十年前比，今天的世界太繁华了，人们的物质生活水平也是大幅度提高，社会更文明、更进步了。所以，人们追求“美”、实现“美”的愿望，可以表现得非常自由、任性，人们越来越注意并且越来越懂得怎么打扮自己、美化自己了。

但是，五彩缤纷、时尚飞转的世界往往会让人眼花缭乱，让人在寻求“美”的路途中失去判断力，盲目追随。在打扮自己的事情上会顾此失彼、本末倒置，以至于适得其反。所以，我要对爱美的女性朋友们强调一个观点，那就是：

> 任何穿着打扮都是身外之物，而实实在在的，任何东西都无法替代的是你的身体、你的体态。

因此我说：“体态是你最好的、永不过时的装饰品！体态是永久的时尚！”

体态，就是人的姿态，人的身体的样子。

体态，是决定一个人的气质、风度、魅力的最基本的因素，其他任何添加在身体上的物件都是“配件”。

想象一下，如果有了正确良好的体态，再配上得体的服饰，自然会散发出更靓丽的风采，这是锦上添花。但如果形体有许多毛病，比如，颈部错位、扣肩塌背、胸部不挺括、腹部肥胖、臀部下坠、走路拖沓等，即便穿上再高档的时装，妆化得再精细，又会是怎样的形象呢?

有一句话叫“人是衣裳马是鞍”，它说出了衣裳和马鞍很重要，穿着打扮很重要，但是再重要它们也是配件。一副精美的马鞍配在一匹瘦弱无力的马背上，怎么也不会使这匹马气宇轩昂，相反，只能更衬出它的垂头丧气。同样，一套精美的时装穿在一个形体松懈、体态猥琐的人身上，本想增添一些风采，其实却更突出了他的形体缺陷，让人觉得这人与衣裳不配。

我这几十年做“形体梳理”工作，见过太多的女士们只知道在“配件”上下功夫，要从头到脚都是名牌大牌，加上金饰玉佩，堆了一身的高档品，再做出精致发型、描眉画眼……完成了这些“包装”，不但没能显示出作为一个女人的气质和风采，反而让人觉得生硬、做作，看着不舒服。为什么? 因为她缺乏最起码的体态意识，是让自己的身体将就穿着打扮，把自己“淹没”在了装饰打扮中。

而现在经常看到关于“素颜”的消息，透露出了人们在审美上的微妙变化，人们更乐于欣赏自然的、不雕琢的美。

其实，高档的物件品质不凡，但要与良好的体态相匹配才能真正展现出整体美。用自己的身体、体态赋予穿着打扮以生命，让鲜活的体态与穿着打扮相得益彰，才能放射出真正的美的光辉。

有一位学员不到30岁。她第一天来上课是从美发厅刚做了头发来的，发型很精致又新潮，引人注目。训练中，我走到她跟前悄悄问："做这个头发要多少钱？"她说出的价钱让我直咂舌。

"这么贵？"

"这还是优惠价呢，老客户了。好看吗？"

"发型做得真讲究，但说实话，你现在颈部错位，头向前探着，而你把头发做得这么蓬松，又撒上亮晶晶的东西，突出了一大蓬头发，也更衬出了你的形体毛病。你个子不高，这个发型让你的头部放大了，和整个身体的比例不协调，头发像是硬扣在你头上的，建议你试试别的样子。"

尽管我的话会让她伤心，但我不想违心地去夸奖她。我又对她说："没关系，现在最重要的是把颈部错位的毛病克服掉，把体态梳理到位，等你有了正确的体态，别的问题都好办。"结果，经过一期的训练，她变得亭亭玉立，少了矫饰，多了质朴，透着青春的秀美。

所以，多关心自己的体态，努力把形体调整到最佳状态，才是使女人真正美起来的根本。有句话说，天仙般的容貌敌不过魔鬼般的身材。还有句话说，体态是无声的交流语言。说的都是体态的重要。良好的体态，是永远不会过时的保持"美"的法宝，是永远不会过时的最好的"装饰品"，是永久的时尚。

正确的体态：提、收、松、挺

那么，什么样的体态才是好体态呢？

体态并不完全等于身材。身材是先天的，高和矮，躯干和四肢的比例，骨骼的状况等，是自己不能决定也难以改变的。而体态则是可以后天训练和培养的。身材好未必体态好。身材欠佳，通过训练和培养是可以改善的，同样也能获得良好的体态。每一个人都可以在自己先天的自然条件基础上去寻找形体的最佳体态，寻找属于每一个人自己的最佳体态。

世界上人的形体千差万别，形体的最佳状态并没有一个绝对的标准，但是它应该有最基本的要素。我把这个基本要素归纳为四个字：提、收、松、挺。

> “提、收”就是腰带以下的部位——膝盖、臀部、腹部向上提收；“松、挺”，这是一对矛盾词，就是腰带以上的部位——前胸、后背、颈部向上挺拔，而两肩必须放松，自然下落。

“提、收、松、挺”四个字是“形体梳理”要达到的训练目的，同时也是“形体梳理”训练的基本手段。通过“提收松挺”训练，达到“提收松挺”的状态，也就获得了正确的、美的体态。

减肥没有灵丹妙药

健康和美丽是分不开的，也是人人追求的目标。只有健康，没有正确的体态，就体现不出作为女人的女性美。相反，只有纤细的形体，而没有健康的身体，也不是真正意义上的形体美。形体的美与不美，绝不是单纯地用胖和瘦来衡量的。

但是，女人们追求“瘦”的劲头儿却有增无减，有多少人千方百计地要“瘦”，以瘦为美，以“骨感”为美。

女人希望“瘦”一些没什么错。可是许多人却为此而走进了减肥的“泥沼”，不能自拔，是很值得深思的。

形体的问题困扰着众多爱美的女性，其中减肥最折磨人。

“形体梳理”刚一问世，反响很大，出乎我的意料。我收到了大量的来自全国各地的来信，这些信表达了她们对“形体梳理”的喜爱和信任，我很感激。可是，面对她们诉说自己因为减肥而遭受的烦恼、痛苦时，我很焦急、很心疼，因为我有同感。

下面摘录几封来信的片段，这都是二十几年前的信了。我认为，这些信至今也有启发性，因为信里所说的情形至今仍然存在。

一位在共青团委工作的女青年在信里说：

> 肥胖困扰了我十年。我天生就对唱歌跳舞感兴趣，小学五年级时，我是班里的文艺骨干。可是到初中后，随着身体发育不协调，形体发生了很大变化，也就是从这时起，我知道了自卑，渐渐地我把自己封闭起来了，不再像从前那样开心地笑。
>
> 后来我离开家乡到外地上学，我想，在一个陌生的地方，也许能

更好地锻炼身体，改变体形……一个学期结束后回到家，家乡的人说我又胖了很多，我羞得整日待在家里，不敢出门见人。因为形体问题我失去了许多自己喜爱的东西。文艺活动我只能参加排练，到上场表演的时候，我都无法入选。每当晚会上别人欢快地表演时，我的眼泪就止不住往下掉，心里像滴血似的。

马老师，我也试过您当初用过的减肥方法，忍饥挨饿、少睡觉，各种诱人的食物咬着牙不吃。我又试用了各种各样的减肥营养素、减肥套盒、减肥茶、减肥皂、减肥胶布等，都让我失望了。我也练过健美操、健身操，可结果肥胖没减下来，倒是腿和手臂发达了起来，弄得我不敢穿短袖衫、短裙。

我希望有一个爱我的人来关心我，给我面对困难的勇气。可我自卑，不敢去接受我所喜欢的男孩。不知情的人说我清高，一个个朋友离我远去。因为胖，我不敢放手干工作，怕人看不顺眼。因为胖，冬天不敢穿厚衣服，落下一个很难治的鼻炎病，把我折磨得死去活来……

一位从事铁路工作的女士说：

我发胖的原因和马老师您一样，也是因为怀孕先兆性流产，保胎。满月时，同事看到还是庞然大物的我，吓得说我肚子里还有一个孩子，认识我不认识我的人都叫我“胖婆子”，有时丈夫也这样叫我，甚至有人叫我“南瓜”，我心里别提多难受了。我和我丈夫是同学，那时班里的女生都暗地里称他“美男子”，我在班里也算排得上的“美人”。可如今我胖成这样子，我担心失去我的丈夫。

因为胖，鼻子两边、嘴周围患脂溢性皮炎引起痤疮，下巴上堆着赘肉，我都不敢照镜子。前年又查出右侧乳腺增生，治疗痤疮的药停了，改吃治乳腺增生的药。我减肥吃了太多的苦。节食、减肥药、减肥裤、减肥带、少睡觉等，几年下来还是老样子。但我还是抱着减肥的希望坚持下去……

一位医生来信这样说：

我原来体形不错，生完小孩，我没有哺乳，也没带孩子，体重大大增长，减不下来。我羞于见人。相爱多年的丈夫虽没有离我远去，但也因我的体形变化而厌恶我，夫妻生活少了，有时还迁怒于孩子。我下决心减肥恢复体形，曾服用过各种药、茶，练各种功，节食。不但没效果，体重反而由60公斤上升到76公斤，更严重的是心脏负担过重，心肌缺血，身高也由生孩子前的1.56米缩到1.53米，大概是因为缺钙，心脏被挤成横位，经常感觉胸闷气短……

一个刚参加工作不久的女孩说：

我是一个被别人天天议论的胖女孩，虽然他们没什么恶意，但我很伤心。我下决心减肥，我相信我能成功。可他们说我要能变成瘦子，他们就一头撞墙上。这话很伤害我，可也促使我努力减肥。我吃了很多苦，家里经济条件又不富裕，没那么多钱买减肥药，就减减停停，不见效果。我压力很大，快坚持不住了，马妮阿姨给我一个方法吧……

类似这样的来信还有很多。

她们经历不同，但让她们烦恼痛苦的祸首是同一个：肥胖！

减肥确实不是一件容易的事情，但是，它又是完全可以摆脱开来，完全可以去轻松对待的事情。

实际上，我们是在不自觉地受着某种形体观念的束缚。

一说到改善形体、健美形体，几乎所有的人想到的就是减肥！减肥！还是减肥！她们把减肥当成最高目标，把“瘦”当成了美的唯一标准。胖的人要减肥，不胖的人也要减肥。正像有人说的：“女人们得了恐肥症。”

肥胖，可以诱发一些疾病，损害人们的健康，给人们带来了痛苦。当肥胖成了一种疾病——肥胖症——的时候，是必须到医院进行治疗的，为了健康是需要减肥的。

肥胖，也确实影响着人们，特别是女人的美丽。继而，就会影响女人的心情，影响女人的生活。所以，女人为了美丽，也是需要减肥的。

看看你周围的人，有几个是不减肥的呢？减肥的需求是巨大的，于是，就有数不清的减肥招数：药物的、食品的、饮料的、器具的、服装的、手术的、中医的、气功的、运动的等层出不穷，花样也不断翻新，像走马灯一样。

有人需要，就有人研制、生产、销售，大家一起把减肥市场搞得如火如荼，经久不衰，把要减肥的人弄得眼花缭乱，又手忙脚乱。很多人都是尝试了这一种做法，不行，再尝试另一种。一旦出来一个减肥新招，人们就会蜂拥而至，盲从，以至于无所适从。

减肥，将是一个永久的热门的话题。而事实上，它早已经是一个世界性的难题了。有人曾把遍及全世界的减肥活动叫作“世界减肥大战”。尽管减肥的办法不断翻新，但是真正减肥成功的人却为数不多，收效甚微。

许多资料表明，渴望减肥的人们，形成了一支浩浩荡荡、前赴后继的大军，他们对市场上各种各样的减肥产品，都抱着极大的期待去接受、去使用，有的人几乎是常年在各种减肥的方法中疲于奔命，总指望能找到一种“灵丹妙药”，能有“神仙一把抓”，一下子就把肥胖清除掉。

可是，没有“灵丹妙药”，也没有这样的“神仙”。所以，这支减肥大军从总体上说，又叫作“减肥失败者大军”。

要知道，形成肥胖的原因是非常复杂的，没有“一招制胜”的神药。那些声称“减肥有奇效”“一天能减多少斤”的种种“妙招”，几乎都会在使用中出现顾此失彼的状况：身体瘦了，健康丢了，有的甚至为此付出了生命的代价。

有些方法虽然也会产生不同程度的减肥效果，但却不能从根本上解决问题。因此，很多人是减了又肥，肥了再减，走进了一个怪圈，没有尽头。

减肥真是不容易，不然的话，它也不会成为世界性的难题了。

胖有胖的风采，瘦有瘦的魅力

前面我说“减肥是完全可以去轻松对待的事情”，这不是一句空话。

让我们来看一看，想一想，究竟应该怎么样面对“减肥难题”？

第一，减肥市场庞杂，良莠不齐。我们要保持一个平稳的心态，不要“有病乱投医”“饥不择食”。要理性地选择适合自己的减肥方法，最重要的是，首先考虑这个方法对于健康有什么影响。

第二，解决认识问题特别重要。不要把减肥看得太严重，而要尽量淡化它，最好忘记它！不要认为改善形体、健美形体只有减肥，更不要把“瘦”当成美的唯一的、最高的标准。对于肥胖，只要不是病态的肥胖症，就不要动不动就减肥。其实，不可能人人都成为林黛玉。更何况，瘦有瘦的魅力，胖也有胖的风采呢。要克服减肥的盲目性，否则，就等于把自己送进了减肥的“沼泽地”不能自拔，招来不必要的风险和苦恼。

第三，女人最美的是颈部，最高贵的是胸部，最优雅的是小臂和腰部，最能体现青春气息的是双肩和后背，最能显示生命力的是我们的双腿。要学会支配和协调这些部位，放松单一的减肥追求，拉长美丽的颈部，打开高贵的胸部，运用优雅的腰部和小臂，挺直后背，放松双肩，迈动双腿，来施展作为女人的体态的美。这样，无论高矮胖瘦，都会是富有魅力的。

第四，“生命在于运动”，减肥最终也要靠运动来实现。当然，这里面的关键是怎么运动。这个问题，后面要专门来讲。

在人们眼里，时装模特是美丽的，她们身材高挑，肢体匀称，动作协调，再经过专业训练，更让她们的体态风姿绰约，令人艳羡。她们一般都清瘦苗条，有的还“骨感”逼人，叫人心动。

而在身体胖型的女性中，同样有令人赞叹的美的例子。人们所熟悉的宋庆龄女士、撒切尔夫人，美籍华裔电影人卢燕，她们的身材，特别在年长的时候也是腰粗肚胖，并不苗条，但她们优雅的体态举止，却为世人称颂。当然，她们的美更蕴含着深厚的内在素养与人格魅力（这是另一个话题）。

还从体态的角度来看，就是在我们普通人当中，丰乳肥臀的美、富态的美、丰满圆润的美也是随处可见的。

我有一个影视导演朋友，不客气地说，她身材粗壮，像个将军，女人的味道差一些。经过训练，腰围减少了4寸多，但她仍然是个胖型人。不过这时候的胖就胖得有形了，肢体伸展了，曲线显现了，体态到位了，女人的味道出来了。她还希望继续减肥，我说：“你想减成一个苗条淑女吗？基本上不可能。你的基因、骨骼决定了你的身材，你就属于胖型的人，如果你瘦了，就不是你的味道了，你应该展现你‘胖’的美，照样可以‘淑女气’。”

她同意我的看法。实际上，她瘦不到苗条的程度，更重要的是：没有必要！

有一段时间，我们俩经常一块儿出去办事，有人评价说，你们二位，一个代表“瘦”的美，一个代表“胖”的美。这话不是奉承。这位导演朋友很自豪地说：“谁说胖就不能美了？”

减肥的诀窍：忘掉减肥

我认为，女人的身上必须有“内容”，一味地追求干瘦、骨感，未必能真正体验到做女人的美好。

瘦，不等于美；胖，不等于丑。杨贵妃和林黛玉都被称作“美人”，这里的关键就在于体态。

有人吃减肥药吃了很多年，没有变得漂亮，经过形体梳理运动，体态发生了变化，虽然看上去还是胖型，但她自己感觉到了轻盈挺拔，正确的体态会让你焕发出一种自信的光彩，一样令人赏心悦目，给周围的人带来舒适的气息。

实际上，形体的胖、瘦与基因有关，先天性的因素起着决定作用，再高级、再神通的减肥方法，它的效果也是有限的。所以我一直认为，人们为减肥耗费的精力、财力实在有些不值当，减肥的成果永远抵不上我们的付出。为什么要苛求自己变成一个苗条人呢？何况这是不现实的。胖一些的女子，虽然不苗条，但却完全可以具备一个“淑女”的风度气质，同样也是美的呀。

先天的身材条件是不容易改变的，即使是整形水平非常高的韩国也很难做到。即使能做到，也是风险巨大，后患难测。亲爱的爱美的女人们，一定要清醒地认识到这一点啊！

先天的东西不易改变，但是它可以改善。要怀着一颗平常的心，不要制定太高的、不可能达到的目标，不要自己跟自己过不去，要用心选择合适的训练方法，调整自己。这样，同样能够获得良好的体态。要相信，每一个人都能在自己先天的自然条件基础上，寻找到属于自己的最佳状态。

> 胖有胖的风采，瘦有瘦的魅力。体态才是最重要的，体态是无可替代的、最好的装饰品。

放松单一的减肥追求，走出“减肥”的“沼泽地”，去寻找优美的体态。当你不太在意减肥的时候，你会获得意想不到的果实和喜悦——无心插柳柳成荫。

这是我的一个很重要的观点。因此，要问减肥有什么秘诀，我要说：

忘掉减肥！

不妨试试看。

分析脊椎说减肥

再怎么说要淡化减肥的追求，忘掉减肥，但人们还是最关心减肥，还是把减肥当成改善形体的头等大事，所以，我们还必须就减肥的事情说很多很多的话，同时，努力给大家提供一些实用的可操作的做法。

在开始编创“形体梳理”的时候我就认识到了：要减肥，必须从削减、铲除多余脂肪堆积的条件和土壤着手，单纯地减肥，最终是解决不了问题的。

这话怎么讲呢?

减肥不是孤立的问题。要知道，形体上的问题绝不只是肥胖，更有颈部错位、胸部不挺括、扣肩塌背、臀部下坠、肌肉弹性减弱、行走拖沓等。这些形体的不良状况是相互牵扯、相互影响的，往往会形成不良的循环。加上人的内分泌系统的障碍，就共同给多余脂肪的堆积提供了条件和土壤。

让我们一个部位一个部位地来看看自己身体的情况。

上天赐予人的身体形态是，颈椎、胸椎、腰椎、尾椎在感觉上成一条直线，向上牵引，头顶找天，是直立挺拔、顶天立地的样子。但是，由于人们生活中的惰性、恶习，或者老是重复一种形体动作，比如长期坐办公室，伏案书写，看手机；行走坐站的时候，没有体态意识，过于松懈等，久而久之，失去了上天赐予我们的正确的形体状态。

颈部错位，是很常见的现象。颈部一错位，头向前伸或者脖子向下坐，导致过早地出现重下巴，颈部出现褶子，两腮与脖子之间滋生出肉团，有的脖子后面会出现一块大肉团，像面包一样。我们说，颈部最能显示女性的美，但这样的颈部形象又谈何美丽呢？外部看着不美，内里还会导致颈椎病。颈椎病形成的原因很多，但体态不到位是形成颈椎病的重要原因之一。

颈部错位产生的问题影响到胸椎，胸椎很自然地响应颈部错位的号召，胸部就挺不起来了。胸部挺不起来，两肩向前扣，使得本来应该丰满的前胸没有丰满起来，乳房平塌下垂，后背反而肉墩墩的。有些比较瘦的

女性，前胸平平的，能看出一根根骨头，但后背却肉乎乎的。

想象一下，这种颈部和胸部的状态，又哪里谈得上优雅和高贵呢？不会挺胸的女人其实是很吃亏的。脖子向前一伸，胸一扣，作为女人的气质就会受很大的影响。

再接着往下看。颈椎、胸椎的错误状态，必然影响到腰椎挺不起来。这样，就为腰带以上、胸罩以下这一带提供了一个堆积多余脂肪的条件和土壤，使这一带的肉显得鼓鼓囊囊的，一坨一坨的。

腰椎挺不起来，又必然影响到尾椎，影响到坐姿，慢慢就养成了一种懒惰习惯。这样，一方面为腹部滋生和堆积脂肪提供了良好的土壤，同时又为臀部、大腿这些部位提供了积攒多余脂肪的有利条件。于是，腹部、臀部、胯部、大腿，这一大块中间地段开始肥胖起来，不少人还形成臀部下坠。这样一来，女人的优雅全没了。

实际上，这就是整个脊椎处于懒惰和僵滞状态，不能正常发挥它支撑躯干的作用。脊椎出现这样的问题，不仅影响体态的美，而且更影响健康。

脊椎的不良状态，又会导致膝盖、脚腕缺乏柔韧性。行走或者站立的时候，腿部的力量不足，或者反过来，先是腿部膝盖的力量减弱，再影响到上身。其结果都是一样的。这样，全身上下不良状况相互影响，相互作用，形成恶性循环。再加上内分泌系统的障碍，内部气息不通畅，就共同给体内多余脂肪的堆积提供了一片肥沃土壤。

所以，要减肥，就必须清除这个堆积多余脂肪的条件和土壤。

要想不发胖，先把脖子拉长

而要清除这个堆积多余脂肪的条件和土壤，须从两方面着手。

一方面，把内部气息疏理顺畅，从内部清除人的惰性，使人有能力、有力气支撑自己的身体，所谓“气血通畅”“气血旺盛”。

另一方面，把外部肢体梳理到位，从活动颈椎开始，反复调整脊椎，纠正体态，找到颈椎、胸椎、腰椎、尾椎成一条线、向上牵引、头顶找天的感觉。简单说，就是从拉长脖子开始，活动整个脊椎。

这样通过内外同步调整，逐步达到提、收、松、挺的正确的体态要求。让减肥的效果在追求健康、追求体态美感的过程中自然产生。

这是减肥的根本途径。

我把造成肥胖以及其他形体毛病的主要原因归结为“内部气息不通

畅”和“外部肢体不到位”。

这个基本思想是：遵循人的生理的自然法则，通过对人的内部气息和外部肢体的同步调整，充分调动起人的自身机能，最终依靠自己的力量达到改善形体、健美形体的目的。减肥在这里不是唯一的，不是孤立的，而是自然地包含在其中的。

比如说，有的人肚子并不胖，可肚子是向前腆着的，颈部是向前伸的，形体松懈，走路拖沓……日积月累，肚子也会慢慢地真的胖起来。等它胖起来了，哪怕开刀把肚皮里面的脂肪切掉，而不从根本上去纠正错误的体态，多余脂肪还会再滋生。这就是我们常说的“反弹”。所以，单纯地“头疼医头，脚疼医脚”的做法对减肥是很难奏效的，即使暂时有效果，也是很不可靠、很不稳定的。有人直接在腹部做抽脂手术，不但没有达到美的目的，反而把肚皮糟蹋得不成样子，留下终生遗憾。

这就是“要想不发胖，先把脖子拉长”的内涵，是减肥的首要动作，也是对形体进行综合梳理的首要动作。肚子肥胖，先拉脖子，调整颈椎，进而活动整个脊椎，寻找正确的体态，尽可能减少多余脂肪的滋生空间。

脖子的长短，当然是先天的因素决定的，要说真把脖子拉长，是不实际的。我所说的“拉长”，是感觉上的拉长，去找脖子向上牵引的感觉，不能让脖子向下坐。

“把脖子拉长”其实并不只是拉脖子，而是首先从拉脖子开始，颈椎向上牵引，喉头找头顶的百会，同时也就引导胸椎、腰椎、尾椎都处在一个正确的状态。“牵一发而动全身”，从脖子开始带动身体的各个部位都处在正确的状态，从而削弱多余脂肪堆积的条件和土壤。

其实，说到底是一个“体态意识”的问题。有了明确的体态意识，时不时地用“要想不发胖，先把脖子拉长”来提醒一下自己，随时调整自己的体态，就不会让肚子任意地胖起来，就不会让脂肪任意地滋生起来。

由于形体的不到位，为多余的脂肪提供了堆积的条件和土壤，而减肥的关键就在于清除这个条件和土壤，这是我的一个重要发现和认识，也是“形体梳理”的思想支柱。

盲目减肥是自我摧残

一说到改善形体、健美形体就想到减肥，一想到减肥，就想到节食，少吃饭，甚至不吃饭……好像这一点是最重要的，也是最容易做到的。

凡是经历过减肥的朋友，基本上都亲身体验到了：形形色色的减肥产品、减肥的方法，几乎都要直接或间接地与节食连在一起，都要有节食这个重要的附加条件，有的对饮食的要求非常苛刻。

我们提倡合理饮食，反对暴饮暴食，而一味地节食，或者用药物、用饮品、用营养素等代替饮食，显然是违背人的生理自然法则的。

稍加注意就能发现，我们身边众多的女性，不管是胖的还是并不胖的，她们受到了铺天盖地、夸大其词的减肥宣传的影响，一个个谈“胖”色变，一个个比着减肥，你吃得少我要吃得更少。早餐不吃，中午顶多吃一两主食，晚餐不能吃，只吃水果。据说喝水也会发胖，于是就连水也不敢多喝了。到头来，于减肥没有用处，于健康却非常有害。

“民以食为天”，人一生没有比吃饭更根本、更重要的事了。

一群学员在上课前聚集在一起，你一言我一语地谈论着她们各自的减肥经历。

甲：“我吃的减肥药、减肥茶太多了，吃了好几年都没见效果。”

乙：“你得严格按它的要求去吃吧，也能有点儿用的。”

丙：“那些东西对怎么吃饭都有要求的，能吃什么不能吃什么……”

丁：“没错，我吃过好几种，有的让你拉肚子，有的让你没胃口，不想吃饭，过一段时间真瘦了。可是一不吃它，又不行了。”

甲：“嗨，我就怕不让吃饭。开始我也照它说的去做，克制自己这不吃那不吃，没过两天受不了了。管它呢，我得吃饭，不然饿呀，饿得胃里难受。”

乙：“那你还吃减肥药干吗？”

甲：“图个心理安慰呗，觉得自己也在减肥嘛。”

丙：“怪不得，你一边吃减肥药，一边还照样吃饭，不节食，那能有什么效果呀？”

甲：“照这样看，就是有效果也不是减肥药的效果，而是不吃饭的效果。”

丁：“一点儿不错，让你少吃饭、不吃饭，能不瘦吗？可你不能一直这样吧，你扛不住，正常吃饭了，完了，前功尽弃。”

……

当年，我的减肥情形跟她们非常相似，再加上我接触这样的女人一批接一批，不计其数了，所以我太懂得这些女人啦。

女人们为美而减肥，表现得真是顽强，不屈不挠、不惜代价、不择手段。

如果仅仅是肥了就减，减了又肥，肥了再减，在这样一个圆圈里打转转，还不算十分可怕，可怕的是有人活着就为了一个“瘦”字，不惜摧残自己的身体，拿生命当儿戏，那样做的后果叫人痛心又气愤。

多年前在福州的时候，有母女俩来参加“形体梳理”训练。母亲做过肠癌手术不久，身体恢复得还不错。她对我说，女儿在读职业中学，她们学校的女生在联合起来进行集体减肥，她班里14个女孩儿，不管胖的瘦的全部都加入了减肥行动，大家还互相鼓励，互相监督。这些十六七岁的少女，每天只吃一个水果。母亲说，女儿减肥半年多，减掉了60多斤！其实她并不是那种肥胖型的女孩，就是怕发胖，非要跟着别人减肥不可，减了60多斤，可以想象她瘦成什么样子了。

母亲含着泪对我说：“她现在不减肥了，瘦成这样还减什么呢？老师，你劝她吃饭吧，她会听你的话。”

这个女孩骨瘦如柴，“骨瘦如柴”这个词用在她身上再贴切不过了。她来上课要先在一条长椅上躺一会儿，然后再站起来训练，全身没有一点儿支撑力，太虚弱了，远不如刚做过肠癌手术的母亲的身体。我照她母亲的意思劝她要正常吃饭。她说她现在很想吃饭，但吃不进去。母亲想着法子给她做鸡蛋羹，做各种粥，她说看着就恶心，一吃就吐。

我看着这个少女，只剩下骨架的两只手抓着把杆，青筋暴露，站在那里就像一棵豆芽菜，脸上没有一点儿光泽，眼圈、鼻翼发乌，嘴唇没有血色，说话有气无力。她的体质那么差，根本不能接受正常训练，只能练一会儿，躺一会儿。我很受震动，心里像被揪着一样疼。我对她母亲说，这孩子的吸收功能已经被严重破坏了，现在的首要问题不是做形体训练，而是要抓紧给她看医生，要赶紧去治病啊。母亲很难过，哭了，女儿也哭了。

想一想，母亲说女儿并不算胖，体重却减了60斤，是啥概念？我实在弄不懂，那些少女为什么要减肥？为什么会用那样一种自我摧残的办法去减肥？她们减肥的目的是什么？是为了美丽吗？看看这个女孩子，确实减了肥，瘦了，也“骨感”了。但是，她既没有了健康，也失去了美丽，现在想找回正常人的生活都很困难，还谈什么美丽呀！

无独有偶，《北京青年报》登载过这样一则报道：一个女青年，并不算胖，偷偷地节食、减肥，开始是少吃饭，后来干脆不吃饭，直到没有了食欲，厌食，几个月下来，她的体重也是由120斤减掉了60斤。可想而知，她什么事情都做不成了，住进了医院，打点滴。这时她非常想恢复自己原来的样子，但是晚了，她的循环系统、吸收功能都受到了严重破坏，输液都困难，几乎输不进去……她死了。死前，她睁着两只干枯的眼睛问医生："我还能再胖起来吗？"

吃饱饭再减肥

正是因为这些，更有我自己减肥的深刻教训，所以，我提出了一个矫枉过正的口号：

吃饱饭再减肥！

这首先表明了我反对节食减肥的态度，表明我“要减肥，必须把健康放在第一位”的态度。

女人减肥的故事叫我深思：减肥呀减肥，怎么就像一根魔杖，把那么多女人搅得不知道东南西北呀？

我想说，女人们，不要受那根魔杖的蛊惑，不要盲目减肥，不要轻易地节食减肥。难道我们不知道“健美健美，首先要健康，而后才是美丽”吗？

我自己有过节食减肥的经历，饱尝过忍饥挨饿的痛苦，深深地知道节食减肥不可取，也知道一件件铁的事实告诉我们的节食减肥的恶果。而当我不再节食，采取了“形体梳理”的办法之后，却比较稳妥地实现了减肥的愿望。所以，我坚决地提出了这样一个观点：“吃饱饭再减肥！”

肥胖，不是营养过剩造成的。最起码，营养过剩不是造成肥胖的决定性因素。恰恰相反，是营养失调造成了人体内某种营养的缺乏，加上人的惰性、内分泌系统的障碍和不正确的体态，一起为多余脂肪的堆积提供了土壤和条件，使肥胖逐步形成。

节食的人最怕脂肪，其实脂肪不是形成肥胖的唯一原因。保持一定比例的脂肪，对女性太重要了。因为脂肪对女性来说，不仅能保持恒定的体温，储存能量，还能增加皮肤弹性，促使胸部隆起，臀部丰满，有利于保持女性的曲线美。如果长期缺乏脂肪类食物的摄取，会导致免疫功能下降，内分泌系统异常等。所以，一定不要把脂肪视为洪水猛兽，不要盲目地、轻易地拒绝脂肪。

不错，肥胖是因多余脂肪的堆积造成的，但说的是“多余的”脂肪，而且是“堆积”。因此，减肥的人应该考虑的问题是：如何控制摄入“多余的”脂肪，更重要的是考虑如何使“多余的”脂肪不“堆积”。所以说，靠不吃脂肪类食物、少吃饭或不吃主食来解决问题是不科学的，最终也达不到目的。

节食会阻碍正常的新陈代谢，引发生理紊乱和营养缺乏，造成机体免疫力下降，使体内的能量减弱，久而久之会诱发多种疾病。生理知识告诉我们，人在饥饿的状态下，身体首先调动起来的不是脂肪，而是体内的水分、蛋白质和糖。长期的饥饿会出现头晕、乏力；节食导致胃部收缩，胃部长期收缩，会引起胃功能紊乱；吃进去的食物过少，还会引起胆汁不分泌而出现胆囊症等。

一味地节食会引起贫血，有人称它是“绿色贫血”。患绿色贫血症的很多是年轻的都市女子。这些人确实把自己给弄瘦了，但是，消瘦的面庞黄绿灰暗，用名贵的化妆品也难遮盖住，裸露的脖颈、手背、脚面，都能看见青筋暴露，皮肤缺乏光泽，干巴巴的。

健康人血管里的血比较浓，有丰富的红细胞和各种营养物质，而贫血的人血很稀薄，质量不高，不能充分地向身体内部输送氧气和营养成分，就会导致头晕耳鸣、记忆力减退、疲乏无力、情绪不稳定、嘴角裂口、月经不调等病症；还会使指甲扁平，没有血色，皮肤失去弹性，头发干枯，容易分叉脱落。由于缺少皮下脂肪，缺少血液充盈，静脉突现，就使得白皮肤发青，黄皮肤发绿。据说一些发达国家和地区都有这类贫血病的报道，被称作“文明社会的瘟疫”。

对于中青年人来说，轻易地去节食减肥，还有可能过早地患上老年疾病。因为这个时候人的身体需要大量的营养，也需要强有力的新陈代谢能力，如果进行节食，人的身体就会像一台机器在缺少润滑油的状态下强行运转，磨损该有多厉害呀。

另外，节食减肥势必经常忍饥挨饿，造成人体内的色胺酸严重不足，影响神经传递物质的分泌，大脑会发出强烈的饥饿信号。这样，在忍耐一段时间之后，可能会瘦一些，但会更快地陷入暴饮暴食的境地，导致形体再度发胖。

总之，一味地节食是违反人的生理自然法则的，节食减肥是不可取的。

> “吃饱饭再减肥”意思是，要保证正常的饮食，保证营养供给，使体内能量充足，才有能力支撑、控制自己的身体；才有能力调动自身机能，促成从内部到外部全身正常的新陈代谢，使机体保持在良性循环状态；才可能保持正确的体态，从根本上削弱、清除多余脂肪堆积的条件和土壤。

减肥最终靠自己

在“形体梳理”第一课之前，我们都要做一次动员工作，动员学员们一定要正常吃饭，正常休息。正在使用的所有减肥物品——减肥药、减肥茶、束身衣等，全部停止使用。一般训练到第三次课的时候，整体突出的毛病就基本上看不到了，形体开始慢慢到位。

可是有一次，我发现一个学员形体不对头，腿站不直，胸椎挺不起来，肚子还是往前腆着。我问她：

“你是不是背后搞什么名堂了？到第三次课了，不应该再有这种形体毛病的，你又做什么了？”

这个学员吞吞吐吐地说：“我不是想快点儿减肥吗，双管齐下，就偷偷吃了点儿减肥药。”

我说：“一定停下来，不要再吃了。你看看别人的体态，都开始有效果了，你要是再这样，动作做不到位，会比别人落得更远。”

是不是吃减肥药了？一般是能看出来的。因为吃减肥药，不能正常饮食，体力不够，气色不好，腿也缺乏力度，跟不吃减肥药的人相比，状态不一样。正常吃饭，体力充足，肢体的支撑能力强，动作就能做到位，形体感觉就能很快抓住。有了正确体态，多余的脂肪就不容易堆积，这样，才能真正达到减肥、改善形体的效果。

这是减肥的上策。

应该说，减肥的人都是认真刻苦的，都想赶快瘦下去。多余的脂肪堆积在自己身上，减肥的事必须身体力行，她们不靠自己又能靠谁呢？既然如此，为什么还要专门提出“减肥靠自己”呢？

我说的“靠自己”，意思是靠自己身体的潜在能力进行减肥，对于外部的力量只能暂时借助它，而不能依赖它。

医学上有一个很重要的观点：治疗学的首要原则是自然痊愈力的作用，有效的治疗不过是为自愈创造了较有利的条件，或者是缓解病情，为自愈争取了时间，而最后的治愈还要依赖于人体的自愈力来完成。

这个道理也可以用在改善形体上面，我们就是要开掘自己身体的类似于自然痊愈力的能力，最终依靠自愈力达到减肥的效果。

可是事实上，多数减肥者把大量的精力和金钱花在了寻求外部力量上面。

就像前面说到的那样，她们常年奔波在减肥的市场里，寻觅这个药能让我减肥吗？那个茶能让我减肥吗？听说束身衣能减肥，买来穿在身上强迫出汗，以为出汗就能减肥。还有辣椒减肥，裹上保鲜膜减肥，针灸减肥……这很新鲜，都去买单。有的干脆去做抽脂手术……减肥的名堂层出不穷，人们也不厌其烦地挨个折腾，一个不行再换一个。

现在有一种“模具”更是了不得，把它紧紧地勒在身上，从外面看上去似乎瘦一圈，以为这样硬勒就能把脂肪勒下去。我问过戴“模具”的人，勒着很受罪的。而能不能减肥？只有自己知道啊。

但是不管怎样，她们都是在积极主动地进行减肥呀。

其实，从根本上说，她们却是被动的。

首先，她们没有了判断力。只要动脑筋想一想，就能够发现，那些不断变换的减肥花样，大都是厂家、商家玩的概念游戏，制造新奇，迎合减肥人的心理，到头来不能解决根本问题，反而伤害身体。媒体上曝光过不少因减肥引起的事故纠纷，再看看一个个下架的、消失了的减肥产品，应该能引起我们的思考，提高我们的判断力。

没有判断力就会失去主动权，只会向别人寻求减肥的方法，而不知道主动地开掘自己的潜力。这样的减肥方法只能是权宜之计，有些还是有害之举。

那天在一家商场门口，我老远看见一位女子的身影，在熙熙攘攘的人群里，她特别出众，吸引了我的目光。她衣着很普通却具有吸引力，是因为她体态正确，焕发出一种自然的、优美的整体形象的魅力。她像在等人，有些焦急，但不失优雅端庄，尤其是胸部的感觉很是养眼。

出于职业的习惯，我喜欢观察人的体态。这位女士就让我暗中赞许，目光没有离开她。突然我们俩目光相触，她喊了一声：“马妮老师？”

等我们走近了，我有点儿不好意思，一时没想起来她是谁。她没有介意，说她是我的学员，两年前的夏天上的课。

聊了几句我就想起来了，她当时来上课就是要减肥，一开始还用着减肥药、束身衣，不止一种，我要求她这些东西都不要再使用，不然就不要训练。这事我有印象。

现在见到她，我很高兴，赞不绝口："非常好，老远就看见一个人在这儿'臭美'呢，真的非常好。"

训练课上我们喜欢说"臭美"这个词儿，我爱对学员们说："姐妹们，这两个小时的训练咱们什么都不要想，什么工作呀，家务呀，烦心的事呀，丈夫孩子呀，都不想，就让我们一块儿尽情地'臭美'吧。"所以一说"臭美"，大家都心领神会，很开心。

眼前的她，跟两年前刚进行训练的时候相比，可以说是光彩照人。

她告诉我："从训练完以后，我就照您说的几个动作天天练一会儿。第一个是深层收缩，乘电梯的时候做，都成了习惯。我住17楼，上下楼的时间不短呢，做深层收缩，别人也看不出来。自己亭亭玉立的，心里美得很呢。第二个是半脚尖站，每天刷牙的时候都是半脚尖站着刷，晚上看电视的时候也不时地站一站。第三个就是睡地迪斯科，睡觉的时候做几下。这些都成习惯了，也不费事。我现在腰围一直在二尺二左右，到不了二尺三，我现在很有把握，控制肚子不发胖一点儿都不难。"

我问她："现在还用别的办法吗？还节食吗？"

她说："都用不着了。经过这么长时间我越来越懂'形体梳理'的意思了，就靠我自己。"

类似的事情我不止一次地遇到过，让我很欣慰。

树立体态意识，懂得随时随地调整自己的体态，就不会让肚子任意地胖起来，不会让脂肪任意地滋生堆积起来。也就是说，我们完全可以用最简单、最直接的办法去解决减肥的问题。

为了健康和美丽，我们需要治病的药物、减肥的药物，需要减肥保健的食品，需要减肥健身的器械和用品等。但是，所有这些都是外界的力量，可以在必要的时候借用一下，但却不能依赖它们。

在减肥的问题上可以去尝试多种方式，关键是选择对、不依赖。我们可以把外界力量当作临时的拐杖，利用它慢慢地在自己的身体中培养力量，然后，就要丢掉拐杖，最终靠自己的力量，依靠自愈力解决问题，这样，你就掌握了减肥的主动权。

生产减肥茶的老板不让妻子减肥

多年前一家报纸上登载过一篇文章《我生产减肥茶，我不让妻子减肥》，里面这样写道：

> 妻子今年27岁，身高1.63米，体重67公斤，稍胖。她在接触我厂减肥产品科研资料及消费者来信时，竟也不禁动心。此后，就经常向我通报，说她在单位女同事体重“排行榜”上持续名列榜首。妻子说很难承受这样大的“社会压力”，强烈要求减肥。
>
> 但我作为减肥茶厂老板，通过大量的减肥个例深知减肥对一个人意味着什么。
>
> 国外资料显示：有减肥经历的国际影星、时装模特是世界上寿命最短的人群（约为正常人群寿命的2／3）。这是不当减肥危及健康的最好证明。
>
> 科学研究表明，35岁以前，人们要完成身体发育，生儿育女。人体需要大量的营养物质，自身也具有很强的新陈代谢能力。若采取服

药、节食等方法大幅度削减体重，阻碍正常代谢，必会引发生理紊乱，营养缺乏，机体免疫力降低，诱发多种疾病，甚至过早患上中老年疾病。

健康是一个永恒的话题，美丽没有确切的标准。在我看来健康就是美，故我鼓励妻子加强运动，坚决反对妻子喝减肥茶……

这篇文章所说的减肥茶早已经过时，消失了。但文章要表达的观点至今仍然有启示的意义，值得我们汲取。

认清减肥市场和运动减肥

上面的文章让我想到两个问题。

第一，理性看待减肥市场。

生产经营减肥药、减肥茶、减肥器械的厂家、商家，更多的是一种经济行为、经营行为，作为消费者，需要的是能够清醒地看待这个减肥市场。

早先在福州的时候，有一个很知名的大企业在福州的代理找到我，说他们经过市场调查，了解到女人对减肥的需求非常大。他们在马路上随机访问了数千名女性，问她们对自己的身体最关心的是什么，结果所有的人都说到怕发胖，要减肥。胖人这么说，瘦人也这么说，身材适中的人同样这么说。

根据这个调查，企业计划生产一种减肥药。他们了解到“形体梳理”很受女性欢迎，派人跟我谈合作。归结到一点，就是让我对外宣传说，“形体梳理”训练再配合吃这种药，减肥有奇效，又能控制形体不发胖，

在哈尔滨二龙山滑雪场

永远保持形体苗条。他们说，我们两家联手，一定能把市场做大，要是同意，我就可以成为富人了，就不用这么辛辛苦苦去上课了。

还有一家企业，生产出一种可以减肥的器械，找我做广告，让我说我的形体就是“形体梳理”加上这种器械一起训练的结果。这样我也可以挣一大笔钱，也能成为富人了。

后来在北京也遇到过几次类似的事。

当然，我都没有答应他们的要求。他们问我为什么。我说：“因为观念不同！”

他们说我太不懂经营，没有市场思维。是的，这是我的一大缺陷。他们说的那些好处、利益确实很诱人，但那是明摆着的忽悠人、说假话，能挣再多的钱我也不会动心的。否则，即使能变成个富人，我还能生活得心安理得吗?

这种情况让我对“形体梳理”更坚定信心了，更促使我要把“形体梳理”做好，让更多的人明白，减肥最终要靠自己，健康比减肥更重要。

时隔几年后，那几种要与我合作的减肥产品，全都下架了，因为它们终归对健康有害，于减肥无益。

第二，减肥适合比较温和的运动方式。

事实告诉我们：减肥没有灵丹妙药！减肥最终要靠自己！那么，就必然要归结到运动上，通过运动增强自己的力量，增强克服自身形体毛病的能力。

“生命在于运动”这句话永远是真理。

也有人说“生命在于静养”，我认为这并不是否定运动，静养也是一种运动的方式，好比说我们到什么地方去休养，绝不是说让你吃了睡，睡了吃，一动不动地养着就能使身体健康。“静养”，应该理解为是外静内动的一种运动。

运动对于每一个人来说，都有一个采取什么样的方式方法的问题。

从古至今，人们创造了数不清的运动方法。且不说那些专业的体育竞技运动，单看民间的运动方式就是丰富多彩的。踢毽子、跳绳、呼啦圈、散步、慢跑、广场舞……简单、有趣又经济实惠，而且对人们保持形体、控制肥胖大有好处。

当然，还有另一种情况：今天人们都知道健康最重要，所以健身器材也很受欢迎，并且在往高端奢华上走，功能非常全面。可我发现，许多人买了这一类的健身器械，摆在家里很有气派，却很少使用。大都是刚买来的时候图新鲜锻炼过几次，之后就放在那里“睡大觉”了，落满了灰尘。

按说，这些健身器材是很科学的，正确使用它，再注入体态意识，持之以恒，也会产生效果。

根据我的经验，减肥、改善形体、调整体态适合比较温和的运动方式。

温和适中的肢体动作，非常有助于矫正形体，有助于获得正确的体态，有助于控制多余脂肪的堆积，实现减肥的目的。

通过温和适中的肢体活动，获得正确的形体感觉和状态，从而获得一种根本性的、简洁实用的控制形体的方法。这种方法可以很容易地在日常生活和工作中、在走站坐卧中，随时随地加以运用，把运动、训练与日常生活融合起来，潜移默化，养成良好的形体习惯，培养良好的身体记忆，积累自身的能量，就可以不依赖外界力量，永远掌握住控制肥胖和改善形体的主动权。

很多学员在结束“形体梳理”训练之后，体态保持得越来越好，就是因为她们把根本性的方法融合进自己的日常活动中，保持着身体的能量，最终是靠自己，才有了体态越来越好的情形。这正是“形体梳理”追求的状态。

器械可以使用，但需要在体态正确的基础上使用它，不然就可能适得其反。

其实，每个人都有调整、控制自己形体的潜在能力，问题在于，很多人没有认识到它，没有找到它。所以说，减肥没有灵丹妙药，如果有的话，那么，这个灵丹妙药就在你自己身上存在着，“形体梳理”可以帮助你把它开掘出来。

把复杂问题简单化

我们说过，形成肥胖的原因是很复杂的，它涉及生理学、病理学、营养学、心理学、运动学等。人们要制造出各种各样的减肥产品、减肥器械，也都要从这些方面去分析研究，要列出很多数据、术语，找出严密的逻辑、深刻的道理、复杂的关系……反正一般人是不会懂的，说明他们的产品是专业的、科学的。生产者、经营者要做市场调查，要揣摩女人的心理，要把握住减肥的女人最想要什么，你需要什么他就做什么，也是花费了巨大心血的，然后，要千方百计地把产品卖出去。这是很正常的。

我想说的是，那么多层出不穷的减肥物品和方法，虽然是经过严密的科学技术手段研制出来的，可是它能与我们人体这个活生生的生命吻合多少呢？人体就是宇宙，最复杂、最微妙，而且每时每刻都在变化，再高级、再神通的东西用在人身上，它的作用都是有限的。

因此，我还要提出一个观点，就是在减肥的问题上，要“把复杂问题简单化”。

仔细想一想，许多减肥的方法和物品列出的那些名词、术语、数据、原理，我们明白了多少？弄明白了之后怎么运用在我们的身体上？究竟能落实多少？

比如，告诉我们每天需要摄取多少多少卡的热量，里面包括多少蛋白质，多少维生素，多少脂肪，多少葡萄糖，摄取了多少能量以后，要消耗多少多少卡的能量。

比如，告诉我们一个人的标准体重和身高的比例应该是多少，还有计算标准体重的方法。

还比如，告诉你在使用某种物品的时候，要在什么时间吃饭、吃多少，什么时间喝水、喝多少，能吃什么、不能吃什么等。

科学的饮食起居，是人类文明的成果，我们需要尽可能地去了解它，接受它的指导和建议。其实，科学一直都在指导着我们，而且，人类的生活质量在科学指导下，也在不断地改善、提高。但是，我们也不能把它当作清规戒律，反过来束缚住我们。

因为在事实上，有多少人能够按照那些“数据”去生活呢？可能职业运动员或者飞行员、模特等少数特殊的人群需要那么做，一般人恐怕很难做到，也没必要那样做。

东方人和西方人的饮食习惯、生活环境有很大的差别，但是各自都有健康长寿的事例。城市人和农村人的饮食、环境也有很大差别，也各自都有健康长寿的事例。这里面关键的问题就在于每个个体的体质和各自的调节能力，不能一概而论。

“把复杂问题简单化”，就是说，把那些关于健康、减肥、饮食、运动等方面的信息收拢起来，然后进行消化、判断、筛选，找出适合自己的东西，在实际生活里，能做到多少就做多少，看自己身体的适应情况。身体是自己的，是冷是暖，舒服还是不舒服，自己最清楚，那么，就根据自己的感觉去调节好了。

前面列举的运动形式，都有助于减肥和健身美体，但前提是，一定要在体态正确的基础上进行运动，才会有实质性的效果。

“形体梳理”提出的“体态”概念是一个纲，纲举目张。我们把它运用在减肥这件事情上，就是“把复杂问题简单化”的一个最具体的实例。

从“体态”着手进行训练，把外界的力量转化为自身的力量，挑出几个简单动作，在日常生活里随时随地加以运用，日积月累，是可以达到减肥的目的。

形体上的各种毛病相互牵连，都不是孤立存在的。在改善形体的训练中，不管你是什么样的形体问题，都要有一个整体的综合梳理的思想，都要归到“体态”上来，归到“提收松挺”上来，当你这样做的时候，所有的形体问题解决起来都会变得简单了。

减肥不等于减重

我们需要弄清楚一个问题：减肥不等于减重。

爱美的女人们都很在意自己的体重，体重的意识非常强。减肥的朋友就更不用说了，她们知道自己的体重，知道身高多少，标准体重就应该是多少。她们最关心的就是体重的变化。一说到减肥，就会说你减了多少斤，她减了多少斤，你应该再减多少斤，我应该再减多少斤，说起来头头是道。

可是，她们却不关心体态，或者是根本不知道体态这回事，没有体态意识。

我认为，关于人体的各项数据，那是医生或者搞科研的人要关心的事。但对体态而言，那些数字并不重要。

我们在训练中也使用数字，是记录学员的腹围、臀围等一些部位尺寸的数字。通过尺寸的数字，观察学员们形体变化情况。可是，到训练结束的时候，这些数字也都变得不重要了。

因为在训练的过程中，学员们逐渐把注意力集中在了体态的变化上，注意的是寻找体态美感和状态。需要减肥的、需要改善其他形体毛病的，都在这个寻找体态美的过程中达成心愿。所以这些数字到头来还是被大家不知不觉忽略了，抛到了一边。我想，将来可能连尺寸都不再测量，因为它的实际用处并不大。我们永远在“体态”上做文章，而“体态”不是量化的。

还说体重的问题。

减肥减的应该是脂肪，而减重减的则往往是水分和肌肉。研究资料表明，人的肌肉中的水分占85%，脂肪中的水分占12%～20%。一个人即使不吃不喝，让脂肪充分消耗，也不过三天减去一公斤。所以，减脂肪要比减水分、减肌肉困难得多。

有人用一天能减多少斤的指标来衡量减肥效果，要知道，仅仅以体重来衡量减肥效果，是很不可靠的。有些人减肥，是在一段时间内减去了大量的水分，一看重量减少了，心里很高兴，以为减肥有效了。只看到重量减少了，却不管体态什么样，也不知道脂肪究竟减少了没有，所以，很容易被这种表面现象蒙蔽。很多人就是这样，体重减下去了，但是脂肪并未减少，却失去了水分和弹性，致使肌肉、皮肤也松弛下来，得不偿失。

有一个学员肚子做了抽脂手术。那天上课，当我一个个上前辅导，走到这个学员跟前的时候，她一把抓住了我的胳膊，窃窃地说：

“马老师，你看看我这儿……”

她拉开裤腰让我看她的肚子。我一看，太恐怖了！

我脱口而出：“怎么搞的？”

她说：“我做的抽脂，半年多了。”语气里透着后悔和气愤。

我看见她的肚皮，简直就是麻风病人的皮肤，黑一块紫一块，坑坑洼洼的，看得我头皮发麻，不敢再看第二眼。

她说当时抽出来一些黄黄的东西，可能是脂肪，体重也减了一些，但腹围并没有减少，也没有人说她漂亮了，到现在肚皮还没恢复好，她着急伤心，来到“形体梳理”课堂，还是想解决肚子的问题。

“马老师，你看我这肚子还能减下去吗？肚皮还能恢复吗？”

看着她，我又气愤又心疼，在心里狠狠地说：“真不明智啊，年纪轻轻的。”

我问她：“还没结婚吧？”

“没有。”

我心想：肚子被弄成这样子，将来和自己的爱人在一起的时候怎么办哪！

我对她说："你这肚皮可能要去做手术整形，不知道有没有这种肚皮整形？"

她焦灼地看着我。我能帮她做什么呢？我能做的就是调整她的体态，让她更有女人味儿，通过她整体的气质魅力来弥补腹部的丑陋吧。

后来经过训练，她的体态发生了明显的变化，腰围也减去了四寸多，但肚皮还是坑坑洼洼的。她说："早知道有这个方法，我怎么也不会去做抽脂的。"

我发现，好多不顾一切进行减肥的人，都算不上真正肥胖，不过是稍微胖一点儿，照她们的话说，比标准体重多了一点儿，其实是根本不需要减肥的。但是，往往就是这样的人，减肥减出了可怕的后果，后悔莫及。

把家里的秤换成镜子

说说肥胖与健康的关系的问题。

有一篇文章题目是《肥胖真的不健康？》，跟通常的说法不一样。我不能肯定文章说的一定是对的，但它所说的意思和我对肥胖、对体重、对体态的看法比较接近，所以我摘出几段话，一起参考参考：

> 多年来，医生和专家们认为肥胖是形成心脏病、糖尿病和一些癌症的主要原因。但近年来，越来越多的临床研究表明，人们对于肥胖的看法和数据应该加以修正。不少专家对传统的肥胖问题提出了疑问，比如，减轻体重就可以健康长寿吗？肥胖真的是死亡的同义语吗？甚至有人提出超重的体重有益于健康的说法。

这些问题还在争论之中，但有数据表明：那些体重与年龄相比有些超重的人，比那些体重与年龄相比过轻的人活得更长。

不可否认，关于肥胖有害健康的理论来自大量研究，这些研究表明，肥胖与一些疾病的形成有关，特别是和成年人患糖尿病有关。然而，除了糖尿病之外，各种研究还不能清楚地说明肥胖与高血压、高血脂等引起的心血管疾病的明显因果关系。

一些研究戏剧性地证明，人们应该更新健康与体重的关系问题。一些专家对25000名男子进行了每人平均8年的跟踪测试，不断对他们进行体格检查、体能测试。当参加测试的人有一种较为合适的体态，而不管他们的体重如何时，通常是超重，这些人的体能测试结果最好，死亡率也最低。这些体态合适但体重超重的人，甚至比那些体重适宜但体态不佳的人更少患病，体质更好。

一些专家认为，人们不应该太相信体重测算表和体重秤，而更要注意自己的体形。专家对胖子的忠告是，不谈节食，只要锻炼；不谈减肥，只要重新组织体内组织，让它更合理。

这篇文章最后说：

体态合适，并且肥胖，这也许不是时装模特的愿望，但应该是普通人的目标。

这些话听起来不合潮流，但它却可以触动一下我们的成见，调整一下我们固有的体重和减肥的观念。减肥还是要减的，问题在于怎么去减。

我想强调的是：不要太在乎体重，形体的健美与否不是取决于重量。体态，体态，还是要多多关心我们的体态。“体态合适……应该是普通人的目标”，这句话我很赞成。

所以说，镜子，就是检查我们体态的最好的东西了。

我建议减肥的朋友们，把家里的秤换成镜子。不要老盯着重量。你今天重了一斤，不能说明你丑了；你明天轻了一斤，也不能说明你美了。秤会给你带来心理压力，而镜子会给你带来自信。镜子会时刻提醒你体态到位，而体态到位，就会有助于阻止多余脂肪的堆积。

> 实际上，多照镜子，时时注意自己的体态，不断调整自己的体态，就是一个最便捷、最稳妥的减肥办法。

镜子可以做我们的形体老师。

注意克服臀部下坠

虽然反反复复地强调体态对于人的健康和美丽最重要、最有意义，不要一心只想着减肥，但还是免不了要围绕减肥说那么多的话。

当然，我很希望人们能接受我的观点，别把减肥看得太严重，而把心思用在追求健康、寻求体态的美感上。在这个过程中，去实现改善形体、健美形体的愿望。当你抱着这样的心态进行训练和运动的时候，你一定会感受到体态的“魔力”，你会明白，体态对于女人的美确实是最重要、最有意义的。

前面已经说到，形体的问题，绝不只是一个减肥的问题。形体上的毛病各种各样，颈部错位、胸部不挺括、扣肩塌背、臀部下坠、肌肉弹性减弱、行走拖沓等，这些毛病对体态美的影响要比肥胖大得多。

特别是臀部下坠这样的问题，对于东方女性来说，往往要比肥胖更影响我们的体态形象，更需要认真地去解决它，而解决它往往比减肥要难得多。

有臀部下坠问题的人往往并不知道自己是臀部下坠，也没有想到从这方面去改善它，以为是发胖了，于是就减肥，就节食。这样一来，身体素质就容易下降。臀部下坠的人，一般来说是体内缺乏足够的能量来支撑身体。那么在这种情况下再去节食减肥，就会使身体更缺乏支撑力，使臀部下坠更加严重，形成恶性循环。

臀部下坠的毛病是比较普遍的，可是，人们很容易把它当成肥胖对待，那就错了。

> 要注意，是臀部下坠就要按臀部下坠来对待，用提升臀部的训练来解决它，而不要去节食减肥。

中国人的身材比例一般是下身偏短上身偏长，臀部一下坠就更显得腿短上身长了。所以，及时地克服臀部下坠的毛病，是改善形体的一个很重要的内容。

一开始我们就说到：体态是人最好的“装饰品”，是任何东西都无法替代的。就是用“身外之物”的服装、化妆品、发型、首饰等，把自己“包装”得再华丽、再时髦，也抵不过优雅的体态给人的美感，体态的美感最为深刻。这里面，臀部紧实上翘，当然让女人更性感、更美丽。所以，一定不要忽略臀部下坠的问题。

“停”字很重要

好体态可以通过不同的途径来获取。有的是直接参加形体训练和运动；有的是受到生活环境的影响，耳濡目染，潜移默化。但不管怎么样，都得落实到自己的身体上，都得身体力行。

今天的女人们，越来越关心自己的形体形象，参加形体训练和运动的人也越来越多了。人们参加训练、进行运动的目的很明确，就是健康和美丽。或者说，训练，是为了“训练之后”，是为了“不训练的时候”。

可是在训练中，不少人为训练而训练，为运动而运动——我动了，对得起自己了——因而忽略了一个很关键的动作——“停”。

这是什么意思呢?

训练时，一般都是通过一个个的动作组合进行的，随着节拍、口令，每到“……五——六——七——停”的时候，一般都会认为，停了，结束了，完事了。其实不是。这个时候，动作虽然停止了，但身体却不要一下松懈下来。一组动作练了半天，实际上就是为了这个“停”，就是要在“停”的时刻体现出训练的作用。此时的形体状态和感觉，一定要尽可能地收拢在这个“停”上，把动作中的感觉维持在这个“停”上。正是通过一次次这样的“停”，不断地把正确的形体感觉融进自己的身体里，一次次积累，形成身体的记忆，逐步寻找到最好的形体状态。

> 这个“停”很重要，绝不要把它看成是“停止”，它是动作的延续，是体会、吸收正确的形体感觉所必需的一个状态。

这个时刻，我们的呼吸、肢体的感觉、整个的身心都不要松懈下来，要持续一下，再慢慢放松，而不是松懈。

舞台艺术里有一个很重要的元素就叫作“停顿”，“停顿”一般出现在比较重要的戏剧冲突的时刻，“停顿”的时候往往是最牵动人心的时候。因为它不是“停止”，而是戏剧的矛盾冲突最饱满、最剧烈的时刻。

差不多是相同的道理，当训练到“五——六——七——停”的时候，正是我们的身体和心理吸收正确的形体感觉最好的时候，俗话说是最容易长功的时候。如果在这时松懈下来，那是非常可惜的，即使不前功尽弃，也会使你的训练事倍功半。

所以，一定要好好地抓住这个“停”字，对每一次的“停”都不要放过。

很多跳操一类的运动，不容易让人抓住“停”这个时刻。大幅度大运动量的活动，到“停”的时候，已经大汗淋漓，气喘吁吁了，想抓住“停”的感觉，也力不从心。最主要的是，没有我们所说的“停”的概念。

有人问，为什么舞蹈演员也有发胖的，也有人减肥呀？其实这不奇怪。我原来就是舞蹈演员，跳舞是我的职业。为了能在舞台上跳得好，演好角色，就必须练功。练功是非常苦的，目的就是演出。演出的时候，大家精神抖擞，在台上蹦跳踢转。这时候的体态很到位，姿势很优美。可是，一段舞蹈结束，退到后台，很多人都是哗的一下松懈下来了，弓着身子喘着粗气，完全没有了在台上的那种优美的体态。

练功、跳舞是舞蹈演员的工作，工作时是一种状态，个个都是美的。可是到了练功或者演出“停”的时候，大都就完全松懈下来，松懈的结果就是体态不到位或者身体发胖变形。舞蹈演员虽然常年在训练，但是却往往缺乏体态意识，并不懂得保持体态的关键所在。所以，有的舞蹈演员虽然身材比一般人标准、好看，而体态却未必一定好，有的照样会发胖。正是：身材好未必体态好。

还说“停”。体会一下中国的武术，想一想太极拳、少林拳、武当拳等，他们每做完一套动作之后都有一个收式，这个收式给人的感觉是沉稳内敛又厚重，我很喜欢。不管动作是激烈还是舒缓，在收式的时候都是那么稳定从容，有力量，精气神十足，动作停止了，身体放松了，但绝不是松懈。这是非常值得借鉴的。

我们要学会抓住训练中的“停”字，要想抓住并抓好它，就需要全身心地积极参与。

主动参与人精神

说到“停”字，又涉及一个问题，就是对于训练，是“主动参与”还是“被动参与”？

什么是“主动参与”和“被动参与”呢？

“主动参与”是全身心地积极参与，有很强的欲望和兴趣。

比如小孩子，体力精力旺盛，走路时碰见一堆石子、一堆沙子，都喜欢噔噔噔地跑上去，乱踢乱蹦一番。路上有一汪水，他不是绕着走过去，而是喜欢往回跑几步，再转身跑过来从水上跳过去或使劲儿跺脚蹚水过去。

小孩子喜欢有障碍，就爱捡不平的路走，贪玩儿，一身劲儿没处使，所以一有机会就释放，动的欲望特别强，而且全身心投入。

在训练中，我们调动大家要像小孩子那样，好奇，爱幻想，充满朝气，毫不怀疑，全身心投入，积极主动地参与。这里的“主动参与”，不是看你运动量大小，活动剧烈不剧烈，而主要是看你的愿望、心情，看你

的积极状态。

随着年龄的增长，运动量和运动方法都要适当调节，量力而行，绝不是活动得越剧烈越好。

生理科学有一个观点，在剧烈运动时，人体内会产生一种叫活性氧的物质，它是毒性的，需要体内另外的物质去中和它，把毒性抵消掉。年轻的时候，适合进行相对剧烈的运动，趁着年轻增强体质，增加肌肉。在剧烈运动时，同样要产生活性氧，但是没关系，因为年轻，自身有足够的能力用另外的物质去中和活性氧，抵消毒性。据医学观点，人在25岁以后，大脑基本上停止发育了，那个可以中和活性氧的物质，会因为大脑发育的中止而大大减少。这个时候，最需要精神愉快，保持大脑年轻，同时要减少剧烈的运动，多做舒缓轻松的运动。

舒缓的运动恰恰有利于消耗脂肪，剧烈的运动消耗更多的是水分，而且容易产生不好的活性氧。

> “主动参与”最重要的是心情，要用轻松无碍的心情去带动肢体动作，也就是说要有精气神。神形，神形，有了“神”才能真正有“形”。

不管年纪大小，好心情都会带动我们的肢体舒展、向上。脊椎感觉成一直线向上牵引，头顶找天，颈部伸长，胸部挺起，膝盖绷直，提收臀部……感觉到自己从脚趾到发梢都散发着青春活力。

等到一段动作结束，要“停”的时候，把刚才感觉到的，都收拢进自己的体内，让体态保持在美的情境中，你会感到精神舒畅。这种体态的感觉反复地积累、巩固，形成记忆，你的“美”就被你抓住了。

被动参与人懈怠

而“被动参与”就不是这样了。

有人发胖了，经常会这儿不舒服那儿不舒服。别人去健身房我也去吧，认为只要进了健身房，只要出力了流汗了，就能减肥，就能健美形体。已经花了钱，不练很亏呀，可是练又那么累，于是就懒散地跟着音乐蹦跳，坚持着，盼着，终于时间到了，哎呀妈呀可完了……整个身体几乎瘫下去了，上气不接下气。由于整个身体是在一种松懈的状态下进行训练，结果越跳越蹦身体越坠，有的跳得腰部、臀部、大腿越来越粗壮。

有一次，一个很高档的俱乐部请我去做“形体梳理”讲座，那里整个地下二层是健身场所，有游泳池、体操房、室内高尔夫、健身器械等，很专业、很高端、很豪华。经理引我进去，透过体操房的落地窗，我看见一群女士在跳操。经理说她们快结束了，让我先到办公室坐坐。我说没关系，想在这儿看一看。

我看见，体操房里的女人们，随着音乐在颠着身子，似跳非跳。你说没跳吧，音乐很强劲，人也跟着节奏动着；你说在跳吧，她们那胳膊、腿、脖子都往下懈着，懒洋洋地甩着，晃悠着。

这是最典型的“被动参与”。

我想，她们这样锻炼，还不如到公园散散步。地下室再豪华，空气也不如地上新鲜。如果说要改善形体，要减肥，我怀疑她们这么练下去会不会更糟。

我跟经理来到讲座的地方，跳完操的女人每人披着一条又大又厚的白色浴巾，没容经理介绍，就一下子围上来了。劈头就问：

“老师，你看我这腿怎么回事？越跳越粗，咋弄啊？”

“我的肚子也是……”

“你看我这胯两边……”

“我的腰……”

我说，你们说自己的这问题那问题，却没有人说到自己的脖子问题、颈部问题。我看见你们跳操了，按说锻炼以后应该是很精神的，可是你们除了累得不行，还有什么呢？看看你们现在的体态，腰直不起来，脖子无力，头撑不起来……我想你们心里肯定很纳闷，很烦，也会有怨气：都练这么久了，一点儿没用，咋回事嘛？尽管这样还得来练，不情愿不快乐，这就是来“被动参与”的。

我问她们有没有吃减肥药的，不出所料，几乎人人都在吃。吃着减肥药，又节食，又被动地蹦跳，就更没有好状态了。跳得松松垮垮没有体态感，到“停”的时候，也没有需要吸收的体态感，倒是消耗了一点儿体能，而流失的是水分。

这种情况正符合我们常说的一句话：

“不要以为只要运动了，出力流汗了，就能减肥。实际上，如果运动训练不得法，还会加重原来的形体毛病。”

经常听女人们讲她们参加各种训练的情景，她们纳闷：为什么蹦跳了那么长时间不见效果，反而大腿更粗壮？

我说，看起来你们都在长期坚持锻炼，但你们的身心是被动的。许多人急于要结果：我的肚子什么时候能减下去？我的腰什么时候能变细？我什么时候能减下去十斤……只追求结果，结果未必能有。

她们遇到的，除了运动的方式方法问题之外，更重要的还是心态问题。

在我的训练班里也有这样的情况：

每次训练，我们引导学员们各自想象一幅优美的图景，面呈“王”

字，回忆自己青春少女时最纯真的样子，气氛是轻松愉快的。但是有个别人，很难触动她的情绪，耷拉着脸，紧锁着眉，冷冷的。不知道是不屑于跟大家一起做，还是有别的心事，不能开心一笑。她的动作看起来跟别人差不多，而实际上差别很大。她的肩膀是僵硬的，下巴和脖子是僵硬的，嘴唇是绷着的。眉头打不开，她的胸也是不舒展的，整个的心气儿是向下沉的，提不起精神，体态就不会到位。这样的状态就是典型的“被动参与”，一到“停”的时候，身体更是懒懒地松懈下来，缺乏活力。调整这样的形体是最吃力的，费再大的劲儿也难调动起来她的热情，在这种情况下，做什么动作也没有用。

动作不在多，在做得对

还有一种情况。

训练前我们要求学员们，丢掉身体以外的所有减肥的物件儿，去“主动参与”训练。比如要停止吃减肥药、喝减肥茶；停止使用腹带、束身衣。因为这些东西都会影响她们获得正确的体态，会破坏参与训练的主动性。有人起初还认为，一边训练一边吃减肥药穿塑身衣，双管齐下，效果不是更快吗？其实恰恰相反，即使看到了效果，也是一种假象，最重要的是它会严重影响自身能力的培养。

而当她们停止使用那些东西以后，很快就感觉到了“主动参与”和“被动参与”的不同。“主动参与”是身心愉快、肢体舒展的，“被动参与”是精神不振、肢体懈怠的。

“主动参与”的训练要求，不是看你动作做多少个、多少次、多大量，或者做的幅度大不大，卖力不卖力，关键是看动作是否正确，肢体是否到位。

如果你这个动作能做两次，在做第三次时就勉强了，那你就不要做第三次。比如跳跃动作，跳十次体态是对的，跳到第十一次时力不从心，身体向下坠了，那你就跳十次，这十次对你是有用的。

再比如“下前腰”拉三围，不在于你弯下多大的幅度，而是要保证后背平直，膝盖不弯曲。在后背和膝盖都挺直的状态下做这个动作，哪怕向下的幅度小一些，也是好的。要是弓着背，弯着膝盖“下前腰”，就是下腰下到头能碰着膝盖，也是没什么用的。

这是“形体梳理”的原则之一，动作不求量多幅度大，重在肢体到位。

哪怕就是站在那里不动，看上去没做什么动作，而实际上已经全身心地投入，在用心地拉长颈部，用心地寻找和体会脊椎、肩膀、胸、小腹、臀部、膝盖，一直到脚腕、脚趾各个部位的感觉，意识上让整个身体伸长，感觉自己的体态美。看起来没什么动作，但却比懒散地蹦跳半天有用得多。

要有好形体需有好身体

人们把健康比作“1”，把此外所有的东西都比作“0”。学历、职称、职务、事业、爱情、家庭、存款、房子、汽车……后面的“0”越多，数值就越大。虽然这个数值的大小并不一定说明一个人的价值大小，也不一定说明一个人生活质量的高低，但是起码可以说他是拥有这些东西的，或者说他能够拥有这些东西。

可是，如果“1”倒下了，“1”没有了，后面再多的“0”就真的是“0”了，再多的“0”加起来还是一个“0”，毫无意义了。

人要“美”，说的也是“健美”，首先是健康，然后是美丽。没有健康，美也一样等于“0”。

我们说林黛玉美，西施美，更多的是从艺术的角度、从美学的角度去评价的。想象一下，实际生活里的林黛玉、病西施，如果整天拖着病病歪歪的身体，她们能够真正享受到美的快乐吗?

今天，还有许多人在以林黛玉、病西施式的形体为榜样，努力奋斗，有人终于达到了自己的目标，瘦了，“骨感”了，但她付出的是健康甚至于生命的代价，根本没有让自己尝到美的滋味。

也许一个人“病态的美”会招来别人的赞许和怜爱，柔柔弱弱的，有气无力的，娇滴滴的，身材苗条的……当别人赞美她的时候，她心里会有几分得意，但更多的时候，她还要承受病弱的身体给她带来的痛苦和烦恼。

这一点我有经验教训。

年轻的时候对很多事情是无知的，不懂得爱惜身体。跳舞跳了一身汗，对着风就吹；来月经的时候照样练功演出，结果20多岁落下一身病，得了风湿性关节炎、功能性子宫出血、低血糖，弄得我苦不堪言。

那时我的形体还没有发胖变形，所以，还常常受到别人的羡慕赞叹，但是他们不知道我心里有多么的苦。我三天两头去医院，一路上，看见满大街的人都在忙活着，我真羡慕他们，他们身体那么好，活得那么有劲头儿。我祈求：就给我一个健康的身体吧，别的一切我都不要了。

大概只有当你面临着不健康威胁的时候，才能真正知道健康最重要吧。

我受到过两次这样的威胁，刚才说的是一次。另一次是在我的形体发胖变形以后，跟众多的姐妹一样，为了“美丽”折磨自己，把健康丢到了一边，到头来只能是自食其果。

我有切身的体会，所以我要大声说“要有好形体需有好身体”！

我相信大家都同意这个说法，但在遇到具体情况的时候，可能又会为了“美”不顾一切了。前面我们讲到的几个为了所谓的“美”而牺牲健康、牺牲生命的例子，希望能引起朋友们的思考。

好身体在于吃和动

人的身体像机器，运转永不停歇，停歇了就死了。而运转就有磨损，就需要不断保养。

如今，养生的信息铺天盖地，特别是关于吃的，让人长知识，又叫人无所适从。其实，人的个体差异在吃方面是很突出的。比如问健康长寿的秘诀，他说“喝酒吃肥肉”，你说“我吃素”。你说方便面是垃圾食品，他说每天睡觉前都要吃一包。你说晚上七点后不吃东西，他说我一辈子吃夜食等，都有长寿的例子，但都不可复制。所以我们还是把复杂问题简单化，别让过多的信息扰乱了自己，终归还是要按自己的体质和感觉来做。

我赞成这样一个大原则：早吃饱，午吃好，晚吃少。在这个大原则下跟着自己的感觉走就可以了。

> 保养身体，一是靠吃饭，二是靠运动，三是靠心情。

除此之外，没有更重要的了。但是很多女人的保养，只从减肥出发，怕发胖，小心翼翼这也不能吃那也不能吃。我们不能暴饮暴食，要合理饮食，吃饱吃好。不要忘了身体一直在运转着，消耗着，是不能轻易地减少给养的，否则会产生不良后果。这个问题在“吃饱饭再减肥”里已经说了。

对于一般人来说，运动的关键不在于量，而在于质，在于能否随时随地进行。随时可以活动的方法是很多的，伸伸胳膊踢踢腿也是可以的，只要是“主动参与”的运动对身体都是好的，都有助于激发体内的青春，延缓机体的老化。

此外，注意加强脊椎的活动，常做深呼吸。

脊椎是人体的中轴，生命的支柱，它由若干个椎骨借助椎间盘、关节和韧带紧密连接而成，它在人体中的重要作用是不言而喻的。它的关节，除了静卧时以外，无论坐着还是站着，都要承受重力的作用，其中椎间盘是全身各种组织中最早出现退行性改变的组织。脊椎上的一些病症影响着人们的健康，也影响着人们的形体。特别是颈椎，更容易出现病变，比如颈椎病。经常活动脊椎，要使它不生“锈”，清除它的“锈”，使它有力量，有韧性，又不失灵活。这对于改善形体是必需的。也因此，活动脊椎是“形体梳理”训练中一项非常重要的内容。

要让脊椎保持在正确的状态。如果颈椎、胸椎、腰椎、尾椎不能形成一条直线（侧面看脊椎是“S”形，正面看是直线），没有向上牵引的感觉，不能保持在正常状态，造成外部肢体不到位；那么，我们体内的五脏六腑也会相应地处在不正常的状态，会使内部气息不通畅，内分泌发生紊乱，既容易导致肥胖，也会产生其他的病灶。

活动脊椎和深呼吸，不仅可以防止脊椎本身的许多毛病，比如骨刺、骨质增生、椎间盘突出、颈椎病等，使肢体到位，同时也有助于体内的各个器官处于良好的工作状态，有助于疏通内部气息，维持内分泌系统有序化；有助于排出体内的浊气，削弱体内的病灶，让机体稳定健康地运转。

外部肢体到位，内部气息通畅，二者相辅相成。调整形体应该像中医治病那样，“表里兼治”，由表及里，以里促表，而不是单纯地活动四肢。我建议增强活动脊椎和多做深呼吸，就是出于这样的认识。

好身体和好体态相辅相成，有好身体，才能拥有好体态；有好体态，又会促使身体更健康，这是一个良性循环。这种良性循环不仅表现在外部形体的优美上，还表现在人体机能的健康上，健康又美丽。

体态与心态

要有好体态需有好心态

前面说到，一个人的身体要健康，一是靠吃饭，二是靠运动，三是靠心情。如果这三个方面都做得不错，美好的体态就会属于你。健康的身体，优美的体态，良好的心态，三者是密不可分、相互作用的。

外部肢体到位与内部气息通畅，两者相辅相成，而在这中间，你的心情、心态就是一个至关重要的因素。

“要有好体态需有好心态”和“要有好形体需有好身体”，是我自己几十年来的切身经验，所以，它们成了“形体梳理”的非常重要的理念。

我的经历和体会，加上接触过的各行各业的女性，感受过她们各自不同的心情，我知道体态与心态的关系有多么密切，它们之间的相互影响有多么重要，所以才格外地强调“要有好体态需有好心态”。

其实，人活的就是一个心情、一个心态。要是没有好心情、好心态，活着是很累的。可是在生活里，往往是“不如意事常八九”，人们都是在克服一个又一个的“不如意”中往前走的。

所以在今天，满世界的“心灵鸡汤”应运而生，说的都是“哲理”，句句都是“格言”，显得很机智，就是要抚慰人们的心灵。可是，编造太多太精致了，大同小异，也就寡淡无味了。

“形体梳理”不做“鸡汤”，而是要努力给大家一些实际的东西。

心态是无形的，但它的能量是巨大的，它是主导我们行为的最关键的因素。所以，心态也影响着形体训练的过程和效果，而且影响是非常显著的。

创造轻松平和的氛围，大家一起理顺心情，调整心态，才能够唤起每一个人的美感。有这种美感和没有这种美感，训练的效果会大不一样。

面呈“王”字

在训练课堂上，我们要求大家找到一种面部的表情，叫作“面呈‘王’字”。

这是什么感觉呢？很简单。首先展开眉头，随着眉头展开，眼角向两边拉，一横；脸颊向两边拉，一横；嘴角向两边拉，又是一横，一共是三横，鼻子是一竖，感觉在脸上写出了一个“王”字。实际上是一个微笑的状态。眼角、脸颊、嘴角向两边拉，是要自然放松的状态，而不是生拉硬拽。

通过这个简单的面部表情，从外到内慢慢地诱导自己心情的变化。这时候，把所有的琐碎和烦心事都抛到一边，去想象，我不是40岁、50岁、60岁，也不是30岁，而是自己只有16岁、18岁。去回忆，回忆自己少女时期的那种天真的欢喜；去回忆跟男朋友一起逛街的时候那种心跳、快乐；回味少女时代的纯真感觉。这时，不管你年龄大小，身材高矮，体型胖瘦，那种青春美好的情形都会鼓动自己的肢体舒展、挺拔向上，会对自己此时的状态充满自信，这时的体态就会是美的。

现实生活会给人们带来各种各样的压力，让人眉头不展，很多人皱眉

都成习惯了。要知道，眉头一皱，两肩会响应眉头的号召，扣起来，心理上也是一种闭锁的状态。从中医的角度说，这样的状态会使经络不通畅，内部气息不通畅，在这种情况下，就是硬让自己的身体挺起来，也会很吃力，力不从心。

用面部找“王”字的办法，诱发出内在的“阳光”情绪，抚去心里不愉快的杂质，把自己曾经有过的纯净美好的心态找回来。慢慢地，用面呈“王”字的笑容，冲掉那个眉头不展的愁容；慢慢地，让微笑从内心发出，引发出青春和自信，你的身体、体态也会随之焕发出相应的美感。

中国有句话，“笑一笑十年少，愁一愁白了头”，说的就是心情对人的重要性。有人做过研究，当你笑的时候，会从眉头分泌出一种高质量的营养物质来滋补你的身体，胜过吃各种营养品。而当你皱眉时，则会从你的眉头分泌出一种毒素，这种毒素少了可在体内自己消化，如果分泌得多了，就可能产生病灶。这话我们姑且听一听，并没有坏处。人在笑的时候，五脏六腑、七经八脉都在笑，这就是通畅。

我们可以简单地体会这三点：眉头展开，两肩展开，臀部上提。体会一下，当你这样做的时候，整个身体的感觉是怎么样的？我们还可以再形象一点儿说：眉笑、肩笑、臀笑，全身都在笑。

> 人人都会有愁眉不展的时候。那么，不妨试一试面呈“王”字，养成面呈“王”字的好习惯，带动全身笑起来。心态好了，心情舒畅了，体态才真的优美了。相由心生。

好心态让肢体更舒展

有一位女士在外交部工作，参加“形体梳理”训练后觉得不错，就给她60多岁的妈妈报了名，让她来训练。

第一次见到她妈妈，我非常吃惊：这个样子怎么还来形体梳理呀？这位妈妈很苍老，不仅仅是苍老，她弯腰驼背，腰弯的角度几乎小于90度，走路不稳，为了保持平衡，必须一只手臂伸出去，摆动着，手指都能碰到地板了。她的左侧腰的部位凸起一个大肉团，像一只柚子……总之，她不是形体梳理的对象。

虽然经常有六七十岁的老人来参加训练，但她们身体状况基本上是正常的，我们还从来没有训练过这种形体的人。我劝她退课，但老人执意要在这里训练，说是女儿告诉她这个训练对她有用，她能练。看这位妈妈期待的神情，我勉强同意了。我让工作人员了解了一下这位妈妈的身体是怎么回事，她的腰弯成那个样子，是先天的？是有病？还是车祸造成的？弄清楚原因才好“对症下药”。

工作人员告诉我，这位老人生活很苦，在她年轻坐月子的时候就被丈夫抛弃了，她痛恨男人不是东西。她家在通州，一个人带着孩子，苦挣苦熬把孩子拉扯大，孩子很争气，上了大学，毕业后分配在外交部工作。

我脑海里仿佛出现了一位年轻的母亲，长期愁眉不展地抱着孩子，一天天一年年，愁弯了腰，愁驼了背，愁出了满脸的褶子，脖子上的皮都耷拉下来了。可以想象，沉重的生活让她不堪重负，沉重的心情更加重了生活的重量，日积月累，身子都被压弯了。

开始训练这位老人时我没有信心。我们的训练都是引导学员们“美起来呀，媚起来呀”，她怎么跟着做呢？但我忽然意识到，不能把她当成特殊的人看待，同样引导她打开眉头，面呈“王”字，舒展心情，同样引导她回忆曾经的美的、快乐的事情，能激发出一点儿热情来也很好呀。

老人每次从通州赶来，从不迟到不缺课，非常投入，就像小孩子一样认真地去做每一个动作。肢体动作她做起来困难些，我让她能做到什么样就做到什么样，不要强求，只要心里高兴就好。

老人懂得，很会配合，练起来很开心，满脸的褶子像开了花儿。令人惊喜的是，几次课下来，她的腰居然直起来了，腰上的那个肉团也明显地消下去了。大家都为她高兴。

有人问，腰都弯成那样了，都二十多年了，怎么直起来了呢？背上的肉团怎么会没有了呢？我也认真地思考了，我总结：第一，老人进入训练很随和，没有杂念，不纠结，属于“主动参与”。她并不要求一定要把形体改善成什么样，而是很单纯地来感受课堂氛围，接受老师的引导，心情舒展了，身体的筋骨也跟着舒展了。第二，我们去辅导她，特别注意她的脊椎，很自然地用针灸里的“阿是穴”（指没有固定位置，随病变部位或压痛点而选定的穴位）去做点按。第三，也是最主要的，老人眉头打开，心态轻松，懂得配合，在点阿是穴的地方，她会主动地接受、体会。这样，她的训练结果可以叫作水到渠成。

这位妈妈尝到了甜头，还要参加下一期训练，我说不必再来了。她的心态好，悟性也好，摘出几个适合自己的动作，在家里活动就可以了。比如面呈“王”字、活动脊椎、活动肩膀、活动膝盖、活动手腕等。

但她说：“我喜欢您这个地方。从前在家里什么都做不了了，连一个小锅都端不动。我就一个女儿，老给她增加负担。现在我什么都能做了，拖地、洗衣服、做饭，浑身都有劲儿了。我花点儿钱来锻炼，是减轻女儿的负担呀。”

一次记者正在采访我，老人来了，她情不自禁地对记者说：“这儿就是一块净土啊，到这里就让人心里高兴，觉得自己都年轻啦。”

要说她的体态优美，还达不到，可她自己感觉好极了。这样的感觉是非常重要的。

创造良好的训练氛围

我们的训练课并不规定学员站立的位置，但一般是开始谁站什么地方，以后就习惯站在什么地方，迟到了自然就站在后面。有一个身材条件不错的学员，每次来上课都必站在第一排中间的位置。她经常迟到，迟到了也一定要站在第一排中间，不顾及大家正在训练。其他学员见她过来，即使看不惯也会给她让位。

几堂课下来，大家的形体都有了明显的变化，可她却变化不大，她最突出的扣胸问题没有改变，肩还是没有打开。

分析一下原因：虽然她一直占着最好的位置，迟到了别人也给她让位，好像她总能获胜，可她能真的心安理得吗？不能，而是惴惴不安。在“美起来”的时候，她会有心理障碍。面呈“王”字和肢体动作都做不到位，因为她的心情不能真正放松，产生了杂念。她心里会嘀咕，别人会怎么看自己呢？这样，她的心态会乱，训练自然会受影响。

找了个机会我对她说：“你一直占个好位置，以为是占了便宜，其实你吃亏了。你看别人的变化都很大，为什么你没什么变化？心情很重要，站在什么位置一点儿都不重要。按说自己迟到了，就不要影响别人，找个空地方，悄悄地加入训练，不就很轻松、很坦然了吗？”

心态与体态的关系很微妙，很重要，这不是故弄玄虚。如果轻视它，训练的结果会告诉你，错了。

一次周末上课，有个学员带着她的孩子来了，孩子五六岁。按说训练厅是不准带孩子进的，所以她一来就先道歉，说不好意思，今天孩子没人带，又不愿缺课，请照顾照顾。

有一位学员打电话到办公室“投诉”，有人带孩子进训练厅，影响我们训练，请你们解决。她满脸不高兴，训练状态就不对了，做动作都带有一股气儿，还时不时地瞪那孩子，也惹得其他人精神不集中。

这种气氛怎么行呢？需要调整。我停下训练，说：

“咱们女人真不容易，一辈子很少为自己活着，为丈夫，为孩子，为老人，为事业……生活压力大，很需要减压，好不容易才拿出一段时间给自己。我们看到这位妈妈多不容易，孩子没人看，带来了。怎么办呢？既来之则安之吧。来，孩子，跟妈妈们一块儿练形体，练得像小公主一样漂亮。”

孩子高兴极了，站在妈妈身边学起来。训练场的不利因素转化为有利因素，气氛马上活跃起来了。那位打电话的学员也顺了气儿，因为她也是个妈妈。

> 好的心态不仅对一个人的体态产生作用，而且对于她的全部生活，都是很有意义的。所以我们需要创造出良好的训练气氛，让大家共享好氛围，这样的训练更加有效。

你应该练成自己的样子

一个人的身体状况，先天性的因素占的比重绝对大。高矮胖瘦，骨骼的状况，肢体匀称与否等，到发育成熟的时候基本上定形了，后天要想改变它，一般情况下很难做到。

我们说“改善形体”，是要在你先天的自然条件的基础上去改善。科学再发达，改善形体的方法再先进，它对人体的作用也是有限的。如果非要把一个矮个儿变成高个儿，把一个胖人变成瘦人，那将很恐怖，因为它违反自然规律。一个人只要能保持正常的生活习惯，她的体形就应该是相对稳定的，胖和瘦一般不会悬殊太大。而这里可变的就是自己的心态，是自己的身体素质。

经常会有人问：“我什么时候能练成她那样呢？”

我说你什么时候都练不成她那样，她也练不成你这样，你应该练成你自己的样子。要学会欣赏自己，要相信“我也是美的”。

有一个在教育部门工作的女士，体形胖胖的，不漂亮，很自卑。她很烦恼，想改变这个局面，决定减肥。她来训练，慢慢地心情好起来，有了自信心，形体伸展开了，减肥也有了明显效果。她说：“减肥多少对我不重要了，重要的是我也能有这样的形象啊！太开心了。”

后来再见面的时候，她滔滔不绝地谈体会：

> 我知道，再怎么减肥我也是属于胖型的，可是我找到体态的感觉了，自信了，心里高兴。在家里我放着音乐做饭做家务，丈夫和儿子都说我做的饭味道比以前好。我可有体会了，做饭的味道不在于你一会儿尝一会儿尝的，淡了放点儿盐，咸了放点儿糖，关键是看你的心情啊。我做饭高兴，有爱意，放多少油，多少盐，感觉就会比较准。
>
> 以前坐班车，我不敢往前坐，又胖又老相，总觉得别人在议论我。现在不一样了，美滋滋的，觉得自己的形象气质一点儿不比别人差，我就非坐前面不可，还时不时地转过身，跟后面的人有说有笑。同事们也由衷地夸我：“嘿，变漂亮了啊！”我知道自己不漂亮，可我现在的样子让人看着舒服……

这就是女人，单纯又可爱。人人都有生活压力，而好心情是可以帮我们减压，让生活变得轻松一些的。我们参加形体训练最终的目的不就是这个吗?

还有一个女编辑，40来岁，半个脸是黑的，先天性的，可能是胎记。她刚来的时候，把大家吓了一跳，觉得这人好怪，很多人都不好意思正面看她。

其实，她能走进我们的课堂，说明她有勇气，她的心理是健康的。她也是女人，也想让自己的形体美一些，跟大家的心愿没什么两样。

她每次上课都站在一个角上，不爱讲话，但她一点儿都不避讳自己的缺陷，不卑不亢，跟大家一样投入训练。她理解能力很强，体态感觉抓得很快。学员们逐渐相互熟悉了，开始交流了。我发现她跟别人讲话的时候，面容很舒展，微笑着，目光温和，是尊重别人的目光，是善解人意的目光，透出女性的柔美。这时，她脸上的黑记被忽略了，似乎变得不难看了，很多人都喜欢跟她交谈。

> 无论是谁，都能拥有自己的美，拥有自己的魅力，只要你的内心安定。

美没有年龄界限

> 不同年龄有不同年龄的美。女人的美，是内在素质和外部形体和谐的统一体。

我有一个同事，说不上多漂亮，可是很有味道，爱笑，男人们给她起了个绰号叫“媚娘”，开玩笑说，一看见“媚娘”就晕了，都不知道自己要去干什么事了。

外面的人相传：这个剧院里有个演员叫“媚娘”。于是常有男士从大门口路过的时候，禁不住往院子里看，希望能看见“媚娘”，一睹她的风采。他们没有恶意，而是一种发自内心的赞赏。

后来我们都结婚有了孩子，孩子也大了，可是“媚娘”怎么一点儿都不显老，比以前还有风采呢！按今天的话说叫“逆生长”，跟她女儿一块儿出去，不像娘儿俩，倒像姐妹。

“媚娘”很少去美容院，也不买高档化妆品。但她就是显得比别人年轻漂亮，比那些经常出入美容美发厅的女人都显年轻漂亮。

从年轻到如今64岁，“媚娘”给人的最突出印象就是“喜笑”，眉梢、眼角、嘴角总是向上翘的，她的体态也一直保持着亭亭玉立。你能感觉到，平淡的生活在她眼里都是甜滋滋的。从她身上我们看到了，女人的美是没有年龄界限的，每个年龄段都可以是美丽的。

“形体梳理”的面呈“王”字，我就是从“媚娘”那里体会到的。心情舒展，身体也舒展，是永葆青春的法宝。

如果常抱怨，皱着眉，不开心，慢慢地眼角向下耷拉了，嘴角也向下耷拉了，形体也松懈了，即使一直把白发染黑，用玻尿酸把脸上的皱纹撑没，终归也挡不住整体上变得老相。

有一句话说：有的人从来没有老过，有的人从来没有年轻过。

我曾跟一个29岁的女子交谈，她的工作和家庭是安稳体面的，都挺好。但说话间她总是在叹气，口口声声说自己老了老了。我说：“是的，就你这样的心态，你就是老了。29岁，多好的年龄啊，是最有风采的时候，最有优势，你比20来岁的人成熟，比50来岁的人年轻，你却说自己老了，看来你从来没有年轻过。我都60多岁了也没觉得自己老，年轻着呢。我就是到了70岁、80岁，还可以是老年人里的年轻人，可你这样的心态，就是年轻人里的老人了。你这是无病呻吟，你有心病，要治。”

她像被我击了一掌，愣了半天说：“是这样的吗？那我要试试改变。”

不断有电视台的主持人来参加“形体梳理”，她们说之所以来训练，是因为心理恐慌，时间过得太快，老得太快了，在镜头面前不自信了。她们说，女主持人非常害怕进入30岁、40岁。快30岁了，如临大敌；快40岁了，更没有活头了。面前的摄像机就是放大镜，能把脸上的皱纹一道道都照出来，不能接受。我心里暗笑：你们就知道注意自己的脸蛋儿。

经过“形体梳理”，她们说现在不怕了，不再怕年龄增长，不再怕面对摄像机。年龄增长了，内心要更有力量，个人修养要更有分量，整体状态应该越来越好才对。

从你被人叫“姐姐”，到第一次被叫“阿姨”，再到第一次被叫“奶奶”，每个人都有体会，你会吓一跳：“天哪！叫我阿姨了？”“都叫奶奶了？”你会难过半天。但不能怕，怕也没用。最好的办法就是高高兴兴地迎接你的人生新阶段。只是要注意一点，到了做妈妈的年纪就不要硬往姑娘上打扮自己了；到了做奶奶的年纪，也不要非得把自己打扮成妈妈。自信起来，有一颗年轻的心，有一个正确的体态，就能够姑娘有姑娘的美，阿姨有阿姨的美，奶奶有奶奶的美。

有一期杂志登载报道我的文章，封面要用我的照片。他们说照片通过扫描，还能看见我脸上的皱纹，希望再拍一张，把皱纹遮盖住。我说：“不要吧，我就是这个年龄的人，该有皱纹了，文章讲的就是一个中年女人的事情，而不是年轻姑娘，要展现的是我这个年龄的人的面貌，不要硬往年轻上靠。”杂志社同意了我的意见，这期杂志也一样很受欢迎。

心平气和

良好心态有助于训练，所以我们在训练课中增加了一个交流谈话的环节，叫作“谈话课”。在这节课里，大家谈做女人的感受，谈怎么做一个美丽的女人；谈什么样的女人最美丽，女人什么时候最美丽；谈服装、服饰与形体的关系，也谈到爱情、婚姻、家庭，各自的经验、教训、苦与乐等。话题很丰富，谈的方式很自由。大家不在一个单位，谈起话来也没负担，敞开心怀，各抒已见。这堂课实际上是“心理梳理”课，女人们很喜欢这堂课，也无形中提升了训练的效果。

说到这里，朋友们可以大体知道了：“形体梳理”，不是单纯的肢体运动，而是一种身心融合的练习。

人的心理和身体是最复杂、最微妙的，是最不适合量化的鲜活物体，不可能像数理化的公式那样精确，1加1就是等于2，丁是丁，卯是卯。

基于这样的认识，我很喜欢中国传统文化里的“意”字。那是一种感觉，一个意境。中医里的经络穴位、望闻问切，中国的国画、书法、戏曲、武术等，都最好地体现了这个“意”。而“心态”这个东西，就是一个很有“意”味的东西，是无法量化的。

山东章丘李清照故居的漱玉泉，『漱玉』二字很美妙

关于人体的那些数字，包括多少斤、多少寸，你就是一丝不苟地记住它，制定一个严格的标准，你能做到吗？除了增加心理负担以外，又能起到多大的作用呢？人的身体健康不健康，体态优美不优美，永远离不开心里的感觉，永远离不开自己的心态。

没有良好的心态，就不会有真正的健康；没有良好的心态，也不会有真正的体态美。

心态无形，看不见摸不着，可它又实实在在、每时每刻都在主导着我们。

那么，什么样的心态是好心态呢？

我想这样来理一理：

中医的经络里面有两条脉，一个叫任脉，一个叫督脉。任脉，是从下嘴唇的承浆穴向下，经过脖子、胸部、腹部一直到下边的会阴。督脉，是从上嘴唇的人中向上，经过鼻子、印堂、头顶百会，再向下，沿着脊椎一直到肛门上面的长强穴。这两条脉络，正好环绕人的上身躯干一周。这两条脉络在中医临床学上有很重要的意义。

中国许多强身健体的方法里，都会运用任脉和督脉的功能。许多练过武术、气功的朋友都知道任、督二脉，也常常会说“打通任、督二脉”之类的话。

什么叫打通打不通呢？很难说出一个标准。有时候这个问题又被人说得太玄乎了。我觉得：身体健康，心情舒畅，大概就是“通”了吧。

一次跟朋友聊天，说到任脉和督脉，也说到打通打不通的问题，其中说到四个字——让我心里猛然一亮。

她说“心平气和”就是打通了。

仔细品一品这四个字，真是好。所以，要回答“什么样的心态是好心态”，不妨借用这四个字：“心平气和”。

好心态可以用很多很多的词汇来表达，比如心地善良、宽容乐观、有同情心……都是好心态，但是都没有心平气和更合适。

> 心平气和很从容，不炫耀，有弹性，能容纳很多东西，是最宽阔、最有力量的一种心态。

所以说：心平气和是一个最基本的好心态。

体态、仪态与礼仪

体态是呈现仪态和礼仪的前提

体态、仪态、礼仪三者是融合在一起，分不开的，而体态在这里面是基础和前提，都要经过体态来实现，没有体态，就什么都没有了。

“形体梳理”是围绕体态做文章，通过体态的培养、塑造，引导人们走向所向往的“美”的目标。这个“美”就是通过自己在不同场合里的仪态、礼仪而呈现出来的。

仪态和礼仪无时无刻不在发生，哪怕是在自己家里，从你醒来开始，你就会自觉或不自觉地、用一定的仪态和礼仪去做完一天的事情。比如尊老爱幼；比如夫妻间即使不举案齐眉，相敬如宾，也必须懂得相互尊重；比如在家可以穿得随便些，但也不能太邋遢；比如吃饭不要吧唧嘴；比如教孩子学会说“你好”“谢谢”；更有大人对孩子的言传身教等，这里面都有仪态和礼仪的成分。

想一想，我们走出家门，进入不同的场合，地铁、餐厅、茶馆、剧院、舞厅、展览会、医院、会议室、朋友家、商场、飞机上……进入不同的情境，比如会朋友、见上级、吃牛排、吃火锅、听音乐会、听相声、看话剧、看车展、看画展、开座谈会、走红毯、参加一个禅茶雅集、唱卡拉OK……

当你要参与到这些不一样的场景里去的时候，一定会自然地产生相应

的心理和身体的感觉。看车展和看画展，听音乐会和听相声，穿正装和穿休闲装，吃西餐和吃烤串，见领导和见同学，情境完全不一样，我们一般都会自然地以不同的状态去适应的。

但是在这个时候，就看你有没有体态感了。正确的体态会帮助你在不同场景里，产生意想不到的效果。

几年前，有一位清华毕业的女生，求职之前参加了一期“形体梳理”的训练，结果求职很顺利，她高兴极了，特地写了一封信给我，她说，她并不是班里成绩最好的学生，但她被录取了。而跟她同时去应聘，又比她成绩好的其他两个同学都被淘汰了。同学不服气地问她：“怎么会是你呢？”她没有回答，而在心里说：“因为我参加了一个剧本的排演，你们都没参加呀，这个剧本就是‘马妮形体梳理’啊！”

这位同学在信里还细致地描述了她应聘的过程：她是用怎样的姿态和表情走进面试厅的，怎么向面试官打招呼、递资料，怎么转身走回自己的座位上，怎么扶一下裙子坐下来，怎么聆听和回答每一个面试官的提问，结束时怎么跟面试官告别走出大厅……每一句都透出她的喜悦、兴奋，我看着也很高兴。

正是这样，经过训练，她有了体态意识，又掌握了体态的要领，那么，在应聘的时候，她以自己的仪表仪态，谈吐举止，完成了专业问答，同时也完成了“应聘”这个特定的程序。最重要的是，这个程序的每一个环节，她都做得很“美”。

她说，她相信别的同学也都完成了专业问答，但是，在体态、仪态、礼仪这种综合性的表现上缺少一种“美感”，而她就是多了这层“美感”，脱颖而出。

这就是魅力、感染力。

拥有好体态，仪态和礼仪就能够自然地做到位，也就能够展现优美的自己。

仪态不是忸怩作态

仪态，是体态的语言，是用体态说话。它跟自己所处的环境，包括历史背景、家庭出身、文化程度、职业性质、人际关系、道德信仰等都有十分密切的关系。因此，仪态是能照见一个人的精神面貌和修养的透视镜。

仪态美，让人赏心悦目，更能给人带来舒适感。

对于仪态美，我们可以从以下四个方面来看看：

第一，文明礼貌。这是仪态美最直观的体现，是仪态美的本质。要让自己的仪态体现出有素质、有修养。

第二，在不同的场合里，往往会有一些相应的行为要求和规矩。比如要求穿正装、乘电梯先下后上、听交响乐不要随意鼓掌、排队要站在黄线外、不大声喧哗、老人儿童优先等，我们要去遵守那些规矩，要诚恳地去适应它，而不要装腔作势、忸怩作态。简单说就是：知规矩、求自然、不做作、求真实。

第三，是与人交流这个层面，这是最重要的层面。所有的社会活动都是人与人的交流，没有交流，任何活动就没有意义了。与人交流最需要真实、诚恳、尊重和平易，让自己的举止言谈给别人带来亲和感、舒服感，那就是好的仪态。简单说就是：懂尊重、会欣赏、戒虚张、善聆听。

第四，就是要做得“美”。学会运用正确的体态、心态技巧，做到举止得体，仪态大方，展现出仪态美，也就展现了你的个性美。

归结起来就是：正心态、正体态、正举止。

以上所说的都是美好。但是，如果没有良好的心态做支撑、没有良好的体态去执行，就不能实现真正的仪态美。

现在，我们身边的仪态培训班比比皆是，但有不少只注重玩花活儿，戴顶礼帽，系条纱巾，玩一招一式，摆造型照相，成了搔首弄姿、忸怩作态，失去了仪态最本质的意义。

我在训练课堂上有时会讲一些闲话、笑话，比如我讲过，有一个人来到城市里，进酒店要走转门，他没见过，好奇，紧张，跟着转门走了好几圈没走出来，事后有人夸张说他走了半个小时才从转门里跳出来，成了一个笑话。还讲过南方女孩和北方女孩从地上捡硬币，她们的形体姿态不一样，反映出她们不同的性格特点，一个矜持，一个直爽。

不可思议的是，有人就能把怎么走转门、怎么捡硬币当成专门的仪态课程去教人。她们不在塑造体态的功能性上下功夫，没有理解“仪态”的本意，而是拼凑课程，弄花哨，玩噱头，忽悠了真心想学习的人，是不可取的。

一个人的行走坐站、举手投足的体态变化，包括面部表情，都会毫不客气地透露出你的美或者不美。

仪态不是装腔作势，不是忸怩作态。仪态是鲜活的，不要拘泥于一招一式。仪态是一个很宽泛的概念，不要把它庸俗化了，不要把它弄得狭隘、零碎、刻板、表面化了。

美的仪态是一个人文明程度和内在修养的绽放。

仔细体会“正心态、正体态、正举止”的含义，在不同的活动场合里，呈现出自己得体的气质风度，让我们都能成为舒适与和谐氛围的贡献者，这就是仪态的功用和意义。

礼仪体现的是尊重与和谐

礼仪是人们在社会交往活动中约定俗成的、共同认可的行为规范，它的本质是表达相互的尊重，建立和谐的关系。

礼仪一般都有它的特定性、行业性或者职业性，体现在礼节和仪式两个方面。

礼节，千百年来人们的交际，礼尚往来都充满了礼节，这样的礼节已经演化成了我们的常识、习俗。

有时候我们会说一个人不懂礼节，没礼貌，不受人欢迎。特朗普见英国女王没按照礼节做，就被人批评。在外国旅游遇到当地的礼节，做错了也可能会招来麻烦。有时候也会说，不知者不为过。因为不懂得某些特定场合的礼节习俗，无意中做了不合适的举动或者说了不合适的话，这在有些情况下是可以原谅的。但要学会适应，多了解自己所在场合的礼节，按人家的规矩做才好。

仪式，一般都有各自的规范程序，比如颁奖仪式、迎宾仪式、阅兵式、拜师会、婚丧嫁娶的仪式、毕业典礼、影视剧组的开机仪式、佛教的开光仪式等。

我见过一种进山采药的“喊山”仪式，别有意味。

“喊山”是南方的采药人在采药之前的一个仪式，很简单，却很神圣感人。采药人在家里准备好采药的刀铲、背篓，在村口集合，一起往山里面走，去采天麻。他们来到一座山脚下，一字排开站好，调整好姿态和呼吸，相互看一眼，很默契，然后面朝大山仰着头，一起大声呼喊“喔……嗬……”，这喊声冲到山上又折回来，轰轰响，很震撼，很叫人感动。他们神情虔诚，声音粗犷，充满了对大山的敬畏、崇拜、期盼、感激，期盼大山能让自己采到更多更好的天麻，感激大山的恩赐。

中华民族自古以来都有各种各样的仪式，像天坛、地坛、黄帝陵、孔庙等名胜古迹，在古代都是举行各种仪式的地方，用来表达人们对天地、自然、神灵、圣贤的敬畏和崇拜之情，希望的是天地人间都和畅。

而具体到礼仪培训，则更多的带有行业性、职业性。比如外交礼仪、空乘礼仪、颁奖礼仪、酒店餐厅服务礼仪、商务礼仪，里面都会有它本行业、本职业的规范和流程，这都是需要进行专门的行业培训的。

除了专门的行业性礼仪培训之外，现在很流行各式各样的非职业性的、生活化的礼仪培训，比如红酒礼仪、咖啡礼仪、西餐礼仪等。其实严格说来，这些应该算作知识、常识，学习它，可以给人们的生活增添色彩和乐趣。

但是对这些生活化的常识也不要过于拘泥，平时吃西餐用刀叉，拿错了手也无妨，大大方方请教别人，试着改一下就是。喝咖啡喝红酒也一样，别把它们弄僵化而失去乐趣。除非你要到英国女王的皇宫做客，到那时再认真地操练操练也不晚。

中国是礼仪之邦，注重礼仪是我们的传统，也是中华民族的美德。

礼仪有规范，而借助正确的体态，可以完成得更自然、更优美。

无声的交流语言

说到底，训练形体调整体态，最后都要落实在仪表仪态上。

培养出自觉的体态、仪态意识，养成好习惯，在出入社交场合的时候，就会自然地表现出相应的仪态。如果平常毫无仪态观念，放纵自己的体态，松松垮垮，拖拖沓沓，突然让你去会见一个人、参加一个谈判或者出席一个仪式，想一下子振作起来，拿出一个好的姿态来，那就很可能是僵硬的、做作的。

每个人有自己的个性特点，有的活泼，有的矜持，有人喜欢穿裙子，有人喜欢穿裤子，有人喜欢高跟鞋，有人喜欢休闲鞋……这样，才构成了世界的千姿百态。

> 仪态没有一定之规，体态正确，心态平和，懂得尊重，就会展现出好的仪态。在这个问题上，最终是要靠良好的内在素质和优雅的体态举止取胜，而主导这一切的，是心平气和的心态。

在社交场合里，要学会排除紧张情绪，学会当众放松。这个时候不要多想，“我一定要是最美的”“我不能让人看出来我紧张”等，这些杂念会让你更紧张。要尊重对方，尽快和别人建立起自然的交流，松弛自己的身心。这样你的仪态才可能得到最充分的展现。这里有点儿表演的意思。其实，人们在生活中是免不了要表演的，问题在于要把握好分寸，不能演过了。

仪态与一个人的气质密不可分。“气质”是一个心理学的名词，当我们说气质的时候，不仅是对一个人的外在形象而言，更是对一个人的内在修养、秉性、举止言谈所表现出来的综合素质而言。

决定人的气质的因素是多方面的，有遗传的因素，但更重要的是后天的教育和社会环境的影响，当然包括家庭的教养。因此，人的气质和仪态都是可以培养的。气质、仪态是一种综合指标，它是对一个人的知识修养、思想情操、言谈举止、形体状态、穿着打扮等各方面内容的综合评定。

我们常常听见有人说：“这个人的气质很好，有风度，仪态大方。”“那个人长得很漂亮，可是气质不行。”这就是说，良好的气质、仪态，应该是内外因素统一和谐的。

作为女性，注意自己的仪表仪态，是对别人的尊重；注意自己的仪表仪态，使自己在别人的心目中留下美好的印象，也会给自己带来好心情；注意自己的仪表仪态，有助于提高我们工作和生活的质量；注意自己的仪表仪态，又是对亲人、对家庭、对事业的爱的奉献。

体态与服饰

身材好不等于体态好

我们反复讲到体态的重要，“体态是最好的装饰品”，其他东西都是配件；体态是“本”，服饰是“表”。但是体态又不能代替一切，因为人是不能不穿衣服的。“人是衣裳马是鞍”说的就是穿着打扮的重要。但是再重要它也是配件，都是为人的身体服务的。

这里面蕴含着辩证法。

服饰再好，没有好的体态感，穿它的人也不会有风采。比如时装模特，她首先要具备一个好身材，通过专门的形体训练，再穿上设计师的服装进行表演，才能充分显示出服装的风采。我们也见到过，同样是模特一样的身材，很标准，为什么有的让人看着是一种美的享受，而有的让人看着并不美呢？

这就是体态的问题，身材好不等于体态好，好身材经过训练才能获得好体态。体态正确，再根据个人的审美倾向、趣味偏好去选择得体的服饰，就能产生相得益彰的美的效果。

我们说过，先天性的身材不好是无法改变的，比如脖子短、下肢短、小腿不直，都不可能把它们变长变直，但是，可以通过后天的训练来改善，同样能获得良好的体态。通过后天的学习，包括提高自己的修养，再学会选择服饰搭配，学会用服饰来弥补、转移自己的不足，那么，也同样可以拥有女性的风采和魅力，缺点也就转化成特点了。

一定要自信，人各有所长。你在你的自然条件下寻找最佳状态，我在我的自然条件下寻找最佳状态。有人说，世界上没有不美的女人，只有不会打扮的女人，就是这个意思。当然，在这个打扮里，要先抓住最关键的体态。

身材不够好的朋友要有信心，有信心获得好体态。

所以，我建议女人们，把选购时装的精力和热情抽出一些来，用在调整自己的体态上。当你获得了好的体态时，就能体会到，要比得到一件时装更让你欣喜。

学会设计自己

有一个少妇，形体相貌都挺好，可惜她原有的风采都被自己一身的“披挂”给淹没了，她还很得意，最喜欢别人围着她议论她的“披挂”。各种各样的服饰她都有，流行什么她就有什么。

一天，她穿了一套新衣服，胸前挂了一串大大的项链，像念珠。她很希望大家注意到她，可是没人注意，她忍不住了，抓住一个同事问：

“哎，猜猜我这套衣服多少钱。”

那个人随口说了一个自认为不可能的价钱：“2万块。”

没想到这个少妇激动得不得了：“哇，你真有眼力呀，标价19990块。”

在场的人都瞪大了眼睛，立刻围上来又摸又看，什么衣服？金子做的吗？我也去摸了一下，像是麻布的面料，下面是一条很宽很肥的裤子，裤脚镶着花边，上面是一件宽大的长衫，没有领子，也镶着花边。

她说："我砍了半天价，最后16000块买下的。正宗意大利进口，全城就进两件，店家还送了我这串项链呢。"

这套衣服到底能值多少钱且不说，问题是她穿着很不好看，拖拖拉拉，撑不起来。本来是很俊俏的少妇，却打扮得显老态。我问她这衣服哪儿好，她就一个理由：这是意大利的。

不管怎么样她自己很满意，这种心态也不错，我行我素。

其实女人们穿衣打扮，都想把自己打扮漂亮有品位，没有人想把自己打扮丑的。但也确实有不少女人，在穿衣打扮方面没有判断力，也缺乏对自己的了解，不知道怎么搭配好。于是，市面上流行什么她就穿什么，见别人穿新式衣服，她也想办法弄一件穿上，而不知道是不是适合自己。

> 要学会自己设计自己。自己应该最了解自己，要根据自己的个性、爱好、身材条件、工作性质等，来考虑服装、发型、首饰、妆容这些配件怎么搭配最好，让服饰真正起到烘托自己、扬长避短的作用，让服饰为人服务。

得体是美

前些年比较时兴女性职业套装，下面是紧身短裙，上身是一件小西装，职业女性穿着它确实显得干练潇洒，也显得很有风度。这种短裙最早是法国的服装设计师设计的。据说他先是把女人裙子的长度从小腿往上提了四寸五，还不甘心，又往上提了五寸，直到大腿这个部位。这在当时是大胆的创举，他把女性的美腿给展露出来了。

这种裙子适合腿型好的女性穿，美腿被恰到好处地暴露出来，是赏心悦目的。聪明的设计师用这样的裙子搭配出的套装，既端庄又性感，增添了女性的魅力。但是，这种套装并不是所有女人都适合穿。腿型不好的，比如O型腿，腿肚子粗，下肢短，还有臀部下坠等，有这类形体问题的女性是不适合穿短裙套装的，因为它恰恰暴露了自己的缺点。

有一个学员个子比较矮，四肢短粗，就穿了类似的套装。她坐在沙发上，体态是对的。但她穿这套衣服总显得有些别扭，我坐在她对面，居然看见了她短裙里面的内裤。

我说话直率，我说："你的腿并得再紧，我还是看见你的内裤了。很可能别人也有看见的，不好意思跟你说。我建议你不要穿这种套装裙，这衣服不适合你，穿着比较拘谨，还把你下肢短、腿粗的缺点都暴露得一清二楚，弄不好还会出现尴尬的事，所以，你这样穿就不得体，穿衣服要考虑到遮掩自己的不足。"

我建议她选择长款的、从视觉上看可以把线条拉长的裙子，胳膊也适当地遮掩一些。她同意我说的话，又一次来上课的时候，穿了一条长的太阳裙，很服帖，配了一件颜色相近、像纱一样的小上衣，脚上一双中跟皮鞋。因为她体态已经很到位，再配上这一身服装，就显得很飘逸、很有淑女味道。这就是得体的服装带来的效果。

对于个子矮的女士，我还建议不要穿得层次太多，头上尽量少用或者不用装饰物，要简单，色彩要单纯，色调要统一。我见过有的个子矮的女士，特别喜欢穿带荷叶边的服装，里三层外三层的，把身子分成了几截。有的头发梳得一丝不乱，但是戴的发卡很大很夸张，还戴了一个很宽很厚的头箍，耳朵上有耳环，脖子上有项链，手腕上有镯子，真是"全副武装"。本来想把自己打扮漂亮，却显得很堆砌，很凌乱，不清爽。要简洁，简洁也是一种美。

脖子较短的女士，要减少脖子周围的装饰，衣领样式要简单，戴项链，可以戴一个有坠儿的，视觉上脖子会拉长一些。当然关键还是要从体态上找到脖子向上牵引的感觉。

戴眼镜的朋友，更要注意简化脖子和头部的装饰，不能花哨。有的人脖子上围着纱巾，又戴着耳坠、头箍，再加上眼镜，就把自己给包在里面了。

胖型的女士买服装是一件很头疼的事，但她们有一个重要原则，就是掩盖自己的胖。我认为，形体上的毛病，有的需要掩盖，有的却未必。比如胖，就不一定非得掩盖不可，实际上也很难掩盖得住，弄不好就是“欲盖弥彰”。

我坚持认为胖有胖的风采，只要寻找到属于自己的最佳体态，拉出三围，拉出胖的曲线美，再选择合适的服饰，一样美丽。

胖女士偏爱穿肥大宽松的衣服，有的穿得像孕妇，或像印度老妈妈。所以不要一味地选择穿宽大衣服。当然，也不适合选择紧身的衣服，要选择裁剪合体的、能把身体的线条自然地展现出来，就不会显得臃肿、邋遢，照样自信地、大大方方地展示自己的女性美。

我接触过很多胖而美的女性。有一个40多岁的学员，是班里最胖的一个。上仪态课那天，她穿了一件中式小褂，跟身体很服帖，下摆刚好盖住臀部三分之一，一条一步裙，长短适中，衣裙的颜色都偏深色，脚上是黑色高跟鞋。大家一看，禁不住给她鼓掌。首先是颜色很协调，符合她的年龄。再一个，她的中式褂和一步裙把她的胸、腰、臀部的曲线突出得恰到好处，丰满，雅致，魅力四射。

没有多功能的服装

有人买衣服希望是多功能的，买一件衣服，在什么场合都能穿，结果，积攒了一堆“垃圾”。因为，真正到需要穿的时候，反而觉得没衣服穿了，好像什么场合都不适合穿了，造成了浪费。

几年前朋友来北京出差，想买几件衣服，我陪她跑了好几家商店，终于在一家店里看中了一件，穿上一试，非常好，很适合她。但一问价钱，她连说：“太贵太贵，这料子不值啊。”

我说：“要从另一个角度去看，就是衣服的设计价值。料子可能不值钱，但款式很有特点，简洁大方，最重要的是适合你，穿上它端庄又不呆板，显得年轻又精神，符合你的身份气质，这就是这套服装的价值。这样看，它就值了。”

看望福州西禅寺大榕树

但朋友还是说："太贵，是的，价钱真不低，再考虑考虑吧。"过两天她决定要买了，结果再去看，没有了，又跑了几家商店也没找到。回去以后她打电话说太后悔了。

碰上一件满意的衣服不容易，看准了它适合你，那就下决心拿下。实际上，这比买一堆便宜的、使用率很低的衣服要划算、要实惠呢。

还有一次和朋友逛街，我们习惯进一家商场就先到最上面一层，然后一层一层往下逛，无意中在四楼看见一条羊绒的连衣裙，非常打眼。一问价钱，我们俩都倒吸一口凉气，太贵，就没吭声，继续看别的。可是，我好像什么都看不进去了，心里老是惦记着那条羊绒裙。等逛到一楼要走出去的时候，我突然说："咱去试试四楼那条裙子吧？"朋友也来劲儿了："走，试试去。"

回到四楼，我穿上那条裙子从试衣间里走出来，朋友瞪大了眼睛，走到我跟前小声说："太棒了！出乎意料的好！"接着，好几个售货小姐围过来了，一个劲儿地夸呀。我走到镜子跟前，一看，心里有数了，这就是我的衣服呀，买了。

我非常喜爱这条连衣裙，很多很多重要的活动都是它陪伴我。

根据我的经验，第一眼能打动你的服装，可能就是适合你的，不在于它价钱高低，也不在于牌子。我买衣服不看牌子，因为我不懂。我还有几件使用率很高、效果也很好的衣服，都不贵。有一件还不到100块钱的中式上衣，也是我非常喜欢的一件衣服。

符合“我”这个牌子

大牌名牌的服装品质不凡，穿对了就会增添光彩。但有的人，堆了一身值钱的东西，不仅没有衬托出高贵的气质，反而显得俗气、做作。还有人就是为了炫富，并不懂得真正的女性美为何物。

萝卜青菜，各有所爱，女人的穿着打扮体现一个人的趣味和修养。

> 要有自己的判断力，不管什么服饰，再名牌大牌，都必须符合“我”这个牌子才是对的。

我们不盲目追随潮流，但也不要排斥新的事物，哪怕是“另类”的，都会有值得吸收的东西。在流行中去寻找适合自己的，适当地去尝试、变换，既保持自己的风格，又具有时代气息。这就需要提高自己的审美能力和判断力，目的还是让服饰符合自己的气质。

说到这儿，想起关于黑色的服装。有人认为黑色比较难驾驭，穿得好显得很高贵，穿不好显得很寒酸。还有的说，高个子穿黑的太显眼，矮个子穿黑的又显得太小。所以有的人对黑色服装不敢问津。其实大可不必。一切都在于个人的心态和体态，如果你觉得在你的工作环境和相处人群的氛围里，可以穿黑色的服装，而且你心里又有穿的欲望，那就不妨试一试，说不定会有意想不到的效果呢。

正视年龄不装嫩

女人进入中年会有恐慌感，失去自信，就想尽办法装扮自己，想让别人看着还是年轻人。其实不必要，弄不好会适得其反。

有天晚上去看演出，在剧场的大厅里一个朋友对我说，某某某听说我在做“形体梳理”，想跟我见见聊聊。我很高兴见她，因为她是我非常欣赏的好演员。可是当我看见她的时候，太吃惊了：天哪，她是怎么穿戴的呀?

她50来岁，却把小姑娘的时髦服装、时髦玩意儿都穿戴上了。小褂子短短的带着流苏，锥子裤，雪糕鞋，斜挎着小挎包，小小的帽子歪戴着，帽子上有穗子甩来甩去，耳环是个大圆圈，夸张得厉害，也跟着甩来甩去，真是全身披挂。给我的感觉，她一动就会哗啦叮当响。化妆也有问题，眼圈描得太黑太粗，口红涂得太重太大，粉底打得太厚，是想盖住脸上的皱纹……从远处看，还真像个小姑娘，一走近，不能看了，跟她说话都不好意思正眼看她。

在穿衣打扮上一旦没了判断力，就会一错再错，怎么都搭配不对了。这位演员就是这样，给人的感觉是在“垂死挣扎”，拼命想打扮成年轻人，结果把自己打扮成了一个“花婆子”，很糟糕。

如果就按自己的年龄去打扮，在这个范围内同样可以是靓丽活泼的，也能突出自己的职业特点，也会很得体。人们会说，你看她，50岁了还那么年轻漂亮。可当时她那身装扮，我真想帮她把所有的“配件”都扒下来，卸了妆，就穿牛仔裤T恤衫，都会比她那个形象好看十倍。

> 我们的心要永远年轻，我们的体态要永远年轻，可我们的装扮还需要考虑到年龄因素，每个年龄段有每个年龄段的美。

前几年我上课都是穿一身红颜色的紧身服，有的记者说，一进训练场就看见“一点红”的马妮在跑来跑去，充满活力。后来年纪增长，一样会老的，再穿一身红就不对劲儿了，有点“装嫩”了。所以我就把红上衣换成黑的，下面还是红裤子，仍然显得很青春，很有精神，更得体了。

我认为女人在40岁到60岁这个年龄段，最需要注意服饰得体。年轻人尽管随心所欲，可以穿得文静、秀气，也可以很活泼、很强烈、很夸张，甚至有些怪异、另类都无妨。等到了老年，又可以随心所欲了，花红柳绿，怎么开心怎么来。我想我到了老年的时候，一头白发，可能我还会再穿一身红，那不是“装嫩”，而是老年人的俏皮和靓丽了。

恰到好处

人到中年，生活压力大负担重，需要用心装扮一下自己，不能放任自流，而“装嫩”也不可取。中年阶段的女人，穿着打扮是有很大选择空间的，完全可以装扮得有个性，有品位，符合身份。中年女人最辛苦操劳，但也是成熟、自信、最富有魅力、最有女人味儿的时候，无须太多修饰，清淡的装扮应该是最得体的。

人们都懂得在不同场合要有不同的穿戴，特别是在社交场合里，女人的穿着打扮越来越被重视了。

在这个时候，心态、体态、言谈举止的重要性就更突出了。服饰在这个时候应该起到恰到好处的陪衬烘托作用，不能让服饰箍住自己。不然的话，你就是穿得再高档华丽，也只是个衣架、花瓶而已，缺少生气。一个人的内在修养，在这个时候将起决定性作用。

我们见过文艺作品里描写女人的嫉妒心，她就要和周围的女人较劲儿，在社交场合里，总想“艳压群芳”。“夺魁”了，那就是她最大的满足。要是被别人占了上风，她就会痛苦，耿耿于怀，甚至于怀恨在心。这是很可悲的。现代女性要活得潇洒，不论什么场合，保持平常心面对身边的人，做出真实的而不是虚假的反应，所谓“仪态大方”。

当然，在出席社交活动的时候，还是需要认真打扮一下的。这样做是对别人的尊重，也是对自己的尊重。如果你在某个社交场合里是主角，你更应该注意穿出自己的格调，色彩、款式、质地、做工等都需要讲究些。

> 这里面最重要的还是得体，不堆砌，不琐碎，不失品位，恰到好处。

有时候还要考虑到，自己的装扮跟活动的场合、内容、性质是不是协调。

有一位女士要参加商务宴会，领导要她穿漂亮一点儿，她就用心准备，专门花几千块钱买了一件晚礼服，是低胸、露臂的长裙。穿了这件晚礼服，加上烫头发，化浓妆，结果，在宴会上居然没有一个男人跟她讲话，事后领导批评她，说她穿的服装太失败了，打扮太妖冶了。

这位女士委屈得要命。但她忽略了这是商务活动，她的装扮与活动的内容、性质不协调。

形体梳理概说

三层意思

头发每天需要梳理，不梳理就会又乱又脏。人的形体也一样，需要经常梳理，才能保持在健康、正确、优美的状态。

“形体梳理”是从我的实际情况出发而产生的，一切为了实用和有效。所以，完全不同于其他的健身美体方式。它不是健美舞，不是韵律操，也不是器械运动，它是一种简洁、温和、实用、重在改善形体毛病、培养自我调控能力、塑造体态的形体训练方法。

人的形体的不良状况，如肥胖、颈部错位、胸部不挺括、扣肩塌背、臀部下坠、行走拖沓等，一方面，是由不正确的体态造成的；另一方面，又与人的惰性和内分泌系统有关。所以我的基本思想是：

遵循人的生理自然法则，通过对内部气息和外部肢体的同步调整，增强体质，开发自身潜能，最终依靠自己的力量，达到改善形体、塑造体态的目的。其中，心理梳理具有主导作用。

身体、心态、体态三位一体不可分割，这样，“形体梳理”就形成了一个从内部到外部，从生理到心理的多方位的梳理系统。

“梳理”也可以写作“疏理”，它有三层意思：

一、运用中医经络的原理，调动任脉和督脉以及相关穴位的功能，刺激经络穴位，疏通人体的内部气息，使内分泌系统有序化，促成机体健康运转。

二、如同梳头一样，对人的外部肢体进行局部分解和整体综合梳理，使各个部位都处在正确优美的状态。

三、纳入心理梳理的内容，舒缓心情，唤起美感和自信。

实际作用

“形体梳理”因减肥而生，所以减肥一直是最基本的功能。但在发展过程中，已经远远超出了单纯减肥的范畴。

“形体梳理”的实际作用归纳如下：

一、短期内——经过12次常规课程（每次课2小时）训练，帮助人们在短期内有效地改善形体毛病，诸如肥胖、颈部错位、胸部不挺括、扣肩塌背、臀部下坠、行走拖沓等，从而使肢体到位，体态正确，增进健康和自信，提升气质和魅力。

二、长时期——形体梳理可以轻松地融入日常生活中，使人真正进入“自己的形体自己掌握”的境界，实现改善形体、保持体态、焕发气质魅力的目的。

三、副产品——由于纳入中医经络的原理以及心理疏理环节，使训练事半功倍。因此，它又会带来良好的“副产品”，即对妇女常见的比如颈椎病、腰椎病、便秘、月经不调、痛经、小叶增生、甲亢等症状，产生良好的缓解作用。

“形体梳理”能够十分有效地促成健康和美丽之间的良性循环，从而获得美的体态，呈现美的自己。

目标宗旨

> “形体梳理”旨在塑造“以健康为前提的体态美”，引导人们认识体态的意义，树立体态观念，掌握梳理方法，改善形体的不满意之处，梳理出形体的最佳状态，与内部气息的疏通相配合，与内在的素质相配合，呈现出举止得体、仪态大方的形象，焕发出人们的最佳气质和魅力，提高生活和生命的质量。
>
> 让爱美的人体态更美，绽放出属于自己的风采。

要点摘录

内部气息、外部肢体以及心理状态，这三个方面相互牵连、相互渗透、相辅相成。内部气息的疏通因外部肢体的梳理而得以实现，外部肢体的梳理因内部气息的疏通而事半功倍。而这些，都需要在保持良好心态的条件下，才能获得最充分的效果。

体态是最好的“装饰品”，体态是永久的时尚。

正确的体态是提、收、松、挺。腰带以下提、收，腰带以上松、挺。

形体的毛病绝不只是肥胖，更有颈部错位、胸部不挺括、扣肩塌背、

接受中央电视台记者采访

臀部下坠、行走拖沓等。这些毛病都不是孤立的，一方面，与不正确的体态有关；另一方面，与人的惰性和内分泌系统有关。所以形体的改善，也要表里兼治，从表及里，以里促表，而不是单纯地活动肢体，不能头疼医头，脚疼医脚。

要有好形体需有好身体。健康的身体是“形体美”的根本。

要有好体态需有好心态。好的心态是“形体美”的主导因素。

胖有胖的风采，瘦有瘦的魅力。不要只想着减肥，放弃单一的减肥追求，在寻找体态美感的过程中，实现减肥、改善形体的愿望。

由于形体的不到位，为体内多余脂肪提供了堆积的条件和土壤，这是形成肥胖的一个非常重要的原因。而减肥就是要清除这个条件和土壤。

吃饱饭再减肥。吃饱饭才能保证营养供给，保证机体正常运转，才能有力气支撑形体各就各位，才能不给多余脂肪提供堆积的条件和土壤。

减肥、改善形体最终靠自己。掌握方法，才能掌握主动。方法的核心就是：提、收、松、挺。

减肥不等于减重，减重减的往往是水分，以重量衡量减肥不可靠。建议把家里的秤换成镜子。

要想不发胖，先把脖子拉长。

不要以为运动了，出力流汗了，就能减肥、改善形体。如果运动不得法，还会加重你的形体毛病。

减肥的诀窍：忘掉减肥。

美没有年龄界限，美不论高矮胖瘦，美在健康，美在自信，美在体态，美在心灵。

内在的美是女人魅力的源泉。

打开眉头，面呈"王"字，保持好心态，保持自信心，是保持美的法宝。

体态、仪态、礼仪三者是融合在一起的，它们的本质意义是表达尊重，建立和谐，呈现美丽。

也许你有点儿扣肩塌背、胸部不挺括、颈部错位、体形发胖、臀部下坠等，想改善却不得法；

也许你曾使用多种办法进行减肥，却未必知道在不依赖外界力量，不用忍饥挨饿、苦争苦熬的情况下，如何控制脂肪堆积的诀窍；

也许你想拥有挺秀飘逸的身段，但做起来很生硬，不知道劲儿该往哪儿使；

也许你天生丽质，身材姣好，以为无须保养训练，但未必知道如何抓住和长久保持形体的最佳状态；

也许你有丰富的思想内涵，有良好的内在修养，但却不一定知道如何从体态上焕发出作为女性的风采；

……

“形体梳理”所希望的，就是成为女性的朋友，帮助女性朋友们寻找适合你自己的、改善形体、塑造体态的路。

遵循自然法则，内外同步调整，

心态平和坦荡，体态提收松挺。

高矮胖瘦勿躁，活的最是心情，

找到适当方法，开掘自身潜能。

改善健美形体，你行我也能行，

焕发气质魅力，生活质量上乘。

Part 2
我的故事

"形体梳理"是和我自己改善形体的经历一起诞生的。

"形体梳理"是生活赐予我的，

感谢生活赐予我的一切，

不管它是甜的还是苦的，

都能成为我的财富，

都能品咂出它"美"的滋味。

故事里含着一些"招数"的来由，

可能会给你一点儿启示。

梳理前

芭蕾给我光彩

年轻的时候我是一个芭蕾舞演员。那个时候，说你是搞文艺的，而且是跳芭蕾舞的，简直叫人羡慕死。我们文工团那一拨姑娘是从各地挑选出来的，个个身材苗条，体态轻盈，鲜花一样美丽。

那个年代，生活单调，色彩单调，可我们年轻漂亮，又有那么好的工作，所以在我们这一群女孩眼里，到处都是阳光灿烂的。

团里给每个人发一套绿军装，不戴领章帽徽的，肥肥大大的。要知道，女人爱美的心是任何时候都藏不住的。衣服肥大，遮盖了美丽的形体，有人就偷偷地把上衣的腰线收紧了，把裤腿改瘦了。很快，团里的女演员们全都去改衣服，再穿出来的时候，你能想象出来该有多么漂亮。

我们排演了芭蕾舞剧《白毛女》。我在《白毛女》中饰演白毛女这个角色，演后半场。白毛女这个人物一共四个演员扮演，开始是喜儿；喜儿进山以后是“黑毛”，头发散开了；接着是“灰毛”，最后是“白毛”。主要的戏是前面的喜儿和后面的“白毛”。我一出场就是在深山老林里，从头到脚一身白，破烂的白衣服，散乱的白头发，是假发，头套。我能演白毛女这个角色，太让我骄傲啦！我很激动，刻苦练功，认真排练。

大约七八岁的时候，我被艺校的一个老师拉去，练过一段时间的戏曲功，压腿、踢腿、耍前桥、倒立，觉得好玩儿。可就是那个短短的经历，

唯一的一张我当年演《白毛女》的剧照

我算是有点儿“童子功”的啦。所以，一进文工团，我的基本功就比别人强一些，团里最早派人到南京前线歌舞团学芭蕾，就有我。

我个性执着，认定的事一定得做好，更何况是演“白毛女”这样的大事啊。我一门心思苦练基本功。练脚尖功，脚指头磨破了，流血，脚指甲变紫变黑，磨掉了，又长出新的，再磨破，变黑，再磨掉，不知道掉了多少层。

天不亮我就起床，悄悄跑进练功房练功。到大家都起床集体基训，我再跟着练，比别人多练一两个小时。有人发现我偷练功，也不甘落后，较着劲儿，跟着我早起，加班练功。后来领导发现了批评我们，不准这样做了。

我再想办法给自己加码，晚上睡觉练，两条腿劈横叉抵着墙睡，上半夜头朝东抱着右腿睡，下半夜头朝西抱着左腿睡，盖着被子，谁也不知道我在练功。腿麻了，慢慢爬下床到走廊里蹬几下，回来再接着那样睡。楼梯也是很好的练功地方，三层楼70多级台阶，我每天用前脚掌噔噔噔上去再下来，来回好几趟，增强了腿的力度和柔韧性。我这样做了，信心更足了。

说实话，芭蕾很美，而练功太苦！单调，枯燥，累，痛！也会闪出放弃的念头，但必须立刻刹住这念头。

付出才会有收获，《白毛女》演出成功，一时间，整个城市为《白毛女》沸腾了，我走在大街上，能感觉到周围人们投来的赞赏的目光，让我自豪又得意。

在亲人、朋友们眼里，我演《白毛女》更是一件了不得的大事，人们祝贺我，夸奖我。《白毛女》给我带来的是一种特别的欢乐和幸福，我很享受，也飘飘然。

飘得高，摔得疼，以至于在后来我的形体发生变化的时候，我简直承受不了那么大的落差。

保胎好辛苦

不承受也得承受。

结婚生子，是平常女人们都要走的路，我也一样。只是没有思想准备，结婚生了孩子，我的身体居然也毫不客气地发胖了，变形了，这对一个舞蹈演员来说意味着什么？我不能再跳舞了吗？不能跳舞，我等于失去了一切。现在，没有人来找我跳舞了，连那些大群舞也没有人找我跳了。真残酷，我像掉进了冰窟窿，寒冷又无助。

形体变差了我心不甘，总想找到原因。

我怀孕是先兆性流产，不得已躺在床上保胎，前后加起来有七八个月。十月怀胎，我在床上就躺了七八个月，可想而知身体都养成了什么样子。

怀孕不久感觉浑身酸懒，又发现下身有红，一检查，医生说我以前有机能性子宫出血，很容易先兆性流产，我们紧张坏了，赶紧卧床保胎。

躺了一段时间好像没事了，我先生说："起来活动活动吧，活动不是对胎儿有好处吗？"其实这个时候是不能随便动的。刚活动两天，坏了，又出血了，赶紧再躺下。请医生来看，医生说必须卧床，绝对不要动，连翻身都要格外小心。我先生后悔莫及。

不得已，我们正式地进入保胎状态，不敢有丝毫疏忽。

躺在床上保胎很符合我的懒劲儿，有的是时间回忆往事。我想到了机能性子宫出血的病，真恨自己呀。

那病是跳舞的时候留下的。当年为庆祝党代会召开，要连续演出十场《白毛女》。那期间，正碰上我来月经。我的月经量本来就很大，每次来潮的时间也比一般人长。可是，当时并没有把来月经当回事，也不好意思跟领导说"来月经"的事儿，就坚持完成了十场演出，之后又接着公演。在这将近一个月时间里，我身上一直哩哩啦啦没有干净。

回想起来更让我后悔的是，就在那种情况下，我居然没有间断练功。同宿舍的人知道我的情况，提醒我不能再那么练了，我不听，继续练功、演出。

是单纯？是无知？是逞英雄？是怕丢掉赞美？无论如何，我是仗着年轻，做着损伤身体的事情。

就是这样，我给自己埋下了疾病的隐患，患上了机能性子宫出血，月经失调，身上难得有几天是干净的，我很难过。虽然经过治疗有了好转，但眼下我怀孕了，它又来捣乱。

保胎可不是享福的事。我身上犯懒，喜欢躺着，可是一天到晚地躺着，连躺几个月就等于“受刑”了。那时候没有电视，顶多听听收音机。杂志也少得很，《大众电影》，一个月一本儿，倒是看了不少小说。

躺久了想翻身，要格外小心，伸胳膊抬腿必须“慢动作”，不要牵动肚子里的胎儿。先生去上班的时候，我得坚持不翻身，也不能下床解手。一切都要事先安排好，躺成什么样子，脖子垫多高，要喝的水，要吃的水果，要看的书，收音机，灯的开关绳，一切都要触手可及，切记“慢动作”。吃苹果也是，轻轻地慢慢地咬，不能使劲儿，就像在月球上。

先生下班回来，立刻进入情况，帮我翻身，抬腿，扶我解手。每天回来都是一场“战斗”。

我不由得说一句没用的感谢话，他却说：“你的任务是保胎，我的任务是保你。”

这样保胎整整保了八个月，医生说保胎成功，可以试着下床了，但千万别大意。这真是个大好消息！

可就在这时候，我突然发现自己的身体大变样了，整个人大了一圈，胳膊、脖子肉嘟嘟的，脚都鼓起来了。我心里咯噔一沉，这是要变胖吗？不过，眼前的任务是保护好胎儿，准备生产，容不得我想别的事，随它去吧。

乳腺炎开三个刀口

那年的秋天，儿子出生了，体重八斤六两，健康。这个成果让全家人欢天喜地。我开始做母亲了，享受着从未有过的喜悦。

可是接着问题就来了：发胖变形的身体，迟迟没有恢复到我原来的样子。我本来身材细挑，肩比较窄，所以胖起来就像一个水桶，我的心很阴沉：这可咋办呢?

祸不单行，我的乳房又出了问题，得了乳腺炎。

我的乳头有点儿往里凹，怀孕的时候母亲交代我，以后要给孩子喂奶的，你得提前做做乳头的保健工作，在乳头上面涂点儿肥皂捻一捻，用毛巾轻轻擦拭擦拭，再向外拉一拉，增加它的韧性和耐磨力。

我说我不会喂孩子的。听说用奶水喂孩子，妈妈形体会发胖的，那还怎么跳舞呀。我早打算好给孩子喂奶粉、炼乳都可以的，所以就没有做乳头的保健。

我婆婆知道我不想喂奶水，动员我说，小孩子还是吃妈妈的奶好，就抱着孩子往我乳房上送。出于母亲的天性，我跟婆婆自然地配合了，试着把乳头往孩子的嘴里送，孩子一口咬住了我的乳头，啊，一种莫名的感觉袭上心头，我是妈妈！我是妈妈！我紧紧地把儿子抱在怀里，就在这一刻，我改主意了，我要用自己的奶水喂儿子。

不承想，这个决定让我吃尽了苦头。

乳头很脆弱，儿子的嘴却咬得很紧。我先生用手指试试，说儿子的嘴像把钳子。其实，儿子吃我第一口奶水的时候，我就乳头刺疼。坚持喂了两三天，疼得更厉害了，两侧的乳头裂开了口子，像麦粒那么大，还流血，儿子吃的实际上是奶水和血水的混合物。

怎么办？当时一听见儿子哭要吃奶，我就怕得要命。每次喂奶，我先生就用一个大手绢塞我嘴里咬着，那块手绢都被我咬成了纱布。每次喂奶，我都疼得浑身发抖，汗珠往下掉，头发都湿透。先生心疼我，也无计可施。

不久，乳头发炎，烂了。右侧的乳房涨得特别厉害，一看，上半截都红了，发烫，而我又冷得全身颤抖。必须去医院了，医生决定立刻住院，开刀。

主刀的是位中年女大夫，和蔼可亲。她一边跟我聊天，一边扶我躺下去。她说看过我跳舞，很喜欢我。说话间，一个护士上来，把我的一只胳膊抬起来，在下面放上一块木板，用带子唰唰唰地绑上，另一条胳膊也唰唰唰地绑上，两条腿也给唰唰唰地绑上了。

看见她们都穿着红不红白不白的大褂，戴着大口罩，举着两只手站到我身边，像要来掐死我。我紧张得直哆嗦，大夫还在跟我说话，让我放松，还问我会不会喝酒，我的牙直打战说"不喝酒"。接着有人给我打了一针，我眼睛模糊了，眼前的一切都虚了，很快地就什么都看不见了。我能听见她们说话，很急促。我能感觉到刀子在我身上割，不疼，是一种揪着的感觉，揪得很难受，再往后就什么都不知道了。

手术成功了。可是万万没想到，手术后十几天，刚刚愈合的刀口裂开了，是又一个脓腔把刀口撑破了。医生的解释是，上一次医生好心办了坏事，她舍不得把刀口开大，结果没有发现贴着肋骨还有一个血包。这又何尝不是医疗事故呢，我心好苦哇！如果当时发现了那个血包一起处理掉，也不至于又发展成一个脓腔。没有办法，我又第二次躺上了手术台。

这次是在乳房上下开了两个刀口，形成一个对流。手术完，在乳房里硬是塞进去一条两尺多长的纱布条，是用磺胺药水泡过的，黄黄的。

我不敢回想每一次换药的情形，长长的纱布条从上面的刀口一点儿一点儿塞进去，换药的时候从下面的刀口一点儿一点儿拉出来，然后再塞进一条新的。这样来回地换药，换了40多天。谁能想象出那是啥滋味？现在想起来还汗毛直竖。

每次换药，我先生都紧紧抱住我的头，不让我看，他抓住我的手，让我咬住一条毛巾。有时候还要打点滴，我的血管细，针头很少一次扎准，我先生心疼得直掉眼泪。医生对我说："你看，扎你比扎他自己还疼呢。"

人的生命力够顽强，再苦再难总能熬过来的。乳腺炎消了，身上一下子轻松了。可是我整个右侧的乳房被夷为"平地"，我说："我成残疾人了。"

我压根儿不相信我的形体会发胖，我的胸部是团里的女孩子们都羡慕的。怎么说没有就没有了呢？我很无助很委屈，心里说："老天爷呀，你可以让一千个人丑，让一万个人胖，你不能让我丑、让我胖啊，我还要跳舞啊！"

其实老天爷才不管你呢，还是自己管自己吧。所以，我只能老老实实地加入到减肥队伍里，跟那些胖伙伴一起开始了减肥的行程。而且我比她们还多了一块心病，就是我的一侧乳房平下去了。

加入减肥队伍

我们那一拨儿先后做妈妈的女子们，都曾经是光彩照人的美人儿，又怎么能甘心丢掉美丽，绝对不行！所以个个都在精心呵护自己的容貌和形体，要是发现眼角有了皱纹，或者头上有了一根白头发，心里都会咯噔一下，如临大敌，得赶紧解决它。为了减肥，更是不惜自己摧残自己，忍饥挨饿，少睡觉，吃药让自己拉稀泻肚……

男人们说我们这群人是“垂死挣扎”，是“死不愿意”，就是说我们都到了该老、该丑的时候了，还挣扎着不愿意老，不愿意丑，垂死挣扎。

女人们并不反驳，自嘲地接受“垂死挣扎”这个说法，还根据每个人“挣扎”的程度，划分了等级，谁是“一级垂死”，谁是“二级垂死”，相互寻开心。

我挣扎的级别不算高，没到“一级垂死”的水平。我不喜欢精细、刻意地梳妆打扮，我是喜欢素颜的。我也不太在乎脸上有了皱纹，头上有了白发。我从来也不喜欢去发廊、美容院，使用的护肤品和化妆品也很一般，头发长了我先生给剪，到现在还是这样的。

但是，我唯独对自己的形体、体态看得特别重要。

我的胖跟别人不大一样，我身子窄，胖起来前后左右差不多粗，没有了曲线。

不管怎么样，我们的目标都是减肥，都是想要抓回自己的青春和美丽。为了这个目标，我们相互激励，相互监督，少吃饭，不吃主食，不吃肉食，饿了就喝点儿米汤菜汤。据说不睡午觉能减肥，那好，困了，就去逛街，或者谁家的先生不在家，我们就跑到谁家聊天，一起扛着，坚决不睡午觉。反正是想着法儿折腾自己，弄得头晕眼花、有气无力也心甘情愿。

几个人围坐着，没力气说话了，佝偻着身子，赖狗一样堆在那儿。有人盯着一张草席说："老红军给我们讲长征路上吃皮带喝马尿，我根本不相信，今儿我信了，人饿极了什么都能吃啊，现在我就想去吃那张草席……"

我们说"那你去吃吧"，大家都乐了，但是连笑的劲儿都没了。唉！能忍饥挨饿，就是胜利呀。

当时市场上刚出来一种减肥茶，喝了可以拉肚子。我也喝，果然拉肚子，有效果，心里很高兴。可是这次刚拉完，还没回到房间里又要拉，上厕所都来不及。有一次在朋友家聊天，厕所在她家屋子后面（那时都是公厕），得绕一个圈才能到。我拉肚子，接连几次越来越急，再绕着去厕所来不及，最后只好把窗户打开，跳窗户去厕所。

我自己发明一招，用几米长的白布缠肚子。把一头拴在栏杆上，从另一头开始转着身子一圈一圈地往身上缠，一边缠一边拽，要缠紧。后来有了腰封、腹带，太好了，就买来勒在身上，勒得喘不过气。

总之是千方百计地折磨自己，就差拿刀把身上的赘肉割了。问题是再怎么折腾，不见效果，这让我忧心忡忡。

有时候想，算了吧，胖了没人爱，还是自己爱自己吧。饿极了还得吃，困极了还得睡，一个劲儿用布勒着自己也受不了，都算了吧。

忽然哪一天又觉得，不行！一个激灵，还得折腾。这样紧一阵松一阵，翻来覆去，到底没见哪一个胖姐妹减肥成功，反而弄得大家都蔫不拉唧的，没有了朝气。

我先生见我们这样，总爱说："你们至于吗？"他不赞成我这样做，认为这是在糟蹋自己。

我跟他说："我现在胖成个老大妈了，再长出一脸的褶子，你还爱我吗？"

他很不屑，说："你就是成了奶奶，变成老树皮，我也爱你。胖就胖了，老就老了，自然规律嘛，你还想抗拒？其实你现在这个样子挺好看的。"

我爱我的先生，而天底下最疼爱我最关心我的人也是我的先生，我俩是初恋，被人称赞是模范夫妻。不管社会发展成什么样，恩爱的夫妻，同甘共苦的夫妻，白头偕老的夫妻，这样的人间情感，都是最值得珍爱的。

但那个时候，我却因为形体的问题，心里蒙上了阴影。他还说我好看，我不信。

自信心一败涂地

有一段时间，我离开了文工团，到新华书店当营业员。

新华书店的工作也是很体面的，也是很多人向往的单位。在文工团没什么事可做了，我心灰意冷。先生也支持我调出来，就进了书店。

“跳《白毛女》的演员在书店卖书呢”，这居然也能成为一个景儿。于是，天天都有一拨一拨的人进书店来看稀罕。有年轻的姑娘，有妈妈领着孩子，也有男人。男人有的不大好意思直接看，就装作看书偷偷瞟我一眼。

妈妈对孩子说：“这就是跳《白毛女》的阿姨，叫阿姨。”天哪！叫我阿姨？我心里一寒，接受不了啊。还有人问我：“你们的《白毛女》还演吗？”

我知道他们都没有恶意，但每当这个时候，我脸上笑着，心里却在哭，没有一点儿荣耀感，只有委屈。

紧挨着书店是一所中学，下课铃响过，就会拥来一群学生。那天一大群女学生拥进来了，直冲到我的柜台前面，笑着看我，也不说话，你推我我推你，“你去你去”，是想要一个人出来跟我说话，我就静静地等着她们，终于推出一个女孩，她鼓足勇气上来说：“你是白毛女吗？”并不等我回答，哗的一下，这群孩子叫着笑着跑出去了。我说不出是什么滋味，懵懵地跑出了柜台，跑到楼上，跑进房间，一头扎进被子里大哭起来。

很长一段时间我心里缓不过来。有一回，跟几个朋友在合肥的逍遥津公园里散步，忽然广播里响起了芭蕾舞剧《红色娘子军》的旋律，一瞬间把我拉回到了从前的舞台上，但是又立刻知道它跟我无关了，我想听又不想听，鼻子一酸，眼泪差点儿流出来，我要忍着，别扫大家的兴。一位省话剧团演员是我的闺蜜，最能懂我，她走上来用力揽着我的肩膀，并不说话。是的，再多安慰的话都无济于事，自己的心情只能自己去平复。

那个时候我经常会“不寒而栗”，茫然，烦躁。那是我心里的阴影在掠过。一方面，我没有了自己的事业；另一方面，我的自信心一落千丈。我开始担心，我的先生会不会不喜欢我了？这种深层的忧虑让我“不寒而栗”。

所以，当先生安慰我的时候，并没有动摇我的决心，我必须继续减肥。他说我这个样子挺好看的，那是反话。我怎么能放松自己呢？我要加倍努力，一定要抓回自己的青春和美丽。只有这样，才能重新找回我的事业，重新走上我喜欢的舞台，也才能使我的家庭生活更稳定、更幸福。

形体失态造成了我心理失态，急于求成，欲速则不达，所以，在改善形体的问题上，枉费了许多力气，走了很多弯路。

你怎么不是个“独眼龙”

儿子是家庭生活里最好的调剂品。心里再烦的时候，看见儿子什么烦恼也没有了。可是我的形体问题又跟这个小家伙紧密相关。有时候我抱着他亲着他，又狠狠地指着他的小鼻子说：“都怪你都怪你，都是你这个家伙把我弄成这样子的。”

形体问题足够我痛苦的了，屋漏偏遇连阴雨，别的毛病也跟上来了。

关节炎，也是跳舞时太傻、无知留下的。

演出完一身大汗就对着风吹。当时条件差，没有电风扇，更没有空调，就去找风口。团领导关心大家，不知道从哪儿弄来一台巨大的鼓风机，摆在后台过道里，那是工厂车间里用的，直径有一米多，开起来风力特别大，声音也特别响。从舞台上一下来，大家就跑到它跟前猛吹，吹得舒服，一下子汗就干了。接着再上场表演，一身汗下来再去吹。剧场后台有一个小的边门，那儿有穿堂风，也是我们吹汗的地方。没常识啊，只知道当时吹得痛快，却不知道后果严重，吹出了关节炎。

我的关节炎经常发作，走路常常膝盖发软，随时都有要栽倒的感觉，上楼梯困难，总觉得会突然滑倒滚下来。有人说这是骨质增生、骨刺什么的。我想，我这年龄有增生、骨刺太早了吧？可能是睡得太多、动得太少造成的吧？

颈椎病，经常恶心、头晕，特别是到下午，难受得坐也不是睡也不是，这是保胎的时候睡出来的病。

类风湿，浑身酸懒，三天两头地去医院化验，我成了“病秧子”，成了医院的常客。

身体不好，形体又这个样，自己喜爱的事业没了，每天硬着头皮做着自己不喜欢的事，心烦意乱。只有看见儿子的时候，心情才会好一些。

我变得很脆弱，没自信，悲观透顶。

以前跟先生一块儿出去，他骑自行车带着我，很享受的。可现在我不愿意让他带我了，我跟以前不一样了，身子胖了，肯定比以前沉了。

有一次团里集合，一个老导演对我先生说：“看来我又要破费了。”

我先生问：“为什么？”

老导演说：“马妮不是又有了吗？我得恭喜送红包呀！”

我先生哈哈大笑说：“你开什么玩笑，那叫富态。”

我装作没听见，却早已气得鼓鼓的，心里骂他：“该死的老头儿！”

我先生是话剧导演，他的业务能力强，戏演得也好，我敬佩他，以他为豪。他周围年轻漂亮的女演员有的是，而我现在，丑大妈一个。怎不叫我担心呢。形体变形不说，脸上又色素沉淀，一脸的蝴蝶斑，像没洗干净一样。到处找治蝴蝶斑的东西想把它涂下去，结果涂了过敏，一过敏又肿，也没去掉色素。这是内分泌的问题，在皮肤上涂东西怎么能涂掉呢？

我心灰意冷，内心深处害怕有人趁机插足我们的婚姻，害怕我先生不喜欢我了。我会想到死，自己在心里排队，排排团里这些女孩子，要是我死了，谁能做我孩子的后妈？她能对我的儿子好吗？想一想这个不行，那个也不好。我计划着，把孩子带大一点儿，带到他自己能用手抓东西吃的时候再去死，到那时如果没人喜欢他，但他能自己吃东西了。就这样，为了孩子我再活一段时间。

我心里还滋生出一个匪夷所思的念头：要是我先生是一个“独眼龙”就好了，那样我就会放心了。一次我居然脱口而出对先生说：“你怎么不是个‘独眼龙’呢？”弄得我先生丈二和尚，啥意思？

这些，都是我暗地里酿造的悲苦，可见我的情绪已经到了什么地步。而我先生没有察觉，当然，是我不想让他察觉，都藏在我心里。

支持丈夫的事业

我一边为自己担着心，一边又毫无保留地支持先生的事业。尽管有了孩子，家庭负担沉重，但他的事却一点儿没有耽误。

那一年，中央戏剧学院导演系招收干部专修班学员，全国只收十五名，我先生被录取了。

知道中戏招生的消息时，离报名截止日期还剩三天。要准备很多报名材料，导演计划、介绍信、证明信、体检表，都要赶紧办齐。

在深圳授课时先生去探班

我跟先生说："你就在家整理导演计划，别的事情都别管了。"

我骑着自行车出去，开介绍信、证明信。体检表怎么办？他没时间去体检了，我去找医院的熟人，到一个一个科室请大夫都给填上"正常"。我先生身体健康，这样做也不算弄虚作假吧。不知道哪儿来的那么大劲儿，一个下午就把事情办得差不多了。第二天再接着办，正好赶在最后一天，先生导演计划也准备好了，一块儿寄走，报上了名。

接到学校的准考证，离去考试的时间还有一个多月，准备专业课，复习文化课，文化课有些生疏了，时间紧任务重。

我把他关在里面的房间，什么家务都不让他做，只管复习。怕有人来打扰，我把两间房门都锁上，有人来，我很不情愿地掏钥匙，再做成煞有介事、非常小心的样子，轻轻地打开一个门，再打开一个门，故意弄得很复杂，来的人一看这个情景，哪还好意思跟我先生多说话，站着说几句就赶紧走。

当时正巧碰上事业单位的人“考干”，这对各行各业一大批所谓“以工代干”的人来说，是一件特别重大的事情，所以人人都在复习文化课准备“考干”。

我也属于要“考干”的这一类人，但我没去复习。如果我和先生同时复习，家务活儿谁做？肯定会影响他。我说：“这个‘干部’对我无所谓，当个文艺工人就行了，你考学比这个重要。”所以我就放弃了“考干”。

想不到老天照顾我，就在先生接到中戏的录取通知书的时候，要进行第二次“考干”了，上次没考的这次可以补考。真是“天赐”啊！于是，先生全力以赴帮助我复习功课，准备“考干”。我复习得很轻松，因为刚刚有先生考上中戏的巨大喜悦，高兴啊。

这是我们家特别快乐的一段日子，我复习得不错，考试成绩居然全团第一，“考干”顺利地通过了。

我想，自己有目标，有具体的事情做，去为它努力，心情就好多了。身体的毛病，形体上的问题，好像都很知趣，暂时隐退了，没有来困扰我，生活还是很幸福的呀。

多么希望一直都是这样的心情和这样的日子啊！可是，现实很难叫人事事如愿的。

心情是好了一些，但从根本上说，我的自信心并没有恢复。转干了，对我没有多大意义。我还是这样子，先生的事业比我强，现在又要去上学深造，我们的差距不是更大了吗？

很多困扰自己的问题，都是心里“作”的。生过孩子，形体上变化了，事业上不行了，身体也不好，觉得自己什么都没有了，自信心一败涂地，心理脆弱。所以就担心，先生还会喜欢我吗？

实际上先生对我真好，从初恋到结婚，到生孩子，历经波折，同甘共苦，凝结了深厚的感情。后来他知道了我居然怀揣着那样的担心忧虑，承受着那么大的精神压力，他很震惊，很心疼。他想用各种方式消除我的忧虑，解除我的心结。他有生气、有责备、有说理，也有调侃。

一次他说："既然这样，干脆我就准备变成一个'独眼龙'吧，咱俩商议商议，看看弄瞎哪一只眼比较好？"把我逗乐了。

心里的结摆在桌面上了，明朗化了，我也轻松一些了。

他工作忙，我想多干些家务，可他只要一回来见我在干活儿，就立刻抢过去："搁那儿搁那儿，歇着去。"

听说有的人家做家务，夫妻俩要具体分工的，不愿意自己多做一点儿。我们相反，都是想让对方少做一点儿，自己多干点儿。他总怕我累着，一看我坐得不舒服，就拿来垫子给我垫上。去电影院里看电影，怕冷风吹着我，用身体挡着风头……

一点一滴都透着他对我的爱。我明明知道这些，可是，自卑的心理就是很难排除掉。

我心里矛盾极了，爱他，相信他，又担心他。他考上中戏，在当时是件很了不起的事情，在团里震动很大，人们祝贺他，也祝贺我，羡慕他，也羡慕我。说实话，我很自豪、很幸福、很享受，同时又控制不住地增加了担忧。

女人的心就是这么怪吗？

那天他要走了，一群人到火车站送行。我夹在人群里，看着火车开动了，走远了，看不见了，心里一下子空空的，空得都傻了，直到有人叫我才缓过神来。回到家，我搂着儿子发愣，儿子说"妈，我饿了"，我才强撑着身子去做饭。

倒计时表

那时流行一个词叫“留守女士”，我就是“留守女士”。留守的滋味大家都能想象得到。同事朋友不断来看我，谈论我先生上学的事。朋友的热心我很领会，也有一种满足感，又有儿子在身边给我带来最大的欢喜。但这都无法替代我对先生的思念，冲淡不了我的思念之苦。

先生去北京那天，走得并不轻松，从他的眼神里看得出，他对我放心不下，我们在共同领受着分离之苦。

那时家里没有电话，靠写信联系。他的信总是写得很长很长，事事都写得细致又周到，说不完的话。我能感觉到，他在把这些话语结成他的胸膛，让我依偎在里面。

他讲学校的事情，讲怎么度过课余的时间。他给我讲人的忍耐力是很强的，特别是中国人忍耐力最强，说有人打个比方，要是地球毁灭了，能生存下来的就是蟑螂和中国人——这也够惨的——鼓励我顽强地生活，愉快地生活。他同样思念我们，经常在天黑的时候，一个人跑到天安门广场，仰望着南方的夜空，想着我们娘儿俩。

每一次读他的信，都能感觉到他的心跳，我盼望收到他的信。

通信很勤，差不多一个星期一封。觉得信该来了，我就站在窗口等着，看见送信的人骑着自行车到传达室，兜一个圈儿走了，再等着传达室的大爷来喊我，终于喊了“马妮，信”，我像被弹出去一样，跑下楼拿到信跑回来，喘喘气，再仔细地拆开，细细地读。一封信可以管两三天，让我的心情好一些。

也有等不到信的时候，像丢了魂儿。

不管怎么样，平常的日子是单调的，家务事永远做不完，日复一日地重复，机械地运转。

团里的事情不多，大把的空闲时间，有人开始打麻将，可我对这毫无兴趣。

很快，我真正知道了什么是孤独和寂寞，什么是度日如年。

我画了一张倒计时表，用一张旧的挂历，在背面画上一个个格子，填上数字。一个学期有多少天，对着日历一天天数清楚，比如是150天，就在第一个格子里写上150，接着写149，148，147……一直写到1。过一天画掉一个数，画掉一个数就少一天。每天去画这个数的时候，我会犹豫，想早一点儿画，又想晚一点儿画。早画早减掉一天，但是画完了这一天就没盼头了；晚画让人有个盼头，但又等得心焦。后来还是定下来，晚上画。

儿子知道了我的做法，他也要来画。我送他上幼儿园的时候，他会对我说：

“妈，今天你别画，等我回来，我来画。”

我说：“好，等你回来我们一块儿画。”

“不，我画，我画。”

每次画那么小小的一笔，成了我们一天里很郑重的事情。

每学期画到最后一个星期的时候，是最难等、最难熬的几天。这最后几天我又高兴又害怕，高兴的是先生就要回来了，害怕的是下一个学期又要临近，我还要从头开始，一天一天地再画。

看书很能打发时间，我看了不少书，小说杂志什么书都看，看得脖子疼，两眼酸胀，头发蒙。看着看着突然觉得，屋子里空空静静的，自己一个人在干什么呢？心里就会忽的一下难受起来，眼泪止不住往下流。

但是，再思念，再苦，还要做事情，要担负起做母亲的责任。除了家务事，我教儿子认字。我自己创造了一个教认字的方法，就是找孩子感兴趣的字来教，比如他最喜欢枪，就先教他认“枪”，手枪、冲锋枪；接着是坦克、大炮、军舰；老虎、狮子、豹子、刺猬；再下去是玩具……只要他有兴趣的，字的笔画再多再难写，他都能写出来。

孩子一开始认字觉得好玩儿，后来认得多了，要他默写，变成任务了，他兴趣就不大了。但我有一个办法鼓励他，就是他要是默写不好，就不让他画那张倒计时表。他把每天画那一道儿看得很重要，所以，这办法管用。

教他读诗词，他喜欢刨根问底，遇到不懂的词和句子一定得问清楚，遇到我也不懂的，逼着我去翻书查字典，我也跟着进步了。他很喜欢弄懂每一首诗的意思，所以，那首很长的《木兰辞》很快就背诵下来了。

儿子从上初中开始写诗、写散文，被同学们传看转抄。后来我先生看了很意外，说他有构思能力，遣词造句也恰当，还能写出点儿意境来，不像是这个年龄孩子的思维。儿子后来也考进了中央戏剧学院导演系，现在从事影视剧的制作工作。他常说，小时候妈妈教的“童子功”对他起了作用。这话让我很欣慰。

扛不动咬牙也得扛

当年我们夫妻俩工资加起来不到80块钱，一家人在一块儿生活这些钱还是够用的。可自从先生上学，两地开支，就很困难了。有了孩子以后，家里一直雇着保姆，可眼下最需要保姆的时候，却没有钱雇保姆了。

儿子小，再苦不能苦孩子，除了学习上需要的东西外，还必须保证他的营养。吃饭大多是将就的，将就一段时间也要吃一次肉，鸡蛋要保证每天一个，夏天也要给孩子吃西瓜、冰激凌什么的。

平时很少吃肉，经常是买一毛钱的豆瓣酱吃一个星期。豆瓣酱便宜，买来用葱花炒一下，放在瓶子里，每天扒出一点儿蘸馒头吃，这是我们的主菜。有时馒头没吃完，豆瓣酱没了，儿子就要求：“妈，再扒出来一点儿吧。”每次吃饭，我们都把盛豆瓣酱的小盘儿抹得一干二净。

夏天吃西瓜，瓜皮舍不得扔，用来炒菜。把瓜皮里面的一层片下来，切成条，用盐腌一下，滤出水，就可以炒一个很不错的菜呢。

有一次我婆婆来了，总得有点儿肉啊，可是没钱了，很着急，就偷偷地把儿子攒硬币的“闷闷罐”撬开，弄出一把硬币来，这可解决大问题了，一斤肉七毛三，儿子攒的钱我能买一斤肉了呀。儿子知道他的钱没了，跟我闹，我打了他一顿，他抱着“闷闷罐”哭，我抱着儿子哭。

俗话说，无病无灾就是福。可我偏偏身体不好，日子又苦，真是难上加难了。

情绪总是比较低落，身体上的关节炎、类风湿，让我一天到晚觉得乏累，浑身酸疼，扑热息痛是我常备的药，天天吃。每天早上醒来都会有一种感觉：今天我可能起不来了。可是儿子要吃饭，要上幼儿园，我必须起来呀。像打仗一样忙活一阵子，身体活动开了，难受的劲儿反倒没了，松快了不少。

有几天我拉肚子，肚子疼得要昏过去，又腹泻，赶紧拿出痰盂坐上去，结果头晕眼黑栽倒了，痰盂也翻了，弄了一地的污水。我想站却站不起来，只能瘫在污水里。我很清醒，忍着，等着恢复力气再爬起来。身上、地上那么脏，怎么办？得清理呀。夜深人静，儿子在熟睡……只有我在这块污浊里吭哧吭哧擦洗，天快亮了，我欲哭无泪。

天亮送儿子上幼儿园，我没力气骑自行车，就走着送他。半路上，儿子也肚子疼起来，疼得蹲在地上，说：“妈，你背着我吧。”我心里一颤，我知道自己有多虚弱，但还是本能地蹲下来让儿子爬到我背上，我咬着牙猛一使劲儿站起来，又拉肚子了，拉了一裤子。母爱的力量可不是虚的，就这样，我把儿子背到了幼儿园。

自己有病不说，就怕孩子生病，好几次夜里孩子发烧，都把我吓得半死。

以前遇到孩子生病，都是我先生用自行车，前面驮着儿子，后面带着我，三个人一块儿去医院，什么都不怕。可现在就我一个人了，怕也没用，扛不动咬牙也得扛啊。

日子单调又复杂，复杂就复杂在儿子身上。不知道为什么，先生一不在家，儿子就爱出毛病，叫人提心吊胆。平静的时候太平静，不平静的时候又太叫人揪心。孩子一有个头疼脑热，我的心就唰的一下被揪起来了。

那时期真是着了魔，我的身体毛病不断。除了关节炎，又有失眠、尿频、眼睛流泪，身上没有一个好地方。颈椎病这时候更厉害了，整个肩膀、脖子都是僵硬的，难受得左右都不是。不承想，我又得了乳房小叶增生，在左侧乳房。右侧的乳房已经因为乳腺炎开刀，平下去了，左侧这个怎么又小叶增生了呢！脑海里闪过一句话“命运在捉弄我”。

我分析，这个病就是这些日子积攒出来的。心情过于压抑、忧郁，往往会得这种病。小叶增生的症状不是那种剧烈的疼痛，而是隐隐的疼，这种疼有时候更叫人恐惧，它缠着你，叫你总得想着它，总想用手摸一摸里面的肿块，一天里你会不知不觉地摸很多次。我想给自己规定最多摸几次，或者是今天不准摸，但是很难做到，结果是越摸就觉得它越明显，后来引得胳肢窝里淋巴结也疼，发展到左侧胳膊不敢用力，做饭端锅都端不动，一到端锅的时候，就巴望着走廊里能有个人走过，可以帮我一下。

又一个打击

身体这个样子，已经没有心思去管形体上的事了。

有一天我听说，市里要组织一个“千人大歌舞”文艺活动，我们团的演员差不多都要上。这对全团人来说可是一个好消息，好久没有这样的活动了，这是兴奋剂啊。我也很激动，准备去参加排练。

完全没有料到，这个活动没有我的份儿。领导说我一个人带着孩子不容易，身体也不好，照顾我，不要参加了。我说：“没关系，我能克服，参加活动对身体还好呢。”领导说：“演员都安排好了，人够了。”我一听，从头凉到脚，再也没说话，这是“封杀”我了呀。接着，我安慰自己：很久没有跳舞了，形体又是这个样子，再去跳舞也不合适了。可是我心里不服啊，难道自己连跳这样的大群舞都不行了吗？

这对我又是一个打击。

也许，正是这个打击激励了我不能善罢甘休。我又重新立志，一定要恢复我的形体。但是光立志不行，关键是怎么做。

首先想到的当然还是减肥。仔细看看自己，真叫人泄气呀！一身鼓鼓囊囊的，没有一点儿“型”了。我没有心情出去走动，也没心情和人聊天，我在家里看书，看累了，仰望着天花板发呆。

这样一来身体更差了，一天到晚头晕眼花。有一回去菜市场买菜，挑好菜站起来掏钱的时候头晕了，眼一黑，身子就要往下倒，我知道旁边有一筐鸡蛋，倒下去肯定砸着那筐鸡蛋，可我控制不住往下倒，幸好有个人一把抓住了我的胳膊，让我趴在旁边自行车车座上，等我睁开眼，看见一圈人围着我，我很狼狈，很难为情……

那两年半

我和儿子生活的实际情况，我不愿意告诉先生，他的学习机会来之不易，不能让他分心。学校的老师们非常好，他们的责任心叫人感动，他们给我们这些家属写信，懂得我们在家留守的辛苦，慰问我们，说军功章也有我们的一半。

有一位老领导鼓励我，叫我一定要坚持下去，不能半途而废。我说我肯定要坚持下去的。

我先生他们班是两年半的学制，不算长也不算短。两年半的酸甜苦辣，我和儿子都结结实实地尝到了。儿子已经记事了，他想念爸爸，他说他一拿笔就看见爸爸在笔尖上呢，一写字就看见爸爸在本子上呢。有时候他站在床上面朝北京的方向大声喊："爸爸——爸爸——你听见了吗？我叫你呢！"喊着喊着他哭了。

吃馒头蘸豆瓣酱的情景，学认字的情景，生病打针的情景，他一直都记得很清楚，现在我们娘儿俩说起那时候的事，儿子总会用到"那两年半"这个词。

"那两年半"就成了我们家最重要、最有意义的一个历史时期。

"那两年半"真苦，但也真的苦中有甜，这可不是虚话套话。在一次中央电视台《东方时空》栏目采访我的时候，问我什么是幸福。我概括不出来，最后说了一句"思念也是一种幸福"，这是我的切身体会。

人们说瓜子营养丰富，里面含有二十几种营养成分，吃了对大脑有好处。正好家里有一盆西瓜子，就请人给我先生捎去了一饭盒，饭盒里装的是一个一个嗑好的瓜子仁儿。

我先生和儿子都不喜欢嗑瓜子，嫌费事，每一回吃瓜子，都是我嗑出来一把瓜子仁儿让他俩吃，这回一饭盒的瓜子仁儿我要嗑很多天。那些天里，因为有了这么一件事，让我充实很多。有时候儿子也挤过来帮我，他说他也要给爸爸嗑瓜子，可是他嗑的没有吃的多，嗑着嗑着就听他说：“坏了，我又吃了一个。”

为自己心爱的人做一点点事，心里都会感到又满足又幸福，那盒瓜子前前后后给我们带来了很多欢乐。

北京之行

团领导告诉我，要派我出差去北京找剧本，还说，剧本找到了寄回来，我可以在北京多住几天。这分明是照顾我，可想而知，我有多激动、多感动！立刻来了精神，赶紧做准备。

我先生知道了这个消息也兴奋得不得了，接连好几天到邮局打长途电话，问我准备的情况。

那时候物资很贫乏，我首先想的是要带些吃的去北京。我买了猪肝、猪心、蹄髈、牛肉、花生米，洗呀、卤呀、炒呀，弄了一大包。可是到头来，我精心“炮制”的佳肴，除了那一包花生米，别的都没有吃着，可惜得要死。

事情是这样的。

我先生宿舍的四个人相处如兄弟不分彼此，我带去的那些吃的，自然是大家共享。北京的冬天房间里热，那么多好吃的一时吃不完怕坏了，就把它捆起来挂在窗户外边。没想到，要吃的时候去拿，一大捆东西不见了，这还得了！赶紧往楼下看，看不见。刚才还挂着呢，怎么转眼就没了？对了，外面风大，肯定是刮掉了。几个人立刻冲下楼，没找到。刚刚刮下来的呀！那就是被人捡走了。这个心疼啊！惋惜啊！我更心疼，一是心疼花了不少钱，二是心疼我费的工夫啊。

这次来北京，我还有一个最重要的准备工作要做：

怎么打理好我的形象？

我不能不想到自己的形体，没办法，一想到这事就心烦意乱。这是去北京，是到中央戏剧学院那个美女如云的地方，我得像个样子！特别是在我先生的眼里。

这事最费心，怎么办呢？我绞尽脑汁设计自己，关键的是要有合适的衣服，能掩盖我的缺点。条件有限，就地取材，就拼凑出了一个大样：一件紫颜色的中长外罩，腈纶棉的，有腰身，身体能显得细长些。外罩里面不穿毛衣，可以减少厚度，不会太臃肿。那时候时兴假领子，我买了好几种颜色的毛衣领子，替换着套在脖子上用，跟毛衣的效果一样，外面再穿一件军大衣。其实女人穿军大衣别有韵致，永远都不过时。所以搞文艺的女子们都喜欢穿军大衣。虽然我形体已经欠佳，但是身高还在，还有个头儿，军大衣在外面一罩，遮盖了发胖的形体。我把头发梳成一条辫子，拉到一边。还要有帽子，我搞了个小创造，把假领子的胸和肩那部分剪掉，用脖子那一截，是一个筒形，把一头扎起来，一卷，弄成一个小帽，戴上一看还比较满意，又照着织毛衣的书，连夜织了一顶贝雷帽。头上好了，再看脚上，穿一双中跟的皮靴，半新的，样子不时髦但不俗气。这样整个地穿戴起来，从镜子里看看，过得去。

一家三口在北京团聚，那是天底下最幸福的事。先生到车站接我们，乘公共汽车去学校，路过天安门，儿子从车里看见了，激动得大叫起来："天安门，天安门！"那里有一站，先生说"下车"，我们就下车，儿子撒了欢儿在广场上狂跑，先生紧跟在后面追。我晕车想吐，有点儿撑不住了，但是，看他们爷儿俩那个高兴，我也高兴，再难受又何妨。

儿子甩着帽子狂奔到我跟前，满头冒热气说：“妈，天安门跟我画的不一样。”我说你以后再画的时候改过来。

我的三口之家

陶醉在艺术里

找剧本的任务很快就完成了，后来的好多天，对我简直就是天堂里的日子。

20世纪80年代，中国人辞职下海经商成了潮流，戏剧界的形势却在走下坡路，日见冷清，剧团排戏、演出比以前困难了。可是在中戏，我看到的是人人都在满腔热情地搞艺术，气氛跟外面截然两样。我想，这就是艺术的殿堂，我先生就在这个艺术殿堂里上学，我有说不出的自豪感。

这段时间我可是大开眼界了，看了很多演出，几乎是天天看。那些让文艺界的人仰慕不已的、赫赫有名的、又难得一见的剧院和演员的演出，北京人艺、中国青年艺术剧院，于是之、蓝天野、朱琳……一个个响当当的大艺术家的表演，我都亲眼看见啦！这是多大的福气！有时候都不敢相信这是真的，从剧场里走出来，恍若做梦。

不止这些，还有外国剧院的演出呢，那个时候，外国剧院来北京演出还是很稀罕的。我在天桥剧场看了英国皇家芭蕾舞团的芭蕾片段集锦，能欣赏到这样高级的芭蕾舞演出，该有多陶醉啊！我想，这才叫“艺术享受”。

中戏校园里，当然是美女如云。那年，巩俐、史可她们刚入学，那一班女孩子特别招眼。一个个身材苗条，如花似玉，走路胸脯挺挺的，下巴翘翘的，自信满满，已经透着明星范儿了。她们的头上，有的两边扎着两条细细的小辫儿，用不同颜色的皮筋扎着，再把小辫儿跟其他的头发一起拢向后脑勺一把扎起来，俏皮可爱；有的散着头发也扎着那样的小辫儿，却不一起扎起来，也好看，年轻，怎么弄都好看。她们也穿军大衣，围着一条特别长的大围巾，白色的、银灰色的、大红的，在脖子上随便一搭，

фАЛхЊцЦфЛцЏЄхЄЇшЁЃшПщПухяМхЛхАБщЃфЙхЅНчяМшБццхИНхЄЇшЁЃяМцчщщЂчЉПчфИ
цЁхЄЇчКЂччОНчЛчЛяМшПцЏшхИІчЛтІтІцЛфЙцЏххНЉхлАяМцфККхцЌЂяМ

шчМчхПцЇшЇІчЂА

цфМцфИшЊчІхАчЏччОхЅГфЛЌчяМхПНчЖцГхАцшЊхЗБяМцфЙцшПшПц ЗчцЖхфЛЅхЏцЏчАхЈяМхшцхЈЈфКяМшПчЉПчфИЊхЄЇшЁЃхЈшПццЄфЛфЙххяМшПцГшЗфККхЎЖцЏхяМ

фИцГхАшПхПцхАБхПщфИщЂЄуцххчфИхЄЉхАццшЇчщНцЏшПфКхЙДшНЛцМфКЎчхЇхЈяМххчцяМшхІфИфИЊяМшПшНхцЌЂцхяМшЊхПчхЗцЖфИцЅфКяМхПчІцфЙБфКуцццОхОхОяМцЛшЇхОцххчфИхфЛхщЃфЙхцЌЂцфКу

цццЅЉяМфИхЎЖфИхЃхЛхЏцЕхЌхчЉхПуххЛцЕчЛхАфКяМцИИфККфЛЌхЈхАщЂфИчЉшІяМцфЛЌфЛЈццНчцфЙшЕАфИхЛухПцц хМцфЛЌяМшЊхЗБхЈхАщЂфИчЉхПуч№Я
хПччЉхПчяМчЊчЖхчфИфИцНхКфИфИЊхАщщуша‚з–ЁщщуяМшПцВЁцфИщЂшшшЇхЄЇяМщчЎчяМхЅНхцЏшАхЎЖхАхЉчхИНфИцфИцЅчхАщщяМфЛцЁфКяМшЎЉцчЛцДфИфИц ЙчКПчЛГяМчКПчЛГцфИЄхАКхЄфЙшПц ЗяМщщщАБшНчЉшЕЗцЅчЉхПяМфЙшНццчЉхПуцЃхПхЋчЛччЉхЗфЛцВЁхДшЖЃфКяМхАБхЌшПфИЊхАщщяМшПц ЙцЌхАБфИцЏчЉхЗяМхшшхЏчЂуше4 фИхИІхфКЌцЅчяМфЛшПцЏхЗчшхИІцЅфКу

шЁцщНцЏццЖцОчяМцВЁшЇшПфИЊхАщщхяМшфИцЅхфКЌшПфЙхЄхЄЉяМхЄЉхЄЉшБшЁЃцчЁшЇяМфЙцВЁххАяМфЛцхЎшшхЊхПфКяМцхцГчяМшЂЋфЛчхАчЁчцЙчЌфКухаЉхчЉчфЛчхАщщяМхцЌЂхОхЖхЖхЋяМхЈхАщЂфИцццЈшЗЄхЄДяМчЌшЕЗцЅххцЛххЏМчЉхПчЏфКу

фКцЏяМцххЖшшхАшЗххчшЎВшПфИЊхАщщчцфКяМхЄцшЖЃяМхЄхЅНчЉхПу

但我发现他心不在焉，敷衍我，并不开心，不觉得有趣，我心凉了半截。儿子过来要爸爸拉着他滑冰，先生也是强打精神跟去的。他是怎么了？我伤心地哭了，儿子的兴致也蔫儿了。我先生意识到了自己这样不对，一个劲儿道歉。他说，下个星期要交小品作业，可他到现在还没定下来自己的构思，心里一直在想着小品作业呢。

事后，宿舍的同学知道了这件事，一起责骂了我先生一顿：缺心少肺！愚蠢！玩儿的时候想作业，玩儿不好，作业也想不出来，真不会做人。话说回来，其实我也知道他们作业负担很重，说导演系的人像呆子，走着坐着都在想小品，端着饭碗去食堂都两眼发直，吃着饭也两眼发直。有人想着小品抱着脏衣服去洗衣房，兜一圈又抱着脏衣服回来了，忘了自己要去干什么。

我理解他，可还是伤心、委屈，马上又想到了自己的形体。没有了自信心，碰到一点儿事都会联想到自己的形体，于是就恐慌。来北京前后这段时间，根本没工夫减肥。现在我再下决心：回去以后一定要把减肥进行到底！只有把青春的形体抓回来，我才能恢复自信，才能找回从前生活的感觉。

想他好又怕他好

不管怎样，在北京的这些日子，对我是一个很好的休养。但是回到家里，思念之苦又笼罩着我了。形体的问题像一个幽灵，搅得我想入非非，心神不安，日子是熬着过的。立志要减肥，也是三天打鱼两天晒网，心里不静，恍恍惚惚的，懒懒散散的。

那时有一种减肥的用品叫紧腹带或是叫腰封，进口的。一尺多宽，长度是有松紧性的。两层厚厚的松紧带，弹力很大，缝合成一块夹层，夹层里面插着一条条细钢筋，相隔大约两厘米插一根。在松紧带接头的两边，从上到下是一个挨一个的小挂钩。把肚子和腰裹住以后，再把那些小挂钩一个个全部扣上，就像一副盔甲硬邦邦的，可以把肚子狠狠地勒进去，勒得你喘不过气。勒了半天，受不了，摘下来，肚子还是那样。下决心戴了几天，太受罪了，实在难坚持，不戴了，当然不会有什么效果，算是给自己一个交代——“我在减肥呢”，自欺欺人。

那天收到先生的信，信里说，他们班要出国，去希腊参加国际戏剧节，演出《俄狄浦斯王》。天哪！这又是一个多大的喜讯啊！出国，在那个年代可不是一般的事儿，太了不得了。我像是做梦，他们班咋那么幸运？我和儿子都特别兴奋，禁不住把这个消息赶快告诉人们，分享我们的喜悦。

女人的心哪，特别的脆弱敏感。我此时，就是欢喜和忧虑交替。眼见着我跟先生的差距越来越大，自卑情绪又浮上来。想他好又怕他好，深深地纠结着。我恨自己，“要平静要自信”，但是不行，平静不下来，自信不起来。

但归根到底，我还是希望他好呀。

他们带着《俄狄浦斯王》去希腊，经费不宽裕，坐不起飞机，是坐火车去的。但他们觉得这样反而更好，可以多经过几个国家，多领略异域风光。出发前，先生告诉了他们的行程和路线，儿子很小就会看地图，这一下可有事做了，天天抱着地球仪指给我看：爸爸现在走到哪儿了。

联系还是靠写信，而跨国通信很难，又慢又花钱。先生从希腊寄来一张明信片，密密麻麻写满了字，没浪费一点儿空间，他讲了大致的情况，说等回国后再写信详细说。

信少了，但是有这种很特别的享受陪伴着我。那张明信片很小，信息量可不少。我经常拿出来看，想象着他们在国外的情形。他说火车经过贝加尔湖，穿过西伯利亚，真是风景美如画；莫斯科很气派，就是厕所太脏，商店的东西还不如中国好；罗马尼亚很恬静；保加利亚很殷实；希腊的阳光、海水和石头最美，到处都是古迹，奥林匹克古运动场，雅典卫城……在戏剧节开幕前他们几乎把希腊都游览遍了……

过了将近一个月他们回国了，先生又来信讲了许多有趣的事情，给我们娘儿俩单调的日子带来了快乐，还有自豪。

我在想，我们这个家是让很多人羡慕的家，为什么动不动我就会心里不踏实呢？

分析原因，还是我的形体形象问题，让我心情不断受挫。没有自信，疑神疑鬼，又想去证实自己的疑惑，又怕去证实，心态不正常了。好多事情都是自己在心里“作”的，作茧自缚。我想突破，又下决心，为了我所爱的人，一定要让自己美起来。

学健美操

是的，我必须改变自己。现在的问题是，得有一个切实有效的办法才行，而不是没完没了地瞎折腾。

美容、美发、减肥、健美这些行业，那时候还处于初级阶段，可选择的东西不多，远没有今天这样叫人眼花缭乱。

有一天，我从报上看到一条消息，豆腐块儿那么大。上面说，北京有一种健美操，瘦子能跳胖，胖子能跳瘦，是外国人创造的一种健美方法。

我眼睛一亮，这个消息对我太重要了。报纸是单位订的，我不想让别人知道这个消息，就偷偷地把这条消息剪下来，夹在一个本子里，如获至宝。心想，外国人怎么这么聪明，能创造出让瘦子跳胖、胖子跳瘦的操。我把它看成是一剂灵丹妙药，无论如何我要去北京学这个东西，只要去了北京，学了这套操，我的形体就有救了。

我把这个想法告诉先生，虽然他一直不在意我的形体问题，就会说“至于吗？顺其自然”。但对我想去学健美操的想法他没反对，就在北京给我联系教健美操的老师。

主要是钱的问题，这不是单位的出差，而是自己掏钱去。那时候我们都是出公差，自费去北京可去不起。还好，当时正流行跳交谊舞，也恰好有人请我去教，一个小时可以挣10块钱，不少了。教跳交谊舞半个多月，我挣了400多块钱，加上家里的积蓄，一共600多块钱，在当时这是巨款了，用来做盘缠，很富余了。

北京那边联系好了老师，我满怀希望出发了！

到北京的第二天早上，我先生请了一节课的假，带着我去北师大见老师。可是，第一次见到老师，我差一点儿就不想学了。

老师是北师大的体育老师，女的，40多岁。但是她的身材与我想象差距太大了，高、大、胖、壮。我顿时怀疑报纸上的报道不真实，如果是胖子能跳瘦，这个老师怎么这么没有说服力呢？我有点儿动摇。可是要说不学了，也不行。赶紧确定下来：不管怎么样，费这么大劲儿来了，肯定得学，说不定对我有点儿用呢，起码，也要看看健美操到底是啥样子的。

跟老师说好了课程安排，我先生就回学校上课了，我就开始跟老师学习。学生就我一个，单兵教练。老师一教，更让我失望，动作的幅度那么大，那么剧烈，看不出优美，就是一个累。当时我的身体状况还很差，我强迫自己坚持着。

第一次课回来，先生问我怎么样，我说就是累。他说："累好哇，累出汗不就减肥了吗？"是吗？也许是这个道理吧，就期待着下面的课。

我说服自己要集中精力学习，不要一边学一边又在怀疑。再去上课的时候，我认真琢磨动作的门道，然后加上我的理解去做动作。

上完两次课以后我真的失望了，基本上都是一连串的剧烈动作，不停地跳，不停地蹦，累得我气喘吁吁大汗淋漓，我想让自己做得优美一些，根本就没有条件，能够把现成的动作做完就很不错了。实际上就是强制性地让你消耗体能，没有我想象的美感。

我怀疑这样跳的效果，去了两次找个借口不再去了。这两次课让我知道了健美操的大概样子，也算是一种收获吧。

但是不去学了怎么办呢？我要改善形体呀！心情迫切，就到处打听，看看别的地方有没有新的招数。我跟先生一起找到了西城区文化馆，找到了景山的少年宫，那里也在办健美班，每个地方都有成群的人参加训练，很热闹。我一看那么多人都参加，一定不错，就报了名。就这样，我今天去西城文化馆，明天去景山少年宫，两边跑着上课。上了两次课我发现，这些健美舞也好，韵律操也好，大同小异。

有一点我能做到，就是不管我有什么想法，上课的时候我都会认真去做，尽量去揣摩那些动作，在北师大老师那里学习就是这样的。就是这位老师，发现了我跳的跟她完全两样，说我跳得很好看。我说："老师，您是搞体育的，我是跳舞的，我做那些动作的时候，可能会自然地带上点儿舞蹈的东西吧。"

就因为这个，老师跟我商议：能不能跟她一起去西安。西安要举行全国健美交流会，她想让我在会上展示她的这套健美操，所有的费用由老师负责。我没答应，因为我确实不喜欢那样蹦跳，或者说我还没有勇气上台表演这种健美操。

后来我一想，现在健美舞、韵律操很流行，都风靡世界了，那么全国的健美交流会应该是内容很丰富的，说不定会有我需要的东西呢！所以我就自己去了西安。在那里，确实看到了很多健美舞、韵律操，大开眼界了，但也让我完全失望了。

因为，这些都不是我想要寻找的东西，都不是我要寻找的“美”。我想寻找的是女人的优雅、秀美，而不是单纯的剧烈运动，不是单纯的健壮。有的人练出了一身腱子肉，我不是专业的健美运动员，我不喜欢练出一身的腱子肉。

先生说我这次行动是“北上西征”，我很惭愧，花那么多钱等于白折腾。但是他没有埋怨我，他说：“好歹看了那么多东西，总会给你一点儿启发，让你去思考一些问题，这也是收获呀，说不定你也能找到一个方法呢。”他这几句“敷衍”的话，其实对我是有用的，我真的要好好思考思考。

走自己的寻“美”路

正像我先生说的，“北上西征”还是有收获的，它促使我思考，也就是从那个时候开始，有了“形体梳理”的萌芽。

健美舞、韵律操是一种很好的强身健体运动，它跟舞蹈不一样，舞蹈被称作肉体与心灵的结合，是一门依靠肢体语言展现美、抒发情感的艺术。健美操属于体育，注重力度强度，不停地跳，大运动量，大消耗。但是，仅仅这样蹦跳，仅仅是出力流汗，就能减肥，就能改善形体吗？

我在想，这样的健身运动更多的是让人健壮，而缺乏改善形体毛病的功能性。如果每天坚持这样大运动量的消耗，也许能减肥，可是，当你不跳的时候，当你不进行这样训练的时候会怎么样？一旦停止运动，身上多余的脂肪会不会滋生得更快，堆积得更多呢？

再者，即使靠这种强力运动减肥了，那么减肥以后的体态又是什么样？一般健美舞、韵律操是不讲体态的，或追求瘦身，或追求肌肉强劲。而且反过来说，在体态不正确的情况下去蹦去跳，形体的感觉不对，身体在向下蹦跳，又怎么能达到减肥和改善形体的目的呢？

现实里，许多人想减肥去跳操，结果跳来跳去跳得腿越来越粗，身体越来越胖，这就是不得法。我当年学了一圈儿回来，就有人说，马妮这次回来怎么比以前还胖了，弄得我好伤心。

我认为，任何东西都不能生搬硬套。健美舞、韵律操是从西方流传过来的，西方人的身体素质和饮食结构与我们中国人是有明显区别的。在当时看来，那种高强度的剧烈运动，对于吃黄油面包长大的外国人来说是适合的，但对于吃五谷杂粮为主的中国人来说，可能就超负荷了。我训练的那几次，每次都会两眼冒金星，有虚脱的感觉，身体接受不了。

不管怎么说，我们应该有自己的训练方法，而且这个方法的目标是“美丽”。这是我最初的一个念头。

我不能再像一只没头的苍蝇一样到处乱撞了，先生说我也许能找到一个方法，是的，我怎么就不能自己创造呢？怎么就不能创造一种适合我的、可以解决形体问题、塑造美丽形体的方法呢？

这个念头越来越强烈，越来越觉得这件事必须做。我走上了一条跟以前完全不同的路，一条寻找“美”的路。以前，我总是想从别人那里索求“法宝”，可“法宝”是没有的。现在，我要去寻找属于自己的东西了。

观察人和动物

怎么找呢?

大家都同意：没有健康，就不会有真正的美。可是在现实生活里，很多人是口头上同意，行动上却反着来，我也曾经是这样的，现在我要认真考虑这个问题了，光下决心不行，得想办法。

对着镜子看自己：中间部位我都不忍看，圆圆的厚厚的，头小，肩窄，腿还不算粗，基本形象是两头小中间大。我努力回想，这些多余的赘肉是怎么堆起来的呢？我开始琢磨形体不同部位的情况，开始试着做一些动作，拧一拧腰，转一转胯，身体向上伸一伸，拉一拉。

有朋友在体育馆工作，负责少年体操队训练。我去了，看那些八九岁的孩子练体操，跟着比画。不行，肢体动作是绝对跟不上了，体力也不行。看他们的体态，挺拔的后背、昂扬的脖子，动作优美流畅，真是英气勃勃，看着就喜欢。

我在旁边揣摩他们的形体感觉，想到了芭蕾的基训，体操和芭蕾对形体的要求，从根本上说是一致的。当年在南京前线歌舞团培训的时候，就见到过体操队的老师带着小队员们，来参观芭蕾的基训课。

戏曲演员每天都要练功，除了练唱腔，还要练把子功，练身段，踢腿下腰、舞刀耍剑，走圆场、打云手，有非常多的科目，我去跟他们学长穗剑。这个很要功夫，需要手、眼、身、法、步非常协调，舞起来才好看，不然没舞几下剑穗子就缠着了。舞长穗剑既能消耗身体的脂肪，又能让人肢体大幅度地伸展，增加身体的灵活性，对改善形体会有帮助的。

从整体上看，戏曲和芭蕾的形体感觉不一样，芭蕾的体态要求是“开绷直立”，是向上挺拔伸展。戏曲要体态沉稳敦实，演员练功踢腿是勾着脚尖踢，臀部有点儿向下坐，走台步时，需要“存”着腿，膝盖保持一定的曲度，身体也是向下坐的状态。戏曲历史悠久，自有它独特的经验。但从它练功的方式看，跟芭蕾的感觉有点儿相反。我认为，芭蕾的基本形体感觉更有助于改善形体，应该更好地去体会芭蕾和体操的形体感觉。

我家附近的公园里有打太极拳的，我会在旁边悄悄地跟着比画。我非常喜欢太极拳，那是一项好的运动。它内部的气息控制和外部的肢体动作十分和谐，刚柔相济，手、眼、身、法、步环环相扣，如行云流水。我打不好太极拳，一打又带着舞蹈的范儿，不是那么回事儿。太极拳的体态讲求圆柔，跟我想要的亭亭玉立的体态也有区别。

公园里面有一个动物园，不大，但动物的种类还不少，我有时候会带着儿子溜达到那儿看动物。以前看动物没什么感觉，可现在，我看出兴趣来了，不光是看看，而是观察了。我看狗熊慢吞吞走路的样子，揣摩它们的体态，为什么它的臀部会下坠，肚子会肥胖，脖子的肉一堆一堆的？我看长颈鹿，它的脖子、四肢为什么没有一点儿多余的东西？我看鹤，跟长颈鹿的感觉很相似，全身同样没有多余的东西。我被这几种动物吸引了，一有空就往这儿跑，盯着它们看半天，它们一动，我的身体也跟着动，体会不同的形体感觉。狗熊动作迟缓，动一下都吭哧吭哧的，脖子往里缩着，重下巴，转个头都费劲儿，懒懒的样子，憨态可掬。长颈鹿完全相反，英姿焕发，脖子牵引着身体昂扬向上，膝关节是绷直的，迈步很扎实，不懒散，还有点儿矜持的样子，像个绅士。

我最喜欢看的是鹤。

鹤真是太美了，它一举一动都显得雍容华贵，用“亭亭玉立，仪态万方”来形容它是很恰当的。仔细观察你会发现，鹤的一举一动都是胸先动作，哪怕是闭着眼睛抓挠后背的时候，也是先把自己的胸送出去，然后带动长长的脖子扭动。它的腿很细，但是有力度有弹性，一直是向上提收的，这样两条细细的腿支撑着身体，显得那么和谐、从容、安静。鹤的眼睛也是妩媚的，很柔和。它不管是走着还是站着，不管是双腿站还是单腿站，都显示出一种“美”。

鹤的体态让我入迷，我悄悄地去模仿它，突然想到，芭蕾里面不是有“前鹤立”“后鹤立”这样的动作名称吗？用鹤来命名人的动作，可见人们早就认识到了鹤的体态美与人的体态美是相通的。

我恨自己，为什么早没有认识到这一点！不过此时，我还是异常兴奋，从美丽高傲的鹤的身上，强烈地感受到了女人外在形体的美感。这时候我觉得像是拨云见日，豁然一亮。我暗暗下决心，一定要把鹤的这种体态感觉好好抓住。

这是一个很大的收获，我很受鼓舞，顿时觉得精神了许多。

观察了动物，我又开始观察人。走在大街上，有时候会突然站住不走了，看来来往往的行人，看他们走路的姿势、体态，然后就琢磨：什么样的体态，可能会导致什么样的形体毛病？都成习惯了，不管在什么场合，只要有人，我都不由自主地观察他们的行走坐站，控制不住在心里评判：这个人的体态是怎么样的？这个人的毛病在哪里？这个毛病应该怎么去改变？

我发现刚学会走路的小孩，没有控制能力，腿脚还不会用劲儿，很容易摔倒。这时候他的形体是向下坠的，小肚子、小屁股、小重下巴，胖乎乎的很可爱。等长到十来岁二十岁，有了自控能力，腿很有力量，显得精神、挺拔，有一种青春健康的美。再往后，到30多岁、40多岁、50多岁，各种形体毛病就不断出现了。走没走相，站没站相，坐没坐相。不知道为什么，有些女孩才十八九岁，应该说是最美好的年龄段，就已经开始出现不应该有的形体毛病了。有的脖子朝前伸着，扣着胸，有的臀部向下坠着，有的发胖了，有的走路拖拖沓沓。

插一句：大家注意一下现在的中小学生，背着双肩包，小小年纪就扣肩驼背、走路拖沓，很叫人着急，应该尽早引起家长和学校的注意。

找到了减肥的“病根儿”

通过比较人和动物的形体，我认识到三个问题：

第一，脖子，也就是颈部这个部位，对形体的影响是最大的，所以我想到了“要想不发胖，先把脖子拉长”这样一句话。脖子的长短是天生的，又怎么能把它拉长呢？其实，就是找向上拉的感觉。确实有人因为不良姿势把自己的脖子“坐”下去了，颈椎没有力气支撑自己的头和颈。头和颈这一块撑不起来，影响到整个形体不能挺拔向上。我当时就是这样的一个例子。

第二，营养失调和形体不到位，这两者合在一起，为多余脂肪提供了堆积的条件和土壤。长时间养成的不正确的形体习惯，形成了不正确的体态，给身体造成了一些“死角”，多余的脂肪就很容易在那里堆积。像打扫房间一样，一些地方长期不去清扫，灰尘就越积越多，再打扫起来就要困难些。通过运动训练去“激活”身体的“死角”，一定要体态正确，运动得法，否则还是达不到清理“死角”的目的。总而言之，人发胖，跟体态有着非常直接的关系。

第三，想改善形体，首先要有能力支撑自己的身体。我当时的体质不如一般的女性，见床就想睡，见沙发就想躺，有个东西就想靠着。没有犯病的时候也是这样子。还是我的老毛病，身上犯懒是常态。回老家的时候，母亲就说我："怎么老看你不是歪着就是躺着，像赖狗一样撑不起来呀？"我心里很清楚，要减去这一身的囊肉，要真正找回美丽，首先要解决的就是这个问题，起码我得有能力支撑起自己的身体呀。我提出的"要有好形体需有好身体""吃饱饭再减肥"这些观点，都基于那个时候的感受。

发现了这几个问题，我心里有数了，目标越来越清晰了。像医生治病一样，就怕找不到病因，胡乱下药，适得其反。回想一下这些年我为减肥走的路，那是一条很长的弯路。

绕了一大圈儿回来，我认识到，减肥、健美形体是没有"灵丹妙药"的，如果有，它也是在我们自己身上存在着，而且每一个人都有能力把它开掘出来。一旦开掘出来，你会茅塞顿开：原来减肥、健美形体是可以这么简单的啊！

可今天，仍然有许许多多减肥的人，正在走着跟我很相似的弯路，希望我的经历能给朋友们一个提醒，少走一些弯路。

当然，真正清楚地认识这些问题和解决这些问题，还都是后来的事。

认识到了这几个问题，自己觉得是找到了减肥的"病根儿"，接下来就要想办法对付它了。以前总是期望别人有什么现成的东西，能拿来就用，而不懂得它是否有用。如今我不盲目了，逐渐有了辨别、选择和吸收的能力，然后化成适合自己的东西。

我看气功

要减肥，首先要想办法控制多余脂肪的再堆积，然后再想办法减。而要想控制脂肪的再堆积，就要有能力支撑起自己的身体，挺立起来，让体态到位，不给多余的脂肪提供堆积的条件和土壤。而我当时的身体状况，真正要身体挺立，都是心有余力不足的，所以我首先要做的就是增强体质，恢复体力。

有朋友对我说："马妮，去练练气功吧，很多人练气功身体都练好了，你这个情况很适合练气功。"那时候正流行练气功，但我对它没有感觉。别人这样一说，我倒很想去学一学了，看看里面有没有我需要的东西。

正好有一个气功培训班开学，在市政府的大礼堂里上课，去听讲的人很多，座无虚席。气功师在台上讲解他的功法，听着很新奇。讲课中间，气功师让大家都站起来，闭上眼睛，想着自己身上有什么瘤子、小疙瘩，老师在台上发功，台下的人跟着老师的口令，用意念想着自己身上的瘤子、疙瘩都变软了，化了，消失了。发完功，让大家摸一摸身上的疙瘩，问有什么变化。有几个人举手说有变化，也有人说自己的疙瘩没有了。我的左臂皮下有一个黄豆大的小疖子，我摸一摸，说实话没有变化。我还有乳房小叶增生的毛病，那个肿块当然也没变化。

我相信气功一定有它的好处，但是要说用手扇一下，吹口气，或者用意念在心里一想就能把病治好，我是不肯相信的。

我的脚腕有习惯性扭伤的毛病，走路稍不小心就会扭伤，一扭伤就肿起来，很多年了。有一次又扭伤了，朋友执意拉我到气功师家里去治，于是，就去了，气功师用心发功，我也认真配合。气功师发了几次功后，让我用伤脚的这只腿单腿站立，我说"不敢站"，他说"一定能站住"。我就一咬牙，果真用这只伤脚站住了，还走了几步，觉得真是好了呀，我很佩服、很感谢这位气功师。可是，等我们离开他家，没走多远，我的脚腕又疼起来了，后来，还是跟以前扭伤的情况一样，过了十来天才好。

都知道气功很讲“意念”，讲“心理暗示”，我认可这种做法有一定的作用，但作用很有限。我扭伤的脚当时站起来了，只是那一刻的心理作用，而脚伤并没有真的治好。

中国有悠久的历史文化传统，有许多珍贵的东西值得去挖掘、借鉴。比如气功，它也是一种健身养生的运动，对人的身体也是有益的。但是有人把它夸大了，神化了，就有可能把人引向邪门歪道。

听了那一次气功报告，我对里面的夸大其词有点儿抵触，但我还是参加了气功训练班，想亲身体验一下气功的招式，从里面找对我有用的东西。

练气功用意念，这个做法很不错，它让人去想美好的情景，想自己与整个宇宙融合为一体，想着自己没有病，松放心情，达到气息通畅，气息通畅了，是可以帮助人们祛病强身的。

气功还有一个做法，就是在练功的时候，舌尖抵着上颌，闭着嘴巴。每到练完一段功法之后，都会有些累的，它要求在结束时不要呼的一下大松一口气，而是仍然闭着嘴巴，舌尖抵着上颌，慢慢地把气息缓下来。这样做确实会很舒服，是舞蹈和体育里都没有的东西。我懂得一些经络穴位，所以我想，舌尖抵着上颌，是将任脉和督脉进行沟通，这对疏通身体的内部气息，调整人的内分泌，都是有帮助的。

但是，气功里面有一个东西我不喜欢，就是它练功时候的体态，这个问题对我来说是很重要的。

气功的形体感觉是要含胸拔背，虽然是说“拔”背，也是在意念上强调，而在形体上却看不到挺拔，它特别强调放松、放松，身体基本上是向下的，而不是挺立的。练功的时候，我注意看周围的学员们，他们都是闭着眼睛、含着胸，一含胸，两个肩就向前扣，颈椎不是伸展向上的，所以脖子要么是向下坐，要么是向前伸。脊椎没有伸展起来，腰、背、腹、臀部都是向下懈着的，膝盖也是弯曲的，不要求伸直，整个身体是松松软软的状态，叫作“周身融融”。

我看学员们个个皱着眉头，认认真真地听着口令词，用心去体会，用心跟着口令词的意念走，虔诚至极。那感觉就是，老师讲的话一点一滴都不能漏掉，都是“仙气”啊。做肢体动作的时候，他们形体的问题就更暴露了，那种状态，给人的感觉很痛苦，好像在心里喊着“老天爷呀，让我的病好吧，让我健康吧”，很像乞求的状态。不管是青年人、中年人，还是老年人，一练功就基本上是这个状态，总让人觉得暮气沉沉，缺少活力。

当时我还没总结出“提、收、松、挺”这四个字，只是觉得那样练功不美。所以我在练气功的时候，肢体动作自然地带一点儿舞蹈肢体的范儿，让整个身体感觉往上走，尽量舒展开去做那些动作，尽量把它美化一些，这和我在北京跟老师学健美操的情况有点儿相像。

后来有人说我是用芭蕾的形体练气功，土洋结合。我是实用主义者，只要对形体有好处，古今中外的东西我都愿意接受。

我按照自己的意思去练气功，老师发现了，她对我说：“你愿不愿意来教气功？你要是教气功肯定行，你做的动作比我们好看。现在来练气功的年轻人太少了，年轻人不喜欢，你要是来教的话，他们肯定愿意来了。”

当然我不可能去教气功的。因为我不喜欢气功的练功状态和气氛，所以练了几次就没有再去，但从中吸收到的东西对我很有用，要感谢气功给我的启发！

揉成自己的东西

心里有了目标，就会有意识地去接触更多的东西，观察动物、体操基训、戏曲功、太极拳、气功、迪斯科、民间舞等。看东西不像以前那么盲目了，会带着问题去看，我大概能判断出来哪些东西对我有用，哪些没用，知道了要筛选什么，吸收什么，觉得自己还挺有头脑的，为这一点我很沾沾自喜。仿佛手里捧着一团黄泥，把我认为有用的东西都黏上去，再反复揉捏，把它们揉成一体，最终揉成我自己的一件“雕塑作品”。

比如我到寺院去看和尚念经，看那些泥菩萨像，我会琢磨他们的体态。他们的体态是对的，盘腿坐着，坐得很直，正好符合人体生理的自然法则，颈椎、胸椎、腰椎、尾椎在感觉上成一直线，向上牵引。有人说老和尚念经能连着念几个小时，传说唐僧念经能念几天几夜。其实，能保持住正确的形体感觉和状态，长时间打坐是没问题的。

我特别喜欢看军人的体态，不管他们身材怎么样，体态都是非常标准的。脊椎挺拔向上，两肩向后扩展，肩膀自然下垂，很少见军人有扣肩塌背的形象，我很佩服军队里训练形体的方法。我们普通老百姓不需要那样严格的训练，但我要去体会他们的形体感觉状态，有时候一看见解放军，我就会有意识地挺一挺自己的身体。

还有迪斯科，当时我们团开了一个歌舞厅，外面很多人都来跳，奇怪的是，我们这些专业跳舞的却跳不过业余的，他们跳得那么熟练，能玩儿出好多技巧，我很羡慕他们。特别是迪斯科的动胯，上下前后左右地扭。我在揣摩，这个扭胯、提胯的动作对提升臀部可能会有好处，但我就是做不好这个动作，忽然想到以前跳过花鼓灯，迪斯科的动胯像花鼓灯的登山步。登山步是两只脚的前脚掌交替蹬地，一起一落，带动腰、胯也跟着扭动。我就把迪斯科和登山步结合起来，来活动我的胯。

我看了很多想了很多，各种运动方式里，都有值得吸收的东西。而现实里，别人身体很健康，我还是不健康，想参加一个运动的时候，总是力不从心，体态还是不能到位。

量力而行吧，根据自己的体能，没事的时候站一站。我能感觉到自己的中气不足，气息不通畅，很难受。我就站直了，膝关节用力挺直，体会头顶像有一根绳子往天上拽着，其实就是芭蕾练功的感觉。

在这个状态下，我做深呼吸，借助气功的做法，舌尖抵着上颌，尝试着让自己面带微笑去深呼吸，尽量呼吸深一些，体会吸气到胸部，再进入丹田，然后从丹田往外呼气。连着呼吸几次，不做别的动作。每天这样呼吸几次的时候，头脑会清爽一些，眼睛也会明亮一些，似乎是把身体里面不健康的东西，垃圾、烦恼、辛酸、病灶都给“吐”出去了。每天这样做，发现自己的身体再挺立的时候不那么累了，腿也有了一些力气。这对我来说是一个很好的兆头，它给了我信心。

用上以前学过的知识

这时候，我想到了以前学过的针灸穴位的知识，能不能运用任脉和督脉这两条脉络，调动一些针灸穴位，来增强我的身体素质呢？在农村插队的时候，我曾经做过赤脚医生的呀。

我这个人干农活儿特别差，不是不愿意干，是真干不动。有一次割麦子，别人都是一个人把三行或者把六行，我只把了一行，人家一个个唰唰唰一地的麦子割到头了，我一个人还在地的这头吭哧吭哧割着呢，抬头一看，还有好长啊，一大块地里就剩下我那一行麦子在迎风摇曳，真丢人。我的战友、村里的大姑娘小媳妇们哈哈笑着跑过来，三刀两刀帮我割了，我呆站在那里委屈得要哭，地缝都想钻进去。

有一个情况需要说明：镰刀的样式是为右手制造的，我是左撇子，右手拿不动镰刀，只好用左手反着拿，与其说是我在割麦子，不如说是薅麦子。

体质差还是最主要的原因，分配我干别的活儿也是干不动，农活儿没有哪一样是轻松的，把我难为得不行。

家里人知道了这个情况，建议我学针灸，我发现自己这方面很有悟性，学得很快，针扎得也不错。那时候农民要是生了病，得十来个人用一张软床轮流抬着去医院，到公社医院十几里路，到县城医院要几十里路，生了小病去买药、打针什么的都够麻烦的。现在不一样了，谁家有个头疼脑热，我能给他们针灸，还能注射，有一回全村流行红眼病，就是我给大家治好的。我也因此逃避了很多重体力活儿。

我想把针灸穴位的知识用上。我翻出针灸书，找相关的穴位，在自己身上按一按。我认为脊椎的问题最要紧，我的整个脊椎，每个部分都很难受，都疼，需要好好打扫打扫。

脊椎在督脉这条线上，就沿着这条线点按有关的穴位，凡是自己的手能够得着的，就在这一带按一按。大椎、风府、百会、印堂到人中，下面的命门、腰眼一直到尾骨下面的长强穴，都能点按得到。

我有颈椎病，脖子最难受，我就特别注意按这个地方，一边按一边活动脖子。手够不到的地方，就晃晃腰，转一转肩膀，来活动胸椎。这一路正好是督脉。

然后是前面的任脉，任脉的一端从承浆穴起，承浆在嘴唇下边，顺着中线往下点按，到胸部，到腹部，一直到会阴。

小腹一带，也叫下丹田。丹田，道家称它是男人的精房，女人的胞宫，实际上是储藏人的精气的地方。医学上称它是男人用以藏精、女人用以约血的地方。人的身体应该像大自然的自然循环一样，春夏秋冬自然交替。中医有句话，叫男人一天一恭，女人一月一经。那么，如何使自己的身体保持在一种自然循环的状态呢？调整好丹田这个地方，是很重要的。

我崇尚祖国的传统文化，我国的道、禅、太极、气功等，都蕴含着很深刻的思想，它们都在丹田这地方做文章，一定是有道理的。

背后的脊椎自己按摩不好做，但又需要加强活动，怎么办呢？我就从颈椎开始来回来去地找，颈椎、胸椎、腰椎、尾椎，从上面活动到下面，然后反过来，从尾椎开始，尾椎、腰椎、胸椎、颈椎，主要是要感觉活动时候的着力点和力度。这样上下反复地做，身体一伸一屈、一屈一伸地活动，让脊椎骨被拉动。这个动作不太好做，但是只要活动了，就能作用到整个脊椎，身体会感觉舒服。

我长期以来是动得少睡得多，到哪儿都堆着，骨头都“生锈”了。活动脊椎的动作，像是在“擦洗”它。我的膝关节也是这样，下蹲的时候咔嚓咔嚓地响，听着都吓人，也需要“擦洗”。

据医学的说法，人的骨关节需要一种关节液，就像机器需要润滑油一样。要不断补充关节液，才能保持关节的功能，让它正常工作。可以想象，缺少关节液，那就是骨头与骨头之间硬硬地摩擦，是什么感觉？而这种关节液，主要是靠自身的活动来产生。这话有道理，所以，有意识地、适度地活动全身的关节，是必需的。

有医学书上说，动物在地上爬行，很少有得什么腰肌劳损、心脏病、高血压病的。人在成为人之前，也是四肢爬行的，也没那么多毛病，后来直立起来了，一些杂七杂八的病就开始出现了。这个说法对不对我不敢说，人的疾病也不是哪一种原因造成的。但是，这个说法可以给我们启示，让我们更清楚地认识自己的身体，一定不要让关节凝滞了。

尝到了甜头

我反反复复地活动脊椎，试着做一些爬行的动作。在地上爬，不仅仅是爬着走，还要体会脊椎、肩关节、膝关节、髋关节这些部位的感觉。再结合任脉和督脉，刺激相关的针灸穴位，我感觉自己气息通畅了许多，最明显的一点是我的颈椎轻松多了，乳房小叶增生的肿块也不像以前那样疼了。加上我配合着吃天冬素片，后来小叶增生就慢慢地好了。

用这样的方法活动了一段时间，回过头再去找深呼吸的感觉。这时候再做深呼吸，顺畅多了，像打扫干净的房间一样叫人痛快，实际上这就是在清扫身体的垃圾。

多余脂肪堆积着，在肚子上形成囊肉，不就像垃圾一样吗？内部的气息不通畅，积压出一些病，不也是我们体内的垃圾吗？我们创造了很多清除身体垃圾的办法，吃药打针、运动锻炼，还有娱乐休闲都是办法。要选择什么样的办法，要看每个人的具体情况。

按我自己的情况揣摩出来的这些做法，让我尝到了甜头。

每天做几次活动脊椎的动作，做几次深呼吸。对着镜子做，看自己的形体，一看肚子一带还不行，离我的目标还远。

当时我还用着紧腹带（腰封）呢，每天早晨戴上，晚上睡觉摘下。每次摘下来的时候，还会让我很烦。因为肚子就像是一个棉花包，白天把它捆得紧紧的，晚上解开，又散成一堆了。睡在床上不由得要摸肚子，一抓一把囊肉，恨不得把它割下来。我想，光这样勒着肯定不是办法，它没有把肚子消下去，反而更松更囊了。不能依靠这个东西了，得慢慢地去掉它。我试着吸肚子，吸肚子的同时，有意识地让膝盖、臀部、会阴和肛门都往上提，向里收。

在做提收动作的时候，有一种说不清楚的感觉，这个感觉是在提收会阴的动作上。我先生一直在上学，两人没有在一块儿，没有性生活，可我一提收会阴，会有一种久违的感觉，是一种兴奋感。记得从我身体有病开始，就很少有这种感觉了。即便我先生放假回来，我们在一起，那种感觉都不是很强烈。而现在又有了这种感觉，顿时感到身上增加了活力。

我心里很清楚，我当时尿频，也与会阴这一块松弛有关。医学书上讲，会阴这个部位的括约肌松弛，会导致更年期提前，影响性生活，引起尿频。我的尿频很明显是这个症状。我经常这样提收会阴，过了一段时间尿频的现象就减少了，慢慢地可以睡一夜不起来了。尿频很影响睡眠，现在睡眠改善了，我想我的身体素质肯定会提高的。

找回腿的力量

这些好现象对我都是鼓励，我要保持这个成果，扩大这个成果，因为我肚子上的囊肉还没解决呢。

在揣摩那几个提收动作的时候，我还是有些力不从心，主要是当时腿的力度很差，做几下就腿发软，气喘吁吁，冒虚汗，我需要恢复腿的力度。

道家的养生法里有一个说法：当一个人的腿没有力气的时候，说明死亡在召唤他了。民间有句俗话“人老先老腿”，有道理。

腿一没有力气，膝关节就不能很有力地挺直起来，必然会影响脊椎挺拔不起来，臀部向下坠，腹部想收紧也做不到位。形体的问题其实是上下相互牵连、相互影响的，是牵一发动全身的，好的相互影响，坏的也相互影响。

以前跳舞，我的腿很有力量，不然就立不起脚尖，跳不动的。想起了当年练功的情景，为了练腿劲儿，我可以踮着脚上下楼梯多少趟，现在肯定是做不到了。但能不能把芭蕾里面练脚尖功的办法借用过来，改变一下，来锻炼我的腿劲儿，解决下肢沉重的问题呢？我试着去做，脚面立起来，用脚前掌着地，半脚尖站立，我发现，这样做很快就有了感觉，很好。

厨房就可以是一个练习场所，洗菜、切菜、炒菜、刷锅洗碗，我都可以半踮着脚去做，在厨房那一小块地方转来转去，都可以踮着脚走。洗脸刷牙的时候，我踮着脚，洗完澡擦身子的时候我也踮着脚，有时候拖地板也踮着脚去拖。

后来发现，乘公共汽车的时候，也能做形体训练。虽然我身体不太好，但还算是年轻人嘛，坐公交还是要给老年人让座的，有时候有座位我也不坐，站着，手扶着椅背或者抓着横杆，悄悄地做提收的动作，没人知道我在干什么。要是人多也好，就挤在人群里，抓着上面的扶手，下面半脚尖站立。其实不仅是在公共汽车上可以练形体，很多类似的场合都可以去做，随时随地都能做。

这样练习了一阵之后，腿有劲儿了。同时，挺拔颈椎，体会用喉头去找头顶的百会穴。喉头找头顶百会的形体感觉，跟鹤的形体状态很相像，跟芭蕾的形体状态也很相像，脖子是昂扬挺立的，自然带动整个身体向上伸展。

腿的力度逐渐增强了，下肢轻盈了，就想动起来舞起来，整个心情、身体状况都好了很多，不再是那种蔫蔫的形象了，觉得也有一定的力气加强提收的动作，进入控制脂肪的阶段了。养起来的这些囊肉是必须消灭的。

我坚决不再节食。注意饮食，保证身体的营养供给，否则没有力量支撑形体，更容易造成多余脂肪的堆积。这个认识我已经非常坚定了。我给自己定了一个原则：吃饭跟着感觉走，不暴饮暴食，但要吃饱吃好。

可以说，我对自己的形体问题认识得越来越清楚了。每天按照自己的感觉做肢体动作，做提收的动作。我把注意力集中在肚子上，用力往里收，对着镜子，从膝盖、大腿，到臀部、胯部，到会阴、肛门，都尽可能地往里收，向上提。开始这样做的时候，两个肩太用劲儿了，脖子青筋直冒，五官都挪位了，绷着嘴，梗着下巴，皱着眉，憋着气……哇，好难看。我感觉这样使劲儿不行，这样憋气也不对，体态也不美，太僵硬。

我一点点地调整，主要是调整肩部和脖子不能紧张，要自然要放松，特别是两肩要自然下沉才好，其他部位保持提收，而且提收的力度还要尽量加强。这时候我从镜子里看，舒服多了，是显得瘦了吗？说不太清楚，反正那样的体态让我很兴奋。对，我要的就是这个样子。

幻想成真

话又说回来，我不可能一直这么提收着，还得松下来呀。现在要做的是，如何通过这种提收，来消除堆积的多余脂肪？我反反复复地去抓这个状态，在这个状态下，做更深一层的收缩。

这种更深层的收缩，对减肥有直接的效果，它是在静态中让机体产生剧烈的活动。就是从身体肌肉的最深层，也就是紧贴着骨头的骨膜开始向里收，收的力量从里到外一直达到表皮。腹部收缩也是相似的做法，是肚脐向后腰找命门穴，同时，上腹部和小肚子都要向体后靠。通过这样的收缩，加剧肌肉组织的活动，促进体内脂肪的消耗，让脂肪转化为肌肉。同时，也是要阻止多余脂肪的任意堆积，不给它提供堆积的机会。

但是，这种收缩不是孤立地去做的。之前，我要通过刺激有关的针灸穴位疏通经络，调整内部气息，使内部气息通畅。还需要活动好脊椎，增强腿的力度，使肢体各就各位而不僵滞。在这种状态下做这个动作，减肥的作用就非常明显。

因为身体差，我一直比较懒，经常躺在床上幻想：如果能有一个方法，让我睡在床上稍微动一下，就能减肥，就能改善形体该多好哇。我先生笑话我："爱幻想的马妮，爱梦想的马妮。"

现在，我可以说"幻想成真"了。我找到的这些做法，有好多是在静态中进行的，没有大蹦大跳的剧烈运动，我开玩笑说这是"懒人活动法"。

比如我揣摩迪斯科和花鼓灯的提胯动作，就是躺在床上找到的感觉，我把它叫作"睡地迪斯科"。两条腿膝盖和脚面尽量绷直，贴着床面上下交替着往上提，提到最大限度。每天睡觉前都做这个动作，结果把床单蹬成了一缕缕的布丝，蹬出了一个个洞。

我要的就是方法简单，而且随时随地都能做。深呼吸，活动颈椎、胸椎、腰椎、尾椎，活动膝盖、肩膀，再做一做深层收缩，就跟刷牙洗脸梳头一样，每天梳理一两遍。

有了这些方法，每天我都不放过自己，走着站着坐着睡着，想起来就做一下。洗衣服做饭的时候，等车坐车、骑自行车、乘电梯、排队办事的时候，跟人说话聊天的时候，都可以做。这些活动，每次做都花不了多少时间，十分钟八分钟就很好，三五分钟也行，一分钟半分钟也可以。

就这样，每天坚持梳理几次，眼看着我的形体在变化，在恢复。功夫不负有心人，终于有一天发现，我的形体恢复到了做姑娘时的样子！算下来，这个过程我用了四五个月的时间。

我忽然意识到：原来减肥、健美形体是可以这么做的啊！

这时，我真是又爱自己又恨自己。

爱，是因为我给自己找到了这么简便实用的减肥、健美形体的方法。

恨，是因为我绕了这么一大圈才找到它，让自己苦熬了那么多年。

梳理后

我的春天又来了

如果早几年找到这样的方法该多好哇！可能我还会去跳舞。但我又暗喜：现在找到了也不迟啊。我还年轻，还有很多事情可以做，路还很长呢。重要的是我现在有了自信，自信能保持我的青春和美丽。

身体发胖的时候，我的好衣服都穿不上了，有的就送人了。唯有我最喜欢的一条小喇叭裙，没舍得送人。因为，这条喇叭裙是我跟先生谈恋爱的时候，他送给我的礼物。

我跟先生都是初恋，一想到我们的恋爱就觉得非常甜蜜。这条小喇叭裙，是我先生第一次出差到上海买的，才一块七毛钱，一尺八寸的腰，长到膝盖下面一点儿，泡泡纱的，灰蓝颜色的方格子。因为它有纪念意义，所以没舍得送人。

我记着我把小喇叭裙放在了柜子的最底下，就去翻找，找到了，把它展开仔细端详，又在自己身上比画，难道是想把它再穿进去吗？是的，我非常想再穿上它。于是就穿，啊，穿进去了，虽然有一点儿紧，但我确实穿进去了呀！

我对着镜子照，不可思议，这么多年了，我还能穿进这条小裙子！太激动了，对着镜子转呀照呀，激动得眼泪都流出来了。

这条裙子我一直保留着，一到夏天还会拿出来穿一穿。毕竟六十五岁身体略有发福，但我自觉身心都不老！

这些事情，都发生在不到半年的时间里，在先生临毕业的时候，我的形体已然恢复得不错了。对我来说，这真是一个伟大的胜利。

学子归来，苦苦等待的日子终于要结束了。那一天，我把自己制作的倒计时表都摆在桌子上，一共五张，看着那一个个画掉的数字，我哭了。要是让我再接着画下去，哪怕再画一道，我也接受不了了。那天我和儿子在倒计时表上画上了最后一道，这更是一个伟大的胜利呀。我平复了一下自己的情绪，擦着眼泪，想一想，现在一切都是多么好啊，看什么都是顺眼的。

我和儿子、几个同事、朋友到车站接我先生。我穿了一件紧身的高领毛衣、牛仔裤，外面是一件天蓝色的风衣，心里面春风荡漾。走在路上，坐在车里，站在月台上，自我感觉好得很。朋友们赞美我，周围的人也投来欣赏的目光，我很得意。这就是女人，这就是爱美女人的心情。我觉得这很好，有了美，有了自信，有了好心情，生活就是充满阳光的。

一群人站在月台上，老远看见火车开过来，我激动得心都跳到了嗓子眼儿。车停下来，我先生走出车厢，跟大家握手、拥抱，最后来到我和儿子跟前，突然一下子把我们娘儿俩一起抱起来了。他那么有劲儿，还在我耳边悄悄叫了一声“美美妮”。我小时候，家人和朋友就叫我“美美妮”的，我先生私下里也会这样叫我，但那天他叫得格外甜蜜。

回到家，他说第一眼就看出我的形体变化很明显，问我又搞了什么名堂。我说我终于找到了自己的方法，用我自己的方法改善了自己的形体。

我先生还是他的老观点，对我的形体变化，并没有表现出多惊喜的样子，但我心里已是特别的滋润了。

守住自己的“小秘方”

我的形体刚恢复过来，就有人注意到了，于是就追问：“怎么做到的？是什么好方法？赶紧教教我呀。”我吞吞吐吐地说：“不知道呀，也没什么方法，胖不知道怎么胖的，瘦也不知道怎么瘦的。”

其实，分明是女人的小心眼儿，不愿意与人分享，是不够意思的。但当时我心里想，走了那么些年的弯路，吃了这么多的苦，终于摸索出这个方法，真舍不得告诉别人。我真不真假不假地对先生说：“在这个世界上，只能我一个人美，她们都别想再美起来了。”我先生听了嘎嘎大笑，我知道他是笑我的“女人之心”。

是啊，女人的小心眼儿，女人爱美的心态，男人们是不能真正理解的。女人，谁要是买了一块好布料，一件好衣服，一双好鞋子，或者是一条好围巾，别人问在哪儿买的，都不肯告诉人家，都想自己独有。那时候的我正是这样，我的这一套改善形体的做法，是不能轻易地告诉别人的。我心中暗自得意，我要守住自己的这个“小秘方”。

形体恢复了以后，每天用“小秘方”梳理自己，不费事，随时都能做一做。先生看见了，斜着眼笑我，或者夸张地鼓掌叫好，有时候站在我旁边，抱着膀子看我做动作，还是夸张地说：“beautiful，漂——亮！”我装作没听见，继续做我的。当然，我也会情不自禁地、断断续续地给他讲解，这些方法是怎么来的，我是怎么做到的。他说他对具体的方法不感兴趣，却非常赞赏我的执着劲儿，很由衷地说：“马妮，你真的很棒！”

是的，我也为自己找到了这样的方法而自得，就这么简单地做一做，形体就能保持，让我可以不再为形体的问题担心了。

把乳房重新健起来

但是，女人的爱美之心是贪婪的，女人追求美，是没有尽头的。

当我的形体恢复过来以后，我没有忘记我右侧的乳房，它因为开刀被夷为平地，在我看来就是“半残废”，这可不是一个小问题。

一个女人的气质和魅力，表现最直观的地方就在胸部和颈部。女人的胸就是指乳房，女性的乳房应该是丰满的，富有弹性的。可是我的呢？

那时候的胸罩还很单一，不像现在，各种各样的胸罩越来越人性化，又舒适又能弥补乳房的缺陷。不过我觉得再弥补它也是假的，我，要真的。

我当时最假，我用两块男式的大手绢，叠起来塞进胸罩里，能垫起来一点儿。可这样做很心虚，因为实际上我不是一个健全的女人了。

听说有做隆胸手术的，是在乳房里打进硅胶，这情景我想都不敢想，一想在身体里打进那东西，就浑身起鸡皮疙瘩，太恐怖了，我绝不会去做的，而且，那也是假的呀。

可我的乳房怎么办呢？这可是女人最看重的地方啊。不行，我要想办法把它恢复起来！我又幻想了。光想没有用，行动最要紧。我走着坐着跪着站着，试着各种各样的肢体动作，一点点去体会：怎样做能对乳房这个部位起作用呢？

从有了自己的“小秘方”以后，我更喜欢观察揣摩人的形体了。有人体态优美气质不凡，我会分析她好在哪里？为什么能这样？有形体毛病的，我更要分析，问题出在哪里？是臀部问题？腿的问题？颈部的问题？还是内部气息不通畅的问题？跟我先生一起去商店，很多次我只顾盯着人看，却忘记买东西的事了，他说我走火入魔了。

我心里有数，当前最重要的就是解决乳房问题。我想到那种表现肌肉美的健美运动员，本来我不喜欢那样的腱子肉，但今天我要从另一个角度去看它。我有一个朋友就是练这种肌肉健美的运动员，我去看他们训练，受到了启发。

健美运动员在台上表演，很有力量，同时又带着微笑的表情，努力表现得优美自如。但是在训练中，脸上的表情很紧绷，憋着一股气，一努劲儿，腹部、背部或者是胳膊、大腿上就突起来一块块肌肉。我一边看一边体会，也跟着找找感觉：我能不能积攒出一股劲儿，用到乳房这个部位，再找到一个动作，加强乳房的活动，让这个乳房再发达起来呢?

我查找医学的书，想多了解一些乳房的知识。乳房是一个相对独立的器官，是一个腺体组织，主要是由腺体和脂肪组织构成。乳房与胸肌紧密地连接在一起，实际上又是一体的。女性乳房是靠内分泌系统分泌出的雌激素来刺激它，维持它正常运转。

显然，疏通内部气息，调整内分泌是很重要的，但我的乳房这一块组织已经实实在在地被破坏了，还能修复起来吗？我犹豫、动摇，但是最终没有放弃，仍然翻来覆去揣摩动作。

那一天，又是睡在床上，琢磨动作。两臂向中间压挤，忽然有了一种感觉，心中一喜，就保持着这个动作不放松，绝不能丢掉这种感觉，屁股一欠下了床，走到镜子跟前一看，乳房的位置鼓起来了，要的就是这个。现在的问题是怎么加强它，稳定它。我体会着从丹田里积攒一股气，提收会阴，意念上往乳房这个部位输送，然后，通过肩和臂做含胸和扩胸的动作。

含胸，是两肩和两臂向中间挤；扩胸，两肩向后展开。向中间挤和向外扩，都做到最大的幅度，要很平稳地做，不能太猛、太快。这样，用胸肌的运动带动乳房组织从根部活动起来，激活它，让乳房的腺体和脂肪组织处于一个活性的状态，希望它们慢慢地丰满起来，再进一步，就是一步步增强乳房与胸肌的弹性。这组动作必须是意念和动作密切融合进行。

运用这组动作，前后有大约五个月的时间，奇迹出现了，我右侧的乳房重新膨胀起来了！

当时练一侧乳房是比较困难的，我把左手掌立在两只乳房中间，把那股气和劲儿集中在右侧乳房，只能活动右肩和右臂，非常累。等我把一侧乳房健起来之后，再同时练两侧就容易了一些。不久，我就把胸部的乳沟练出来了。这又是一个令人欢喜的事情。

我先生嘴上说不在意我的形体，但是，他多么喜欢我现在的样子啊。形体没发胖的时候，我先生出差最爱给我买衣服。这几年，我没有心情穿好衣服了，就不让他买了。如果买，也都是买内衣内裤袜子这些东西。没有好形体，好衣服也穿不出味道来，糟蹋了。

可这一段时间，他一出差，又开始给我买衣服了，有时候还在电视剧组里请服装设计师给我做衣服。我说不要再花钱了，衣服够穿了。他说一看见商店里模特穿的衣服，就想我穿上更漂亮。我好感动，好幸福。

先生买的衣服都不贵，但却很得体有品位，我很喜欢。

这一段日子是快乐的，我们畅想未来，筹划着怎么发展自己的事业，踌躇满志。但就在这时，我的身体又出问题了。

低烧的折磨

这次生病其实不奇怪，因为多年来我身体底子差，虽然现在加强锻炼，但总的来说体质还是比较弱。

先生上学那两年半，我一个人带着孩子是操劳过度的，一直绷得很紧，是靠着一股劲儿强撑着。等到他毕业回来，我高兴、亢奋，整个人也彻底放松了。等到亢奋劲儿过去，“积劳成疾”在这个时候爆发了，我生了一场大病：发低烧。

发低烧是大病吗？这个病表面的症状不明显，实际上非常难受，最主要的是一直不退烧，而且查不出原因。

低烧太折磨人了。吃过午饭12点多钟，烧就慢慢起来了，下午4点多钟最难受，难受得坐卧都不是，有时难受得就躺在水泥地板上。到夜里10点钟左右，人烧得蔫了，没劲儿了，迷迷糊糊睡了，到半夜12点钟，烧退了。每天到中午12点，我就准备着要发烧了，烧果然就起来了。就这样，很准时，很有规律。我们就用打针吃药维持着，一到中午，我先生就提前做好了准备，迎接发烧。

总不见好转，就住进了医院，一下住了小半年。这样，我不可能再去成天梳理什么“美”了。没有健康，一切都白搭，我得面对现实。

我住院的病室叫内二科，医生怀疑我是心肌炎，检查后排除了。原来有类风湿，化验也正常。又怀疑是肺结核，专门到传染病医院检查，也不是。继续打针吃药，控制体温，隔三岔五地化验血，做各种检查，结果除了血压低一些，其他指标都是正常的。而低烧也不是低血压引起的。

医院进行过两次会诊，到底也没确诊，都成疑难症了。

他们强烈建议我去上海检查，可我就是不愿去。我认为我的低烧就是这些年身心疲惫造成的，现在需要释放，要有一个过程，现在就是在释放的过程中。就是去上海也难确诊，我觉得自己没什么大病。

我很坚持我的这个解释，自己给自己诊断了。

说没有病，发烧却是实实在在的，每天都要打点滴、吃药，手上胳膊上扎满了针眼儿。躺在病床上，身子瘫软，我又开始羡慕所有健康的人了：医生护士，照看病人的农村大叔大婶小姑娘，还有我先生，我想成为他们中的任何一个人。

一次，几个朋友要来医院看我。穿那身病号服实在不好看，我想换件衣服，显得精神些，就让先生给我拿件衣服，再带个镜子来。他拿来两条裙子，我一穿，坏了，两条裙子都穿不进去，又睡胖了吗？我心里一紧，想哭。

忽然想起来，护士每天给我静脉注射的有地塞米松，这是激素类药，激素药是能把人催肥的呀。看看同屋的病友，他们也都是常用地塞米松的，个个都像胖头鱼。再拿镜子看我自己，还好，我没那么严重。

医生查房的时候，我说我不打地塞米松了。医生说“这个药控制发烧效果好”，我说：“你们查不出病因，光靠这个药退烧怎么行呢？”好像我是医生似的。

我自认为当过赤脚医生，多少还懂点儿，就坚决不打地塞米松。结果不用地塞米松就是控制不住烧，还得用。护士跟我开玩笑说：“马大姐，我们知道你是跳舞的，地塞米松都催不胖你，你身材那么好，就是胖点儿也没关系呀。”

我说：“你们很坏呀，原来的裙子已经穿不上了，还没催胖我啊？想让我再胖成什么样？再用激素药，就把我激回去了，我也成胖头鱼了。”

说归说，每天还是照样毫无进展地治疗，原地踏步。越想越觉得这样不行，受不了了。出院！一定要出院！回家看看到底能把我烧成什么样，就出院了。可气的是，回到家里当天晚上竟发起了高烧，只好赶紧又去医院。医生说：“看看，这就是不听话的后果，正好床还空着呢，还睡你那张床上吧。”我烧得虚弱，哭的劲儿都没有。我和先生非常纳闷：到底咋回事啊？

又做了几项化验，甚至还在专门化验白血病、血癌的化验室里化验。

把我先生吓得不轻，我能看出来他非常紧张，拿化验单的手都发抖，还装轻松呢。

我一点儿都不害怕，不管它是什么病。我开玩笑说："阎王爷要是只叫我活三十几岁，我多一天也活不了；阎王爷要让我活到一百岁，谁也夺不走我一天的寿。"

化验结果出来了，正常，我对先生说："瞧你吓的，我怎么会得那种病呢？"

躺在病床上不由得乱想，很想理清楚一些事情，结果"剪不断理还乱"，把自己都想晕了。想的最多的还是老问题：自己变老了，变丑了，先生还能喜欢我爱我吗？又马上否定自己，这次住院，我一直深深地感受着他对我的疼爱。爱，就是这样具体实在的，我很享受很满足的。为什么还乱想呢？我要求自己，不要这样，斩断心里的这团乱麻吧！

生病让我认识到，每一个人的生命都不仅仅属于自己，我们没有权利轻视自己的健康和生命。为了家，为了所爱的人，一定要让自己的身体健康起来。

一直这样耗着，我们不能忍受了，决定不住院了，住家里，每天查房的时间来一次，就这么办。

回到家里，每天坚持不睡懒觉，起来去公园做轻微的活动，找植物茂密的地方做深呼吸，伸展身体。有时候晚上也去公园，看见有跳舞的人跟着跳一跳，再配合着药物治疗，但不再用地塞米松了，就这样过了半个多月的时间，这一场无名的低烧终于退下去了，安生了。

将近半年时间天天跟医院打交道，这是个考验，考验我，也考验我先生，最终我们一起渡过了这个难关。

函大苦读

“身体是革命的本钱。”我下决心要认真锻炼，增强体质。前一阶段活动身体，梳理形体，感觉不错，就继续做下去。有了“小秘方”，形体问题不再成为我的包袱。但人不能没事做，虚度光阴是最可怕的事。

我不能跳舞了，失落得很。再看看团里的很多人无所事事，更多的时间是在打麻将、闲聊天，跟我也差不多嘛，我心里也就平衡了一些，觉得自己还不算堕落吧。

我不可能再去跳舞了，我也不愿意用打麻将、侃大山来消磨时间。先生回来了，我有了空闲时间，应该找个什么事情，学点儿什么才好。

先生做导演工作，我想学点儿跟他的专业靠近的东西，就报了一个文学函大，是中国社会科学院办的。这个函大的学习内容很不错，有个文学鉴赏课程，里面再细分，有小说鉴赏、诗歌鉴赏、散文鉴赏，还专门有一科剧本鉴赏，这个好，我就选了“剧本鉴赏”课。

读文学函大，还因为我从小喜欢看书，四大名著除了《三国演义》，其他三部很早就看过。在农村插队的时候，知青里有一个同学对图书馆很熟悉，他经常偷书给我们看，都是当时封起来不让看的书，什么《家》《春》《秋》《镜花缘》《名利场》《静静的顿河》《安娜·卡列尼娜》，很多。先前在新华书店工作的一段时间，看书更方便了，大量的好书开始重新出版，书店一进什么新书，我都先睹为快。

学文学函大，就是想多学些文艺知识，我不可能去当作家、评论家的，想都没想过。最现实的想法是，在我先生选剧本的时候也能帮他看看剧本，这样，我们之间就会有更多的共同语言，不是很好吗?

先生支持我学函大，一有空就辅导我。我文化水平不高，是六八届的初中生，后来下乡插队，再后来就考进了文工团。虽然“考干”的时候复习过文化课，但是毕竟底子薄，再学深一些的东西，就比较吃力。先生给我讲解最基本的术语、概念，针对某一部作品跟我讨论、分析……学习是件很愉快的事。

我这个人很感性，对那些术语、概念什么的，意思我懂，就是记不住，也不大习惯用那些词汇来说话，还是喜欢用我自己的话来表达。我先生说，这也挺好的，又不搞学术研究，弄懂了意思就好。

读函大这事儿，团里没几个人知道，也不想让别人知道了说我，一个跳舞的，四肢发达头脑简单，还学什么函大？所以我就默默地学。

院子里打麻将的声音很干扰我学习，我家楼前楼后都有麻将场，整天的响声刺耳，此起彼伏，钻脑子疼。想看书，就得来回挪地方。前面的声音大，跑到后面的房间里去。后面的声音吵，再搬到前面来。哪一会儿安

游康西草原

静了，看书正入神，突然有人大叫一声："和了！"把我吓得一激灵，心里扑腾半天过不来。

我算是能吃苦的，决定做什么事就会"一根筋"地去做，要学什么就一定要学好。我大量地做笔记，用笔记加强记忆。虽然有的就是抄书本，但抄写还是很有用的。抄写一遍，就会加深一些印象。

学习有乐趣，日子就过得充实。它让我视野开阔了，知道了很多新的知识。这些东西当时不觉得怎么样，它们是潜移默化的，对我后来做剧院的形体教师，以及再后来做"形体梳理"，都起到了很大的作用。

最直接的用处，是我能帮着先生看剧本。

那一年剧院决定排一部莎士比亚的戏，首次排演莎剧是件大事情，任务落在我先生身上。莎士比亚的剧本有三十六七部，排哪一部呢？要根据剧院的情况量体裁衣，他先初选出剧目，再拿到剧院艺委会讨论确定。

我就跟先生一块儿看剧本。莎士比亚的剧本好看，精彩，巧妙的情节，生动的人物，诗一样的语言，读着就是一种享受。先生说我的鉴赏能力很不错，说我对作品思想立意、结构层次、人物性格都很有见解。我很高兴。

在做话剧院形体老师的工作中，我也感受到了读书学习带来的好处，它让我的思路更开阔了。话剧演员可以借助舞蹈基训训练形体，掌握形体技巧；但同时更要注重形体动作的语言性。我编了一些形体训练组合，编了戏曲化的动作片段，尽我的能力，让演员们达到肢体动作与心理活动融合的状态，而不是单纯地活动肢体。

运用戏曲的云手、台步、水袖、兰花指一类的技巧动作，配合一定的情节，编排成组合，年轻演员们做起来很有兴趣，又有助于表演能力的培养。剧院的前辈、专家们看了我们的基训汇报，说这样的训练方法太好了，很鲜活，又有趣味。

文艺创作讲究的是“神形兼备”，“神形”，有“神”才能真正有“形”。形体训练也是同样的道理，它不单单是活动四肢，要与心理因素结合起来，这是我特别看重的一点。而这个思想认识，就是在函大学习中得到的。这个思想，对后来整理、提高“形体梳理”起到了很重要的作用。

重新找回自信

我这个时候的心情，跟以前比发生了很大变化，觉得生活很有意义。我没有再去跳舞的想法了，而是对形体、体态的事情产生了浓厚兴趣。

有时在床上睡着想到一个问题，激灵一下就坐起来，把我先生吓一跳。看到我下床后拿出纸笔就写，又举胳膊又伸腿，弄得他哭笑不得：“又魔怔了。”

现在我揣摩形体问题，跟以前是截然不同的两种心情了。以前是自卑，“垂死挣扎”，有恐慌感、危机感；现在我心里很踏实，很有自信，思考形体的事让我觉得有乐趣。

利用乘公共汽车的时间想动作，有座不坐，站着，手扶着靠背或抓着扶手，悄悄地做动作。有的时候忘了是在汽车上，动作幅度大了，突然感觉到周围的人在看我，就赶紧掩饰一下。

在大街上、商店里爱盯着人看，常常忘了自己去干什么。要是一看见哪个女士体态不对劲儿，心里就痒痒，总想去给她指出来，有一次我情不自禁地上前去拍了一个人的肩膀，告诉她我的意见。我是善意的，可搞得人家莫名其妙。先生劝我不要这样子：“人家真会以为你是神经病呢，吓着人家了。”

有一次在公园里，我和先生坐在一张长椅上休息，几个姑娘走过来，个个扣肩塌背，脖子向前探着，我看着着急，先生警告我："别犯神经啊。"我就没站起来，眼睛却盯着几个姑娘走近我们，我还是憋不住了说："喂，姑娘们，挺起来走，把脖子向上拉，膝盖用点儿力，这样走才漂亮。"

几个女孩子吃惊地看着我，然后哈哈大笑着跑开了。我先生有点儿幸灾乐祸，而我无所谓。当然，从那以后我也不再这么做了。

这段时间，我帮先生做了不少事情，排演大戏、小戏、小品，我都能帮着看看剧本，也参加演出，还能帮着编排戏里的舞蹈场面什么的。自己有点儿用处就觉得非常充实和满足。虽然在物质生活上还是很清贫的，但有一个和谐的家，有健康可爱的儿子，有可以风雨同舟、相互理解、相互扶持的丈夫，并且我们之间都是想给予对方，而不是索取……这些比什么都珍贵。

我说的这些，难道跟我们要说的"形体美"有关系吗？是的，关系太大了。

当初，我形体发胖变形，没有了事业，自卑，脆弱，恐慌，老想着"我可不能老啊，不能丑啊"！就想四处寻觅"灵丹妙药"，那就是"垂死挣扎"呀。

现在不同了，我又有了自信心。人老是自然规律，人老心不老就好，我感觉到自己的心是年轻的。内心充实了，心态平和了，那样的美才是真正的美。而拥有一个温馨的家，又是我们普通女人拥有自信心、拥有好心情的最重要的因素。

自信能让人从容淡然。我们可以很淡然地说：多大年纪有多大年纪的美，一个人的气质、风度可以像陈年老酒一样，越久越香醇越有味儿，那同样是一道令人赏心悦目的风景，是完全可以与灿烂青春相媲美的风景。所以你现在要问我"青春有几许"，我会很有自信地说："永远。"

电台做嘉宾

生活厚爱我，赐予了我一个温暖的家，还赐予了我一个“形体梳理”，可是我却把它当作自己的“小秘方”藏起来，将近十年的时间秘而不宣。

第一次把“形体梳理”拿出来面向社会，是由电台的广播节目引发的。

1995年春节过后，福建海峡之声华艺广播电台要做一期直播节目，邀我去做嘉宾。那时我已经随先生调到福建人民艺术剧院，先生做导演，我做形体教师。

这期节目名称是《把靓丽留给您》，谈的自然是女性话题。主持人是一位年轻姑娘，她叫贺杰。她是“形体梳理”的历史上最重要的人，我永远感谢她！

这是我第一次走进电台的演播室，有点儿紧张。贺杰年轻，但思路敏捷，条理清楚，已经很有经验了。我跟着她的话题走，谈着谈着就放松了。

我从我的专业角度谈形体，谈体态，谈出入社交场合的仪态等。直播节目时间很长，谈着谈着，就谈到了减肥，谈到了改善形体、健美形体的问题，不知不觉就引出了我的“小秘方”。

节目中间插播歌曲，我们摘掉耳机，准备到演播间外面休息，一扭头发现演播间的玻璃窗外边站着好多女人在看我，出什么事了吗？我有些紧张。一走出演播间，女人们一下子围上来了，马上开始问我问题，都是关于减肥的，我应接不暇。

原来她们是电台的工作人员，听到我对形体、对减肥的说法，给吸引过来了。“要想不发胖，先把脖子拉长”“吃饱饭再减肥”“形体梳理”“不给多余脂肪提供堆积的条件和土壤”……她们听了觉得特别新奇，说自己平时连西瓜都不敢多吃，马妮说“吃饱饭再减肥”，不可思议，看看这个马妮什么样，于是她们就都跑过来了。

就在这次节目之后，电台的女士们提出要学“形体梳理”，我有些为难，讲一讲是可以的，我没想过怎么教别人，没有这个心理准备。她们非常恳切地跟我商议，我不是铁石心肠，而且这是人家看得起我，我还能说什么呢？我答应了。

第一个“形体梳理”班

上形体课，我是轻车熟路，自己的方法也烂熟于心，很快排出了一个课程计划。在一个细雨霏霏的傍晚，第一个“形体梳理”训练班开课了，在广播电台的卡拉OK厅里，一共16个女人。

万万没想到，女人们那么喜欢这种训练方法。她们告诉我，这正是她们想要的东西：不要让她们舞蹈，不要大蹦大跳，不要太复杂花哨叫她们学不会，不要太累她们，也不要太费时间，只求实实在在地能减肥，能改善形体……没想到真的有了这样的方法，比她们想象的还要好，而且让她们吃饱饭再减肥，真是太好了。

女人们赞扬我，让我感动得不知说什么好。

在这16个女人当中有两人，是她们促使我下决心把“形体梳理”拿出来，献给更多的女性朋友。

一位是做编辑工作的杨小姐，她的形体毛病，就是我们说过的臀部下坠。臀部大，大腿粗，胯两边像两个小磨盘。开始训练的时候，她总爱穿一件大大的毛衣，把大腿遮住。训练到第七次课的时候，她换了一件紧身衣，还扎在腰带里，像个舞蹈演员似的。

大家都很吃惊，围过去看她，说她胯两边的赘肉没了。我当时正背着身捯磁带，杨小姐跑过来，趴在我背上哭了，她说："马妮老师，不知道如何感谢你！"我的眼睛也湿了，半天说了句："你这两边瘦下去了，我也很高兴。"

这是一种从未有过的感觉——别人感激你，别人需要你。这跟在舞台上谢幕，接受观众掌声的感觉是不一样的。

另一位是蔡女士，中年人。那一天来上课，见到我，眼含热泪，双手合十给我行了一个礼说："谢谢老师，不瞒老师说，我为了减肥花的钱有好几万了，但是越减越肥。年轻时我还是很漂亮的，一尺九寸的小腰，喜欢文艺，是单位的文艺骨干。可自从生了孩子以后，完了，成猪八戒了，我爱人经常开我玩笑，说我是'猪八戒二大娘'。说是开玩笑，其实也是他的真心话。因为我变得这么丑，他有了外遇，我真不想活了，我自杀过。我做梦都在想，有一天我还能双手掐着小腰，跳舞唱歌，所以我拼了命地减肥，但每一次都叫我失望，生活没有了乐趣。没想到这一回，我才练了七次课，腹部就下去了四寸多，我一下子觉得又有活头了，谢谢老师！"

她的经历，虽然没有在我的生活里发生，但我也曾经有过这样的担心，所以我非常能理解她。

这两个女人的话激励了我，让我又欣慰又惭愧。我有过跟她们很相似的心境与渴望，当年为了减肥，多么想遇到一个奇招妙方帮帮我呀。可事实上，直到今天，比比皆是的形体培训，又有多少真正具备改善形体的功能呢？"形体梳理"是出于我自己改善形体的需要揣摩出来的，它在我身上得到了最好的验证，我为什么不拿出来，让更多的女性朋友都来尝试一下呢？或许能帮助她们摆脱形体问题的困扰。我抱着“形体梳理”当成“秘方”，实在是小心眼儿了。现在，我要把“形体梳理”好好地整理一下，推向社会。

第一个“形体梳理”班的16个学员，就像16个话筒，在福州城传开了：马妮的“形体梳理”如何如何，它不是健美舞、韵律操，它是教女人怎么美的。

口口相传比媒体宣传更让人相信。我还没来得及做好整理工作，就接连不断有单位请我去上课。有一段时间，几个单位同时要求训练，我就从早到晚跑场似的去上课，连吃饭的时间都没有，骑着自行车，一手扶车把，一手拿汉堡吃着，从这个单位赶往那个单位。

这样的突如其来，是出乎意料的。

我想，“形体梳理”受欢迎，说明这个方法好，这让我很有成就感。还有，我在给别人提供帮助的同时，还挣了钱，改善了家庭生活，这是多么好的事情啊。所以，我也很振奋，很快就进入了状态。

虽然这个时候的“形体梳理”还很粗糙，但是最根本的功能性的东西已经具备了，而且，它的功能性也在学员们的身上被证实了。

更让我欣慰的是，学员们对我的感激、信任和关爱。

平时我都是骑自行车去各单位上课，学员们经常站在自己单位的大门口等着我，一看我来，赶紧迎上去，接过我的车，接过我的包，拥着我走进训练场，又让喝水，又让吃水果。下课了，她们会说，老师晾一晾汗再走，别吹着风。

有电视台来采访，她们是那么热情，在镜头前有说不完的话，谈自己的体会。训练结束了，学员们给我献上鲜花，有的拿来桂圆荔枝，有的送我一张贺卡，上面写着感谢和祝福的话语……

需要静下心来

在训练课上，有人很想跟我说话，说她们的心里话。开始我觉得这跟训练形体没有关系，可是看她们那么信任我，我不能拒绝她们，就交谈起来，她们也都向我敞开了心扉，有时候一谈就能谈半夜。

我发现，谈话有助于捋顺心情，心情捋顺了非常有助于训练。所以，后来我在“形体梳理”中专门加进了一堂谈话课，也就是在那个时候受到的启发。

回想起来，“形体梳理”的训练课从一开始就不是单纯的你买我卖、我教你学的关系，而是从一开始就融进了人与人之间相互交流的良好气氛，也使得“形体梳理”跟其他的健美训练方法截然不同。

就在“形体梳理”课需求最旺的时候，我停课了。为什么？我想，如果就随着眼前的红火形势走下去，一个班接一个班地上课，可以很快发展起来，也能很快挣到钱。可我知道，“形体梳理”出来得太仓促，还不是一个很完整的东西。我需要挣钱，但我更想把“形体梳理”做成很像样的一套课程，是完整的，而不是随意的、昙花一现的。我需要静下心，好好地把它整理一下。

“形体梳理”是从我自己的实际情况出发揣摩出来的，可以说是我自己改善形体的经验，但现在我是要训练别人。通过这一段时间的训练课，我又发现了许多新问题，是我自己身上没有过的形体问题，我必须把这些问题总结出来，然后根据“形体梳理”的思想，去寻找相应的解决办法。我还想把“形体梳理”系统化，让职业女性接受起来更方便、更简洁、更实用。

对于职业女性，我不要求她们做复杂花哨的动作，而是让她们用最少的时间，获得最多的信息，获得最有用的东西。我把“形体梳理”的口令词说得很清楚，也是为了让学员们不要在程序上多费神，集中精力去体会每一个肢体动作，使每一个动作都产生最充分的效果。

还有一个很重要的问题，就是形体训练绝不仅仅是减肥，人的形体毛病各种各样，在训练的时候要有一定的针对性。这就需要进一步对身体各个部位的骨骼关节的活动范围、肌肉生长趋势、脂肪堆积条件等因素作分析，让每一个肢体动作都有明确的目的，要让不同形体毛病的人都能从训练中得到自己所需要的东西。

分析了各种形体毛病和训练对策，把训练科目做了调整，然后重新开课，我心里更踏实了。

其实，这样的总结调整工作，至今没有间断过，才使得“形体梳理”能够具有长久的生命力。

开始办讲座

“形体梳理”这个名字，是随意叫出来的。

当年有一天，先生见我在做动作，就问：“马妮，人家现在都是讲这个功法那个功法，你这算什么功法呀？”

我说：“什么功法都不是。”想了想又说：“我这叫形体梳理。”

意思很简单，头发要天天梳理，不梳理就会又脏又乱。人的身体也是这个道理，经常梳理才会顺畅优美呀。

现在，到了要把这套东西对外传播的时候，应该有一个正式的名称，所以就叫“马妮形体梳理”，我挺喜欢这个名字的。

在清华大学讲座后回答同学们问题

“形体梳理”训练班开办不久，报纸、杂志、电视、广播很多媒体都给予了热情的报道。福建经济广播电台还专门开设了一个专栏，叫“马妮老师谈形体梳理”，每个星期六的下午，通过电话直播20分钟，这个栏目持续了将近一年。

本来是自己保持形体的“小秘方”，却引起了那么人的关注和喜爱，出乎意料，也让我大受鼓舞。

除了办训练班，又开始有单位邀我去做讲座。

讲座，又给我出了一个难题。在我印象中讲座就是做报告，我是最不喜欢听报告的，现在我却要去做报告，这可怎么办？

我平时说话很随意，年轻的时候就有“傻大个儿”的外号，很多常识性的概念都不进脑子，逻辑思维比较差。福建经济广播电台每周一次的直播节目，是通过我家电话直播的。到广播时间我拿起电话，等那边主持人连上线，我首先要问一声“听众好”，可就在“听众”这个称呼上，每次都把我搅糊涂，一上来就说“观众朋友们，你们好”，越想改越出错。

先生和儿子又生气又着急，一到要开始直播了，他们爷儿俩就躲到外间屋子里，轮番伸过头来叮嘱我：

“记住，是听众，不是观众。”

“不是观众，是听众。”

“这是广播，看不见人，是听众。”

越交代越糊涂，我知道是“听众”，可是一开口又是“观众朋友们……”。

主持人没怪我，只是有时候在直播前跟我开玩笑说：“马妮老师，咱们今天还是看不见人啊，没有观众。”还好，终于还是改过来了。

舞蹈演员一般比较怕当众讲话，开会讨论怕发言，给人的印象就是四肢发达头脑简单。我还算好的，因为做形体老师总要讲话的。

在电台做节目有主持人托着，不大容易出错。在舞台上跳舞演戏那是自己的职业，也不会紧张。而讲座，就等于要我一个人去做“报告”呀，一讲就是俩小时，这么长的时间都讲什么呀？要说得别人愿听才行。

给企业人员上仪态课

先生和儿子了解我，所以他们比我还担心。他们帮我捋思路，列提纲，又特地给我写好一段开场白，说开场白讲好了，接下去就好办了。

殊不知，真正到了讲座的时候，他们谁也帮不上我，给我准备的开场白、提纲之类的，我竟然一次也没用上过。

但是我很快就发现，讲座并不可怕，关键是自己心里要有内容，有感而发，诚心诚意地跟大家交流。刚开始的时候有点儿怯场，一走上讲台就紧张，可一讲到自己熟悉的“形体梳理”，就自信了，自如了。

我讲座没有什么开场白，更没有客套话，开门见山地说形体的事，想到哪儿讲到哪儿，讲的都是大实话，都是大家很关心的事。现场我会请人上来做例子，来说明形体问题，讲得比较活泛，所以大家听起来津津有味，说我讲的比那些正经八百的报告有意思。这样一来，听众就不去注意我的逻辑、术语、概念，还有遣词造句什么的了。

我讲座不喜欢用讲台。但一般都有个讲台，铺上台布，把麦克风、茶杯放在上面。最早这样让我讲的时候，我非常别扭，讲着讲着我就离开讲台，一边走动一边讲。

后来讲座，我就请他们把讲台撤掉，留一个空舞台就好。我喜欢站着、来回走动地讲。其实我这样做也是扬长避短，走动着讲，有利于展现我形体的优势，大家可以忽略我语言上的不足。

讲座让我更有责任感

有一次，福州大学学生会邀请我讲座，那时我先生正在上海拍电视。儿子说：“妈，到大学里讲座你要好好准备一下。”我说：“大学生学的是他们的专业，讲形体是我的专业，没什么特别的吧？”

儿子给爸爸打电话说了我要到福大讲座的事，先生要我拿纸笔，他说我写，记下了一段开场白，说得真好，给大学生讲课很合适。我想这一次得用这个开场白，就把它背下来了。

大学校园的气氛令我肃然起敬，这是知识的殿堂，是我神往的地方，遗憾的是我这辈子无缘作为学生走进它了。又想到，我不过是一个“老三届”的初中生，读过几天函大，今天居然要在大学的讲台上给大学生们讲座。没搞错吧？

前几次给公司、银行、机关单位的人讲座，我没想这么多，可今天，却让我浮想联翩。生活让我饱尝了艰辛，但它给我的回报，又让我尝到了人生价值所在，感谢生活对我的厚爱！

接我的汽车在校园里转了两个弯儿，来到礼堂前，学生会干部领着我从正门进去，穿过观众席走上舞台。会场里早已坐满了人，学生们发现我们进来，起立鼓掌欢迎。我走在甬道上，火热的青春气息扑面而来。迎面的舞台上方悬挂着横幅，写着“马妮形体梳理讲座”，我受宠若惊。

我要开讲了，一看台下的大学生们不少人坐姿不对，伸头、驼背看着台上，我开口说道：

“可爱的大学生们，我先来学一学你们现在的坐态吧。”

我把椅子拉过来，学着他们坐的样子，同学们轰的一下都笑起来，我说：

“请大家拿出当代大学生的风采来，把胸挺起来，头扬起来，坐直了，让我们美起来。”

话音刚落，就听见台下扑扑腾腾翻动椅子的声响，一个个都在调整自己的坐态。我接着说：

“如果你想靠着椅背坐，你就尽可能往后，使尾椎、腰椎、胸椎、颈椎在感觉上成一条线，向上牵引，两肩放松，双手随便怎么放都可以。如果你想扶着前面的椅背坐，也要保持脊椎的正确感觉，向上牵引，头顶找天。要特别注意你的颈椎和胸椎，不要塌下去，向上，向上，肩放松，对，很好，就这样。”

会场里气氛热烈，同学们跟着我的话兴致勃勃地调整着自己的体态，可爱得很，我说：

“如果有摄像机，把大家刚才和现在的样子都拍下来，你们会看到，一个人身体姿态的不同，会形成多么不同的面貌。现在大家稍微作了一点儿调整，就有了英姿焕发的感觉。当然，现在的样子只是暂时的，不稳定的，而且可能会感到有些累。那么，这就是我们要解决的问题……”

哪里还需要什么开场白，准备好的开场白又作废了。

这些大学生是我的晚辈，我像对待自己的孩子一样，真心地希望他们健康美丽。我说：“拥有美好的体态、优雅的气质，对于大家今后择业，走上社会，会有很大帮助的。”讲座一完，女大学生们立刻把我围起来了，问这问那。一双双渴望的眼睛，她们多想得到最切实的帮助啊。

讲座是成功的，但是，要解决一个个具体问题，我能力是有限的，这让我感慨万分，觉得自己有一份责任在肩上，回去的路上，心情久久不能平静。

还有一次去给福州公安的女干警们讲座，我想，公安干警有些神秘感，很严肃，很厉害的，她们每天要军训，还需要形体训练吗?

我问先生该怎么讲好。他反而不担心了，说：“你平时怎么讲还怎么讲，她们也是女人嘛，也一样爱美，想漂亮，心情是一样的。”

说得对。

我跟着一位首长，从大礼堂的后门直接上了舞台，舞台灯光很强，我的眼睛没适应过来，模模糊糊看见台下的一大片坐得规规矩矩、齐齐整整的军人。我心里一惊：不是给女干警讲座吗？怎么来的都是男人呀？我愣神儿了，等眼睛慢慢适应光线了，才看清下面坐的不是男人是女人，全是女公安干警。

我直话直说："哎呀，你们全是女人呀？吓了我一跳，我以为下面坐的都是男人呢。不好意思。"

台下哄堂大笑。我接着说："既然我们是女人，就应该美丽，就应该优雅。不管穿上什么样的服装，性别是不变的。警服、军装一直都是我很想穿的服装，看来这辈子没缘分了。军装的美感不一般，女人穿上它，更显得妩媚，更漂亮。军装比较特殊，老百姓想穿还穿不上呢。所以我们要把军装的风采穿出来……"接着就讲女人的美、女人的形体问题。

讲座结束，没容我退场，一群女警官呼啦跑上台把我举起来了，说我是"美的使者"。女人，不论从事什么职业，爱美的心都是一样的呀。

我在想，无论哪种群体、从事哪种职业的女人，都需要树立体态意识，懂得体态的美，是体现人精神面貌的重要因素。那么，从这一个侧面，也能够为提升我们民族的整体气质风貌发挥一点儿作用。

心里生出的责任感，似乎给我的讲座增添了厚度，要向听众传递的东西更加明晰了。

她找回了女人的体态

先生对我做"形体梳理"总结了两条：

第一条，形体梳理歪打正着，正符合现在人们的需求，这叫"好雨知时节，当春乃发生”。

第二条，这个方法看起来简单，里面包含的道理却不简单。前二三十年你做的所有的事情，都是为今天的“形体梳理”做准备的，这叫“厚积薄发”。

说得多有哲理，说得我得意扬扬，心里滋润，底气更足了。

从那以后，先生对我的支持和帮助很大，正是因为他，才使“形体梳理”有了更好的品质、更坚实的生命力。

他开玩笑说：“上天造就你，就是让你来梳理人的形体的，除了形体，别的事你都稀里糊涂。”可能是这样的吧。但不管怎么说，我热爱“形体梳理”，“形体梳理”给女性朋友带去了美和喜悦，我自己也在这当中收获着美和喜悦。

“女人的爱美之心，我真是服了，那是男人无法理解的啊。”我先生跟他的朋友这样说。

训练班里有一位电视剧导演，宋昭。她是八一电影制片厂的导演，曾荣获飞天奖和中国“十佳导演”的称号。新中国成立50周年的时候，《北京晚报》选出的新中国成立以来的10部优秀电视剧，其中就有宋昭导演的《乌龙山剿匪记》，她是一位有才华、有个性、有情怀的女导演。

1996年初，宋昭到福州做电视剧《林则徐》的前期准备工作，我先生也在这个剧组。听说从北京来了一位女导演，我问先生：“喂，北京来的女导演什么样？”

“你别问，跟你完全两路人。”

“怎么两路人？”

“人家是事业型的。”

“我不是事业型的吗？”

先生看看我坏笑着说："你是臭美型的。"

有一天，我跟先生到剧组去看他的几个校友，其中饰演林则徐的演员肚子发福，怕影响形象，让我帮他调整一下。我的训练班只针对女性，但改善形体的道理男女是一样的，我准备告诉他几个动作，可以每天做一做。

在这里我见到了宋昭，她给我的第一印象是像个将军，身高有一米七，体型属于胖型身材，穿一件褪了色的海军呢子大衣，走起路来虎虎生风，声音洪亮有力。

先生说她是事业型的人，一点儿不错，可从我的认识来看，事业型的人就不讲究仪表仪态了吗?

我悄悄跟先生说，你们那位女导演的形体很需要梳理梳理。先生立刻说：

"不可能，她对你的那一套不会有兴趣的。她那种豪爽劲儿，那是一个人的特点，不会跟着你臭美的。"

其实他说错了，我在给那位演员辅导形体动作的时候，宋昭也在旁边认真看，还跟着做动作。不出我所料，接下来，她就进了我的训练班，决定要参加一期完整的训练。我先生知道了很是惊讶。

宋昭大大咧咧，平时很少参加健身美体一类的活动。这一次，她白天工作，晚上跟着训练班上课，越练越有兴趣，而且刻苦认真，一点儿都不马虎。

她说真没想到，还会有专门教女人怎么美的，这训练太新鲜了。

毕竟是做导演工作的，对事物的领会能力超强，悟性非常好，所以做起动作来很快就能做到位，也很快抓住了体态的感觉。

宋昭需要减一减肥，但减肥对她不是最重要的，最重要的是找回女人的体态美感。

一个月以后，宋昭的工作告一段落，训练也结束了，她去了一趟上海，又回了一趟北京，再来福州的时候告诉我，她上海和北京的朋友们见了她都大吃一惊：“这是宋昭吗？你不是导演系毕业的吗？怎么变成表演系的了？天哪！淑女呀！咋回事咋回事？快说说。”于是她说了在福州遇见了一个形体老师……如此这般，于是北京的朋友就撺掇宋昭“把马妮拉到北京来”。

其实宋昭的体态变化并不奇怪，因为她身上本来就富含着女性的美和媚，由于生活、工作的环境影响，把原本的东西冲淡了，淹没了，形成了不正确的形体状态。她后来深有体会地说：“不管是在工作上还是在生活里，女人就要找做女人的感觉。”

朋友鼓励我去北京

拍摄《林则徐》前前后后一年多时间，我跟宋昭成了朋友，我们有几次彻夜长谈，谈女人的话题，谈“形体梳理”。谈话中，她给了我许多珍贵的东西。她对“形体梳理”的认识很深刻，用心分析了“形体梳理”的独特性、价值、前景等。这都是我以前没有想到过的，我受到了非常大的启发和鼓舞。

宋昭还改变了我先生对“形体梳理”的认识和态度。

先生虽然也支持我做这项工作，但在他心底里还是不以为然的。但从这个时候开始，他在“形体梳理”上用心了，帮我总结、寻找有关运动学、生理学、医学等理论依据，把“形体梳理”科目安排得更合理、更系统。后来到北京，有人说我是形体训练的实力派，我心里很得意、很踏实。踏实在我身后有个导演，在导演着“形体梳理”。我跟先生开玩笑说：“我在梳理别人，你在梳理我。”实际上就是这样的。

宋昭极力动员我去北京，可是我却犹豫。四十几岁的女人，撇下丈夫、儿子、家，去北京创业？决心不是好下的，是宋昭把我说服了。

去北京之前还有这样一件事，我想说一说。

一个来自日本的投资商，在福州的西湖公园里投资兴建了一个娱乐城，叫“海鸥娱乐城”，他们想把“形体梳理”吸收进去。他们描绘前景，说在日本，想减肥的女人是不惜代价的，她们兜里的钞票下去的厚度，要比她们的肚皮下去的厚度厚得多。他们可以通过娱乐城的合作把“形体梳理”带到日本去，肯定赚大钱。准备在日本设一个点，在福州设一个点，两边来回做。

乍一听很风光。可是我没有经商的概念，对商人的想法和做法很陌生，甚至还有点儿畏惧。另外，想到自己揣摩出来的东西，有着我们中华民族的文化内涵在里面，在国内还没做起来呢，就让日本人拿去用？心里有些别扭，所以他们的宏图并没有让我动心。

接触中，我发现他们做事太武断，没经我同意，擅自印了一万份宣传单，上面写着“马妮旋风席卷榕城”，说我是他们海鸥娱乐城的另一只翅膀，“海鸥”就要飞翔了。他们把宣传单夹在报纸里，随报纸送到人们手里。

宋昭听说“马妮要飞了”，问我怎么回事。我讲了这件事的来龙去脉，我说我是不会那么做的，我先生也不同意。

这件事也是促使我去北京的一个原因。而且，我也有一个愿望，就是很想梳理训练我们国家的女性领导人，我认为她们更是中国的明星，是代表着中国女性出现在世界舞台上的。也许只有到了北京，才可能实现这个愿望。

终于，我下了决心，1997年初春，我来到北京，这是“形体梳理”的新起点。

如今，“形体梳理”来到北京已经二十多年，一直按照我自己的做法和节奏一步一步往前走，健康地成长着。在这里，要感谢我的朋友宋昭，感谢她的鼓励和帮助！

首都的第一次电台直播

和在福州的情形一样，“形体梳理”在北京一跟女人们见面，就受到了她们的欢迎和喜爱。

讲座的形式，也从福州带到了北京，邀请我去讲座的单位更多，范围也更广了，机关、学校、部队、企业，接连不断。我讲到了人民大学、清华大学、北京大学，讲到了可口可乐公司、肯德基、IBM公司这样的大企业，讲到新华社、人民日报社，讲到国家各部委机关，又讲到全国妇联，讲给我们国家的女部长们听……这一切，让我很有成就感。

在北京，参加“形体梳理”训练的女性中，很多是知识层次和社会层次比较高的女性，因为“形体梳理”的训练不是剧烈的大蹦大跳，而是侧重于在温和平静的气氛中去寻找形体的美感，在寻找形体美感的过程中克服形体的毛病，是一种从内到外的身心的梳理。所以，女性们乐于接受这样的训练理念和训练方式。

也正是因为这一点，各路的女性精英们，诸如女记者、女编辑，医科大学的女专家教授，清华、人大、北大的女学子们，还有我们国家的女部长们，听了“形体梳理”的介绍之后，都是那么有兴致地参加了“形体梳理”训练。

与此同时，众多的媒体也给了我热情的报道。

我忘不了"形体梳理"第一次在北京的媒体上亮相，那是在北京人民广播电台的《空中百花园》节目里。

初春的黄昏寒意料峭，先生把我送进北京人民广播电台的大楼里，然后他就在建国门外大街上溜达，等着我。

走进直播间，戴上耳机，节目开始，这个流程我不陌生，但今天走进的是北京人民广播电台，是首都啊！我要向首都的人们介绍"形体梳理"，心情格外激动。我和主持人交谈得很畅快，我的头脑好像比平时还要清晰。节目进行得很顺利，主持人很满意，所有参与节目的人都特别高兴。

几十分钟的节目结束了，我来到一楼大厅，先生已经坐在传达室的沙发上等我，一见我，大步走过来说："太好了！"

回去的路上他告诉我，这一晚他看到的北京是最美的，夜空很晴朗，建国门外大街灯火辉煌，路上来往的车辆很多，却一点儿都不嘈杂。让他最惊喜的是，他没想到马路两边的扬声器里，会播出电台的节目，会传出我的声音，太奇妙了！在首都北京的夜空，居然飘荡着马妮的声音。他说，我的不标准的普通话今晚大有进步，很有磁性呢。

车窗外的车流唰唰地掠过，长安街两边的华灯像两条长龙迎面舞来……我们沉浸在从没有过的喜悦里，这是一个特别有意义的夜晚。

喜悦与挫折

在后来的日子里，北京和外地的近两百家媒体，都对“形体梳理”进行了报道，这些报道对“形体梳理”传播帮助很大，我由衷地感谢他们！

“形体梳理”能有这样的景象，很让我欣慰，我的愿望有一部分变成了现实，我是很幸运、很幸福的人，“形体梳理”给我带来了那么多的喜悦。

但是，这些喜悦又是伴随着艰辛的。这些艰辛，一次次在磨砺着我的意志。常言道“四十不惑”，而我的经历告诉我，四十也惑，即使到了五十岁、六十岁，甚至一辈子都会有迷惑的。

我一直做着自己的专业，又有“一根筋”的毛病，除了“形体梳理”，别的事情都有些稀里糊涂，特别是对经营管理的事情就更不懂了。

我先生也跟我差不多，所以一开始的想法就是找人合作，把我交给别人，有人负责经营管理，我就只管上课，这样安排好了以后，我先生就可以放心地回福州做他的事了。

想得不错，可是先后两次与人的合作都没有成功。本来想跟人合作我先生就不用操心了，谁知道比让他自己做还操心呢，烦心、累心。

开始合作的时候，对方都把前景描绘得非常好，可是一到具体做的时候，就不是那么回事了。我不过问经济上的事，又不懂监督，有时候他们问我这个开支这样做行不行？我说我不管，这是你们的事，我就负责上课。

殊不知，这正好给人钻了空子。问题积累多了，合作不下去了。我先生说："你这样做，好人在你手里也会变成罪犯，因为你给人家创造了条件。"

是的，我有很大责任，但又觉得十分委屈，我搞我的专业，你做你的经营，各人干好各人的事不就行了吗？还是想得美呀。

第二次合作更惨，对方不但拿走了钱，还留下了一大笔债务。当时我整个人都懵了，我恨自己白活了这么大年纪。

我不想上课了，就想跑到一座山上，找一个清静的地方去敲木鱼。我害怕和人打交道了，太复杂了，我应付不了，我的情绪低落极了。

可是，现实还摆在这里，我怎么改变它？我先生说了：

"马妮，你必须站起来，走进你的课堂，他们预收了那么多人的学费，我们没钱退还。而且，为了自己的名誉也要把课上好。学员不知道对方是谁，也不管钱被谁拿走了，只知道报名是学'形体梳理'的，她们是冲着马妮交的学费。你躲出去敲木鱼，她们只能认为骗人的就是马妮。"

先生说得对，我别无选择，只能打起精神走进课堂。

先后两次的合作经历，让我这样一个女人尝到了生活的另一种艰辛，我感到对不起丈夫，对不起儿子，对不起家庭，我觉得我给他们找了大麻烦。

我跟我的小阿姨两人在北京，曾经面临过"弹尽粮绝"。合作方不发我工资，我就剩下32块钱了。我给对方打电话，说我不能去沿街乞讨吧，你们得给我一点儿生活费。

对方说马上想办法，但是三天没人过问。32块钱不敢花呀。第四天早上，忍不住给我先生打电话，我哭诉了……先生安慰我说马上来北京。放下电话，他就到银行取钱，赶中午11点的飞机来北京给我送钱，把儿子一个人丢在了家里。

他来了我就什么都不怕了，但他那边还有工作，把我安顿好还要回去。我呢，跟对方签有协议，所以我不是一个自由的人。这边没课上，自己的专业没处用，又不敢去别处带课，怕违反协议。那些日子，我等于一直用家里的积蓄在北京租着房子住，这可如何是好？我像困兽一样，急得都要爆炸了。

平时，我一有空就写点儿东西，再忙，下了课以后，我也要写一段日记，因为我想迟早要写出“形体梳理”这本书的，可当时我一个字都写不出来了。

北京花销很大，当时一个月房租2000块钱，还要给小阿姨开工资，压得我喘不过气来，掰着手指头过日子。我经常在傍晚跟小阿姨去农贸市场，买剩下的菜底儿，那菜都是一块钱一堆儿，很便宜。

多凄凉啊，这样过下去算什么呢？我想过回福州去，但是“形体梳理”在北京还没有真正地开展起来，就这样回去我不甘心。这种心情，我又不想告诉先生，就怕他说：“既然很困难，就回来吧。”所以，我对他都是多报喜少报忧的。

学员伸出援手

有一个上过课的学员，在外贸部工作，她听说了我的情况，一心要帮助我，就联系她们工会，让我到那里去上课。听说我出去上课有顾虑，怕违反协议，她说：“其实对方已经违反协议了，你不会有事的。再说，你得生活呀。”

是的，我不能“坐以待毙”，就接受了她的安排，出去上课了。

好几个学员都要帮我，她们知道，要是接济我钱我是不会接受的，让我有课上是最好的帮助了，就想办法帮我组织人来训练。

我是个路盲，从住的地方到上课的甘家口很远，只有打车去，车可以直接送我到上课的地方。那时候有“面的”，“面的”便宜，13块钱就够了。每次上课我必须在下午4点半打上车，因为一到5点下班高峰，路上堵车就难走了。

上课的场地6点才开门，我经常要在外面等一个多小时，没处待，就在附近的路上走来走去，又不敢走远，怕摸不回来。已经是冬天了，寒风刺骨，附近一个商店也没有，也没地方可以让我避避风，身上冻得冰凉，脸冻得都没有知觉了。

天空灰蒙蒙阴沉沉的，刮着北风，树上早已经没有了绿色，干枯的叶子掉下来，在地上被风卷着乱跑。整条马路都干巴巴的，没有几个行人。我很孤独，一阵阵凄凉涌上心头。

但是，一想到给学员们上课的情景，又会感觉到一阵温暖。我鼓起精神抓住这股温暖，让自己面呈“王”字，把眼前的凄凉当成一幅画面来欣赏，觉得这很像一幅油画，我看过一些俄罗斯的油画，有的就是描绘这样的景色的。

享受痛苦

我看路上的行人，看他们的体态。有一位女士走进我的“画框”，身材不错，穿一件藏青色的大衣，很好的料子，鞋、裤子、小挎包搭配得很得当，可遗憾的是，行走时腆肚伸头的体态，给她的形象打了折扣。我想，如果这位女士稍加调整，就会焕发出不一样的气质来。

我想起从前看过的一篇文章，题目叫《享受痛苦》。这时候我深有感触，真的，痛苦是可以品味也可以享受的。我就这样调整着自己的心态，等到6点钟，我要精神抖擞地走进训练场地，照样和学员们一起去“臭美”。

有一次，一个朋友要跟我一起去上课，她说她带我坐公交车，先坐104路电车，然后再怎么转就到了，很好走。我们就在安贞桥等电车。那一天真是“见鬼”了，等了将近40分钟不见一辆车来，一大片等车的人站在那里，都哆哆嗦嗦地张望着，不知道出了什么事。我们时间来不及了，不等了，打了一辆“面的”赶紧走。因为冷风吹得太久，坐上“面的”我就头痛得厉害，难受，呕吐，像怀孕反应，一路上吐了好几次。车到了地方，我赶紧拉开车门，蹲在地上又大吐起来，吐得两眼冒金星，腿软得站不起来了。朋友说：“马妮，你今天不能再上课了，你的脸蜡黄我都害怕。”

我说：“我能上课，只要一到课堂上就没事了，放心吧。”

我又对朋友说：“你千万不要告诉她们我吐了，不然的话这课就没办法上了。她们一知道我不舒服，就会照顾我，惦记我，这样，课堂的气氛就不对了，影响训练，拜托了。”

她含着泪点点头。一进训练场，我立刻来了精神，一点儿没有生病的样子，像往常一样热情饱满，带着大家训练。这个时候我确实是忘我的。

训练结束了，这个朋友终于忍不住说：“我看着马妮老师这样真想哭。”学员们问为什么，她就把在路上的情况说了。学员们一听都围过来，心疼地说：“马妮老师，我们给您鞠躬。”这时，我还要什么呢?

其实，这是我上课的一贯作风，很平常的，这是作为一个形体教师应该具备的基本素质，也是应该有的职业素质。

记得有一次，训练厅因为修整电线，掉在地板上一颗钉电线的钉子，我没发现，踩到钉子上了，钉子一下子扎进我的鞋里，体操鞋底很薄，扎透了，扎进脚底很深。学员们都在面向墙壁做动作，没人注意我，我赶紧一抬脚一狠劲儿，把钉子拔了出来，一拔出来，血很快把鞋底浸透了，我赶紧狠狠地按了几下，继续上课。没有人知道我是伤着脚在上课的。

还有一次上课时我去扶正一个垫子，手向前一推，地板上一个小小的木头茬子刺进了我的中指指甲里，钻心地疼啊。我赶紧捏住这根手指照常讲课，不让学员们知道。

下了课，觉着手疼了，发抖发烫，这才发现，一根刺在我的指甲里，从头刺到了底。回到家，是我儿子，那真叫使出了吃奶的劲儿，硬是把那根刺给吸出来了，不可思议，简直是奇迹呀。直到现在我的指甲里面还留着那根刺的痕迹。

“戏比天大”是戏剧行里的名言，其实不论做什么事，都要有这个精神才好。“戏”就是你要做的事情，无论遇到什么困难、情绪再低落，做事也不能潦草敷衍。当你这样做的时候，你的心是安稳的。

那几个月我是负债上课，没有收入，还要拿出钱来付场租，付员工的工资。我体会到了什么叫“逼上梁山”，我要合法经营，我要注册自己的公司！我先生把家里的积蓄都拿出来，一咬牙把公司注册下来了。其实，怎么经营这家公司，我们心里没有底。

微笑着走进课堂

那是我最累的一段时间，你很难想象我每一次都是怎么走进课堂的。

“形体梳理”是训练美，就得有一个美的氛围。这就首先要求自己必

须保持一个好状态。所以每次上课以前，我要一个人在办公室里静静地闭目养神几分钟，调整好心态，然后面带微笑、满面春风地走进课堂。

虽然学员们的学费我没有收到，但她们没有义务来分担我的痛苦，也没有理由让她们知道我的痛苦，只能尽我最大的努力，为她们创造美好的课堂氛围，保证教学质量。

我强制自己若无其事，正常地完成每一次训练。下课了，痛苦立刻涌上来赶也赶不走。学员们说，我们看到马妮老师一直是面带微笑，永远是快乐的，把我们带进了这个快乐的园地，马妮老师真幸福啊！可她们不知道我是承受着多大的压力去上课的。

有一天下了课，有记者来采访，我没有心情。两位年轻记者有点儿不高兴，对员工说："就采访十分钟，架子那么大，连十分钟都不行吗？"

我听见了她们的话，回过头说："请到办公室来吧。"一进办公室，我的眼泪止不住流出来了，擦也擦不干。我说："你们来采访，我应该感谢你们才是，不是我架子大，是我遇到问题了，我怕让你们失望。"

有两位学员发现了这个情况，记者一走，她俩进到办公室哭了，说没想到老师是在这样困难的情况下上课的。我叮嘱她们一定不要说出去，别影响了训练。

第二天，这两位学员来到办公室，一位带来了一盆鲜花，叶子青翠欲滴又厚又壮，中间开一朵鲜红鲜红的小花。另一位学员带来一个小摆件，三根钢丝高高地挑着三个骑自行车的人，银光闪亮，手指一碰就前后摆动你追我赶，很好玩儿。

礼物不贵重，而她们的用心温暖了我，给了我力量，这比什么都珍贵。

我先生也鼓励我，宽慰我，说就算是交学费了，留得青山在，不怕没柴烧。

他虽然这样说，我知道他也很难受，眼看他的鬓角发白了。我们相互宽慰，都想让对方高兴一些，都想让对方每天能笑几次。

也是在这段最艰难的日子里，我儿子接到了中央戏剧学院的录取通知书。这才是一剂“灵丹妙药”！把我心里的创伤医好了一大半。我感谢上天！在我最难受的时候，给了我这样一个大喜讯。

后来有一次嗓子严重失音，对我又是一个严峻的考验。

讲课太多，嗓子疲劳过度，失音了。先是嗓子嘶哑，第二天就说不出话，一点儿声音都发不出来了。可想而知我急成什么样。说不出话来，只好把所有的课都停下来，治疗。

来电话都是小阿姨接，再给我转达，我把要说的话写出来让她说。我写了一大叠纸条，现在还留着呢。

每天去医院打点滴，心急如焚。很多学员来看我，给我送药，送各种偏方，还有菊花茶、蜂蜜、百合、鲜花、水果。学员来看我并不进门，不上楼，打个电话让小阿姨下楼去拿东西……我无法报答她们对我的关爱。

嗓子一直不见好。文化部的一个朋友带我到一个治疗嗓音专家那里去，这次治疗对恢复我的嗓音很关键。专家训练我发声，帮我找回声音。这是训练专业声乐演员的方法，一种用气的方法，我一时掌握不住，但能感觉到这样做对嗓子的作用。我认真体会，一遍一遍地做，到中午吃饭的时候，我真的发出了一点儿声音，大家都很高兴。后来，再配合打针吃药，过了一个星期，终于可以说出话了。

只要能说出一点儿话我就赶紧恢复上课，我仍然保持微笑和热情，学员们很理解我，小心翼翼地尽量让我少说话，“形体梳理”很快走向正常了。

生活一直都在教导我：苦中有甜，甜里带苦，人间有悲凉更有温暖。当我回首往事的时候，它们已经积累成我的财富了，没有什么可悔可怨的，它们让我更成熟、更踏实、更从容了。

这些，让我对心理、生理、形体三者的密切关系又有了更深的体会，无形中提升了“形体梳理”的质量。所以，“形体梳理”到北京以后，上升了一个新台阶。

给女部长当老师

为我们国家的女部长们举办“形体梳理”训练班，是一件值得欣慰和自豪的事情。

我早有这样的愿望。每当在电视上看到我们国家的女领导人的时候，我都会注意观察她们的体态形象，我觉得她们出现在公众的面前，展示的是中国女性的风采，也体现着一个国家和民族的气质风貌。所以，我经常梦想着，用“形体梳理”给她们做训练，让我们的女政治家们同时也成为更具有魅力的女性。

“形体梳理”训练班里有许多热心的朋友，很赞成我的想法，正是她们帮助我实现了这一梦想。

简单地说，当时的全国人大常委会副委员长、国务委员、全国妇联主席彭珮云，知道了“形体梳理”和我本人的一些情况，在1999年2月的一天，约我到她家里见面，我很感激、很激动。那天下午下了课，我就跟两位朋友一块儿到了彭珮云的家。

那是一个普通的四合院，没有“王府”的奢华、气派。工作人员打开门迎我们往里走，只见彭珮云从屋子里走出来，特别和蔼可亲的一个老大姐。她双手拉住我，领我走进屋，坐到沙发上，很长很长时间都没有松开，那么和蔼可亲，让我没有了拘束感。

我看见茶几上放着一些杂志、报纸，我知道那里面有报道我的文章，还有《东方时空》栏目采访我的录像带。她了解到我当时正面临着困难，像

在全国妇联讲座后与领导同志合影

拉家常一样安慰我，她说："你的材料我看了，也听了别人介绍，你的方法很好哇。在这样困难的情况下你还雇用了两个下岗女工，对社会是有贡献的，我得谢谢你。"

这是多么大的鼓励啊！我的眼睛湿润了。我说我本来想这几个班结束了就回福州，不想再做下去了，但是又不甘心。

她说："你做得挺好的，不要回去，大家都很喜欢你，喜欢你的这个方法。"她说："我们有一个女部长的巾帼网球队，就想请你去给我们上课呢，说好了，先给大家办一个讲座，然后就组织训练班训练。"我只有感激和感动，说不出话来。

接下来按日程行事，先是讲座。讲座在全国妇联的一个会议室里举行，跟在其他地方讲座一样，同样引起了她们浓厚的兴趣。我看到了，她们也是女人，有着跟普通女性一样的情感，对美也有着同样的追求。

讲座之前，她们送给我一本巾帼网球队的画册，看到她们打网球的照片，个个英姿焕发，神采飞扬，让我感受到了女部长们生活的另一面。她们是可敬又可爱的一群人，这也让我增加了给她们训练的信心。我原以为她们养尊处优，金枝玉叶，训练的时候可能要给她们压缩运动量，其实不需要，她们在训练课堂上很能吃苦的。

她们跟普通老百姓一样

女部长的"形体梳理"班没有特殊化，跟普通百姓一样，也是在北京东城区文化馆里训练的。训练厅是专业化的，除了整洁明亮之外，没有高档豪华的设施。在她们训练的同时，还有两个班也在上课。同一个训练场地轮着用，这个班下了课，她们进来；她们下了课，另一个班进来。训练用的垫子也一样，共用。完全跟老百姓打成了一片。还有，她们也一样交学费参加训练，没有例外。

学员们听说女部长也来参加“形体梳理”训练，由衷地称赞她们，为她们拍手叫好。大家都希望我们的女性领导人更漂亮、更优雅。除了有政治家、社会活动家的素质之外，也能显示出我们中国女性的风采。

这一期部长班是临时加进去的。她们工作很忙，经常有外事活动，所以有时候需要调换课时。她们一调课时，就牵扯到其他班。我担心学员有意见，可是我跟大家商议的时候，学员们都很理解、很支持，认为女部长们参加训练是有特别意义的，大家乐意为她们提供方便，也都希望我能把女部长班的课上好。

课堂上，我跟她们相处得很融洽，她们是我的学员，而不是我的领导。我对官衔职务的概念一窍不通，她们有的是部长，有的是主任，有的是主席，有的是书记，据说级别都差不多，反正我弄不清楚，所以我就直呼其名，有的名字记不住，干脆直接就说“哎，你……”。

她们喜欢我的率直，喜欢我的课。在这里她们感觉特别放松，也会叽叽喳喳说说笑笑，我一喊“上课了，请不要讲话了”，她们会伸伸舌头，做个鬼脸儿，像小学生犯错误被发现了似的，好可爱呢。她们是难得这样放松一下的。

给她们上课，我一点儿都不紧张，很开心。按现在的话说，这班学员都是不一般的人脉资源。但这对我来说没用。我对她们没有丝毫的企图心，除了上课，没有任何联系，所以，上课训练，和对待其他学员一样，没有多余的负担。

女部长们非常认可我的训练，说这套方法很好，又健身又美体，训练后身体很轻松。以前出席外交活动，只知道注意礼仪上的流程规矩，却不知道从体态上去找一种整体感觉，难免会有生硬、拘谨的情况。

她们说“形体梳理”对自己帮助很大，知道了要有体态意识，要有仪态意识。这样，对于礼仪规范的流程、细节，就能够表现得自如、舒服、不做作，给人的形象就会是美的。

她们说自己太需要补这一课了，所以，在完成一期训练之后，又安排每周训练一次，不久，她们又组织了第二个女部长班。

在“形体梳理”课里，始终贯穿着心理梳理的内容，强调精神状态，所以全国妇联的一位领导对我说：“你的‘形体梳理’也可以用我们妇联的几个字来概括，就是女人要‘自尊、自信、自立、自强’，你的课实际上也是告诉女性们要这样做，很好，这套方法很棒。”

是的，一个真正美的女性，除了外表的美，更应该具备“自尊、自信、自立、自强”的品质。

培训“形体梳理”的老师

1999年年末，我们开设了第一期“马妮形体梳理教练员培训班”，简称“师资班”。近20年里，培训的“形体梳理”的老师不算多，却也散布在全国不少地方。这些老师们，用各自的方式传播着“形体梳理”，传播着美，我由衷地感谢她们！

培训“形体梳理”老师，是一项严谨细致的工作。首先要做的是，对师资学员进行“打磨”，“打磨”成为体态正确、举止优雅的人。

师资学员们来自不同的行业，一般缺少艺术类工作的经历，而“形体梳理”的老师是需要有点儿艺术范儿的。所以，我们借助训练专业演员的相关元素，比如解放天性、释放天性练习，借助含有舞蹈元素的形体组合练习等，在她们的体态气质上注入艺术的美感。

然后，按照步骤学习“形体梳理”的技术手法、科目讲解和操作流程，完整地掌握这套训练系统，再经过模拟授课，具备专业的授课能力，再能回到自己所在的地方开设“形体梳理”训练班。

“形体梳理”不是单纯的肢体运动，它包含更多肢体运动之外的东西。作为老师要熟练专业技能，不断提高专业能力，用心领会其中的思想内涵，靠专业说话，以专业服人。在实际训练中，要能发现每一个人的形体毛病所在，知道形成毛病的原因是什么。从肢体动作、生理原理和心理因素多个方面，有针对性地去解决问题，才是一个合格的“形体梳理”老师。

“形体梳理”适合女性创业，但它不是一条快速发财的途径，它需要静心耕耘，乐于把美丽传递给更多的人，在这个传递美丽的过程中挣到钱，收获人生的价值。

保持“形体梳理”的品质

2008年北京奥运礼仪培训之后，人们看到“形体梳理”的增值潜力，有新商机了，就有商家来谈合作。于是，在之后五年时间里，我们又经历了两次合作。这两次与20年前刚到北京时的合作完全不一样，他们是有实力的合作方，可以说都是商场上的精英。但是，仅仅五年间居然两次合作又两次中止，可想而知，合作得是多么糟糕。

以我们的水平，能总结出来的经验教训是这样的：

第一，合作必须是互利的，只想把别人的权益据为己有，是合作不成的。

第二，对我来说最最重要。“形体梳理”是完整的训练系统，绝不能像“分割肉”那样去卖。本应该把完整的系统课程一次性传授给师资，可合作者们想快赚钱，赚大钱，制定了“分割肉”销售策略。分割卖，破坏了“形体梳理”的完整性和功能性，损害了我们的品质和信誉。有人对我说，你们怎么不像原来的“形体梳理”了？

做“形体梳理”需要经营销售，需要赚钱。但这里面更有一份兴趣和热爱，有一种能够让别人变得更美而带来的快乐和享受。如果只为了赚钱而毁坏“形体梳理”，我宁可不做。所以，我不能接受他们的做法，一定要把“形体梳理”收回来，免遭更深的伤害。

但从另一个角度看，这也是我的一大缺点，不能全怪对方。只有体态意识，没有市场意识，所以，很难与别人合作起来吧。

不管怎样，我还是坚守自己的认识，把“形体梳理”恢复到本来的姿态，继续按自己的风格和节奏向前走。

做自己的品牌

“形体梳理”简便易行，有个空间就可以做。有时到单位去上课，没有专门的训练厅，就因地制宜，把房间里的桌椅往四周一挪，腾个地方就训练了。没有把杆，扶着墙，扶着窗台、椅子背都可以。没有专门的垫子，在地上铺几张报纸一样做动作。

训练厅需要宽敞明亮，空气流通要好。设施只需要把杆、镜子、垫子、椅子，很简单。但在技术上，必须是专业性的。

“形体梳理”改善形体的功能性永远是第一位的，必须让爱美的人们获得实实在在的效果，这是一个品牌的核心。

我们的祖国有悠久深厚的历史文化传统，我们有食文化、茶文化、酒文化等，但在形体文化方面，还是比较欠缺的。虽然我们也教育孩子，上课听讲身体要坐直，写字姿势要端正，也做广播体操，进行军训，练习站立行走等，但是真正从体态、仪态的角度进行教育还很不够。

如今，人们形体美的观念意识越来越普及了，进行健身健美的条件也越来越好了，可是我们许多的健美方式方法还是跟外国人学的。

世界上各种文化一直都在相互影响、相互渗透、相互学习，这是必然的。但我们更要树立文化自信，在健身美体的领域，应该有自己的原创。

抱着这种心情，我会一直认真地传播“形体梳理”。

讲座是传播“形体梳理”的好途径，听的人起码可以从中得到些启发，使人在追求美的路上少走点儿弯路。培训师资，录制课程视频以备将来网络传播，都是我要做的事情。

我乐于做公益活动，比如到大学去讲座，是义务的，能向年轻人传播“形体梳理”观念，让他们尽早树立起体态、仪态的意识，对他们的未来，以至于对我们国家的未来都会有好处。

其实，我们完全可以从小学生开始，增加体态方面的教育。

我有自己的网站www.mani.com.cn，作为一个窗口，展示“形体梳理”的基本思想。

当人们认识到体态的意义，认识到形体美的根本在于体态和心态；当人们懂得减肥、改善形体、塑造体态，是可以用这么简单的办法来实现；那么，无形中，就会节省人们很多的精力、财力和时间，我们的社会也会相应地节省一些这方面的资源。

这里面，保持“形体梳理”的品质最重要。有海外的朋友从媒体上看到“形体梳理”的报道，说要找中国的马妮瑜伽，我说不是马妮瑜伽，而是中国的“形体梳理”，是我们自己的品牌。

在中央电视台『健康之路』栏目录制现场

奥运会的记忆

在2008年北京奥运会的文化活动中，担任的培训工作有三项：

一、北京奥运会颁奖仪式礼仪专业志愿者（俗称礼仪小姐）形体仪态培训；

二、北京奥运村升旗广场礼仪人员（俗称礼仪小姐）形体仪态培训；

三、中国人民解放军三军仪仗队北京奥运会颁奖仪式升旗手团队形体仪态培训。

这是我人生中最值得记录的经历。

走近奥运

（2008年4月16日，北京奥运大厦）

这是矗立在北京北四环边上的一座普通的高楼。

楼顶上赫然高耸着“北京奥运大厦”六个大字，楼正面悬挂着北京奥运会会徽——“中国印”，楼侧面的整面墙上，装饰着大幅的北京奥运会标识图案，使这座普通的高楼显得格外夺目，很简朴又大气。

老远看到它，心情激动，心里荡漾起一股热流——第29届奥运会，这个人类最伟大的和平盛会，将要从这里孕育出来。中国人的百年梦想，将要在这里演化为现实！

我很向往这个时刻。因为，能够直接为北京奥运会工作，是我这几年来的最大心愿。

自从2001年7月13日北京申办奥运成功的那一天起，我心里就产生了一个念头：我能为奥运做点儿什么？

2003年3月7日，我参加了在中国妇女活动中心举行的第三届“新世纪女性健康生活大型公益活动”，活动的主题是“中国女性与奥林匹克”，举办了专题研讨会。当时，我心中涌动出一个口号：“梳理出中国女性的气质和魅力，2008我们更风采！”

我跃跃欲试，期待着能够用“形体梳理”为奥运出点儿力。

很幸运，今天，我走进了这座“北京奥运大厦”。

北京奥组委文化活动部聘我担任“奥运颁奖仪式礼仪专业志愿者培训教师”，通知我来开会，布置任务，讨论工作计划。

我的心情很不平静，我的心愿就要实现了。我很振奋，满怀激情，满怀信心地投入工作。

制定培训方案

（2008年4月17日，北京马妮形体梳理中心）

人们通常所说的“奥运礼仪小姐”，它的正规名称是“奥运礼仪专业志愿者”。执行颁奖仪式的礼仪小姐，就叫“颁奖礼仪专业志愿者”，叫起来有些拗口。

现在，第一步的工作是制定培训方案，当然不能照搬“形体梳理”的常规训练来做。

为奥运礼仪小姐示范体态要领

焕发奥运礼仪小姐们的气质魅力，要从点滴渗入

在奥运礼仪培训正式开始之前，社会上流传着一种训练的“妙招”，叫作“头顶书、腿夹纸、咬筷子、数牙齿”。我不赞成。

很多年前，我也曾经试过这种做法，但立刻就放弃了。因为它并没有什么实际的作用，完全多此一举，不过是个噱头。这种做法刻板、僵硬，缺乏勃勃生气。特别是用“咬筷子、数牙齿”来练微笑，要求露出八颗牙齿，简直太滑稽了，皮笑肉不笑。所以，在我的训练计划里，绝不能有这类做法。

“提收松挺”“面呈‘王’字”，让微笑从内心发出，展现优雅的体态举止，是训练的纲领。与此同时，融进具体的流程规范，才能使礼仪小姐们的仪态生动，富有魅力。

我的脑海里，已经浮现出未来礼仪小姐们美丽的模样。

根据奥组委文化活动部的总体要求，按照最后要达到的培训目标，我把培训归纳为六个方面：

1.笑容——面呈“王”字，笑自内心，目光亲和。

2.站立——提收松挺，端庄优雅，体态从容。

3.行走——胸感在先，一串树叶，轻捷自信。

4.托盘——扣稳盘沿，角度水平，递送合拍。

5.引领——手势清晰，距离得当，速度适中。

6.程序——执行准确，动作规范，自然流畅。

明天是崭新的一天。

训练和抗震救灾

(2008年5月23日，上海普陀区中学小礼堂)

北京奥运会颁奖礼仪专业志愿者上海地区的培训，在这里悄悄进行着。

普陀区的领导告诉我，刘翔就是他们这个区的，他家离这个学校不远。

我是前几天来到上海的，任务是：对上海地区选拔出来的40名颁奖礼仪小姐进行短期的强化培训，让她们尽快做到体态举止协调优美，并且掌握规范的礼仪流程。

可是，现在正处在一个非常时期——四川汶川地震刚刚发生不久，深切的悲痛裹挟着每一个中国人的心，人人心系灾区。那些日子，大家所谈论的话题不是奥运会，而是汶川地震。听说，有一个街道干部，已经辞职奔赴灾区扒石头救人去了。在这群礼仪小姐中，有几个姑娘也提出要求去灾区做志愿者，不想参加训练了……

听到这些，我的眼前浮现出每天电视上播出的那些惨不忍睹、催人泪下的画面，我也一样揪心难过。在北京的时候，我也跟我先生说过，真想放下所有的事情，飞到灾区救人。汶川地震啊，让我们疼得渗入骨髓！

但是，我们不能只凭着心情和感情做事，还必须面对现实。

一天晚上，见到一位在上海工作的新加坡朋友，他说他前天申请去灾区，而负责人对他说："你的心情我能够理解，可是到了灾区，你的起居饮食都需要有人安排，你也要产生生活垃圾。现在灾区伤病员很多，需要大量医护人员和心理医生，你有这方面的专长吗？你会救治伤员、懂心理医疗吗？当余震发生的时候，你懂得如何自救吗？光有满腔热情是不行的，还要有相应的技能，否则，你到了那里，就等于给灾区增加了一个麻烦。”

这位朋友不再坚持去灾区了，继续做自己的事情。

培训开始了，我把那位新加坡朋友的事情讲给大家听。我说：

“抗震救灾是国家当前的大事，奥运会同样是国家的大事，是由无数个环节组成的一个巨大的工程，每一个环节都不能少，我们现在要做的事情，就是这个大工程里的一环。虽然我们不能去灾区出力，但是，把奥运礼仪这一项工作做好，与全国人民一起把奥运会做好，就是对灾区、对国家最大的支援，也是在给国家做贡献，要比我们跑到灾区去的作用更大，更有意义。我们身上的担子也是很重的啊！”

小姑娘能吃苦

（2008年5月23日，上海普陀区中学小礼堂）

我们的培训，很有在悲壮中进行的味道，老师学生人人都精神饱满，一丝不苟。

训练很艰苦。比如，训练中需要她们穿高跟鞋，这一群20岁上下的孩子基本没有穿过高跟鞋，一下子穿起来，腿脚都不适应，加上每天长时间的训练，走，站，一练就是一天，很多孩子的脚后跟都磨出血了。其实，穿高跟鞋是应该有一个慢慢适应的过程的，不能一开始就穿很长时间的。但是现在的时间不允许啊，必须坚持完成每天的训练科目，真是苦了这些孩子。

到了初夏，天气已经很热了。这些孩子生活都比较优越，平时缺少锻炼，也没有经受过这样集中、这样大运动量的强化训练，对她们来说是超负荷的。所以，大家都练得腰酸腿疼，大汗淋漓，但她们不叫苦，咬牙坚持着。

可气的是，这些孩子里也有在悄悄地进行节食减肥的，造成了体质更虚弱，体能不足，训练中常常有人晕倒。我告诉她们节食减肥的坏处，叫她们一定不要再这样做了……

这样的苦对我来说根本不算苦，而对这群姑娘们来说，确实是实打实的苦啊。人们印象中90后的城市女孩子娇生惯养，吃不了苦的。但是我看到，不管多苦多累，她们一个个都坚持下来了。看她们那样努力、坚持的样子，做老师的很心疼也很喜欢。无论出现什么情况，训练都是不能停止的，更不能草率马虎。时间不等人，因为，接下来“好运北京”测试赛的颁奖仪式的工作正等着她们呢。

微笑须从内心发出

(2008年5月27日，上海普陀区中学小礼堂)

上海地区的培训结业了。

做一名奥运礼仪培训教师，是我多年的心愿。所以，我各方面准备得都比较充分，培训的理念和方案胸有成竹，培训很顺利，效率很高。在短短的一周时间里，这40名礼仪小姐已经具备了执行颁奖礼仪工作的能力。

结业之后，这群姑娘将赶赴北京，参加“好运北京”测试赛的颁奖仪式，测试赛是奥运会之前的一次练兵。测试赛以后，她们还要参加全体颁奖礼仪小姐的集中封闭训练，然后正式进入北京奥运会颁奖仪式的工作。

早先，关于奥运礼仪小姐的选拔标准，流传着一些说法，比如：两眼的长度为面部长度的十分之三，两眉与眼间的距离为面部长度的十分之一，鼻子的宽度为面部宽度的十分之一等。多么可笑！我真想问一下制定这个“尺量”标准的人，你真的能按照这个标准去操作吗？有人就是热心于编造数据，玩噱头，最喜欢把事情复杂化，炫耀所谓的“专业”，博人眼球，实际上毫无意义。

这与前面提到的“头顶书、腿夹纸、咬筷子、数牙齿”的做法是一个性质：故弄玄虚，哗众取宠。

对于礼仪小姐肢体条件的要求，身高是可以相对确定一个量化的标准，其他的条件应该是：五官端正、身材高挑、肢体匀称、挺拔协调、相貌亲和、举止得体，这就足够了。

上海这40名礼仪小姐就是符合这样的标准的，看上去个个都是美女。而如果用尺子测量她们的眉眼、鼻子，我担心没有人能合格。

要让礼仪小姐们的形体舒展挺立，动作协调优美；要让她们懂得，微笑须从内心发出，而不是要数数露几颗牙。我们需要的是自然、朝气、生动，用这样的体态去执行规范流程，才能做得漂亮。

在训练中，我们特别注意以下几点：

1.喉头找头顶百会，头顶找天，两肩扩展下沉，整个脊椎感觉成一直线向上牵引；

2.保持提收松挺状态，行走时的脚印呈一串树叶状；

3.眉头展开，面部呈“王”字，全身心融入当时的情境中，焕发出内心的亲和、美感和自信。

我对姑娘们说：“你们天生丽质，是一朵朵娇嫩的花儿。但这些天艰苦的训练都坚持下来了，你们很优秀！你们知道了‘体态’这个概念，开始有了体态意识，懂得了用体态说话；比较普遍的扣胸塌背、行走拖沓的毛病也明显地改善了。我从你们的体态上看到了信心和自豪的那股劲儿，你们比以前更美了，这样的美是让人赏心悦目的。不久，还会有一段更艰苦的训练等着你们，我想你们一定可以胜任。让我们一起用行动来为奥运加油！为中国加油！”

最普遍的形体问题

（2008年6月30日，北京马妮形体梳理中心）

10天前，奥组委文化活动部通知我去开会。会上，我接受了新任务：

培训奥运村升旗广场升旗仪式的礼仪小姐，负责升旗仪式的实地演练，以及正式升旗仪式中的人员分配。

今天开始第一次集训，奥运村升旗仪式礼仪小姐共38人。

奥运村是奥运会的重要组成部分，是参加奥运会的世界各国运动员、教练员居住的地方，就是他们在北京的一个家。

奥运村里有一个升旗广场，每一个国家的代表团入住奥运村以后，作为东道主，我们要在升旗广场举行升旗仪式，是一个非常有意义的活动。

在这个仪式里，我们的礼仪小姐陪伴着国家领导人，以主人公的姿态迎接客人。这就要求礼仪小姐把仪式流程的每一个步骤都自然流畅地贯穿起来，不出差错。这个流程里面包括：举牌引领入住的国家代表团，引领奥运村村长上下场，引领入住国家的领导人上下场，托盘接送互赠的礼品，注目升旗等。

从形体仪态培训的角度看，升旗仪式和颁奖仪式对礼仪小姐的要求是完全一致的，培训的要领和科目基本相同，也要按照前面说的那六个方面进行训练。

升旗礼仪小姐和颁奖礼仪小姐的人员来源有所不同。颁奖礼仪小姐主要是来自北京、上海两地的高校，而升旗礼仪小姐则来自全国各地，也是经过层层选拔确定的，都具备良好的自然条件。

但是，缺乏体态意识，行走坐立缺少美感，是她们最普遍的形体问题。训练还是从体态着手，克服缺点，发扬优点。

与体态的训练同步进行的是程序动作。有了良好的体态，才会使规定的程序动作流畅，具有美感，这是训练中最重要的着力点。

在执行程序动作的训练中，让礼仪小姐们轮流担任不同的角色。比如，一次要给五个国家举行升旗仪式，需要五个举牌引领的礼仪小姐；国家领导人之间要互赠礼物，就要两个人扮演国家元首，两个人引领，两个人托盘递送礼品……

反复演练

姑娘们喜欢这种像排练小品一样的训练方式，还都喜欢扮演国家元首。这样的训练有助于她们加深记忆，熟悉自己的动作要领，尽快抓住自己任务的感觉。在愉快的气氛里，姑娘们的举手投足、眼神的交流，一点一点地从陌生拘谨达到自然从容。

第一次进奥运村

（2008年7月1日，奥运村升旗广场）

奥运村升旗广场，是在原地的一个土坡上就势建起来的，呈一个大圆形，开阔、简洁又时尚。

土坡上，白色的弧形观礼棚，朝着太阳升起的方向敞开，很豪爽。棚下面，满铺着十几层宽大的弧形观礼台。观礼台对面，是广场的另一边，200多根银白色的旗杆依次排列，旗杆上飘扬着200多面各国国旗，组成了一个弧形的旗阵，五颜六色的旗帜迎风招展。仰望着它们，真叫人心情豪迈。

这两股弧线合围起来，形成了一片圆形的广场，在广场的中线位置，搭建了一个简单精巧的舞台，舞台上装置着一个鲜艳夺目的凉亭，透着浓浓古希腊建筑的风韵，让人联想到古奥林匹克。舞台后方，耸立起硕大的奥运五环标志，与旗阵交相辉映。在舞台左侧的广场边沿，又是一组旗杆，就是专为举行升旗仪式设立的，现在，它们静静地伫立在那里。

透过广场旗阵的旗杆，是红墙灰瓦的奥运村村长院。它是由一座明代的龙王庙整修而成的四合院，古色古香，庄重大方。

就是这样的一片组合，再有绿树青草的映衬，真是一个好景致。置身其间，心情舒畅，一种和平的、和谐的、温馨的，还有自豪的感受涌上心头。

我从心底发出呼喊：中国，我的祖国，我为你骄傲！

此刻的好心情，好像把刚才两个小时办手续、过安检所带来的疲惫和烦躁赶走了大半。

人们可能想象不到，这个阶段来奥运村里工作要经历什么样的困难。今天我们可领教了。

按照计划，上午五点半礼仪小姐们在公司集合，一辆奥运专用车，把我们送到奥体东门一带，这是一个中转站。在那里核实人员名单后，一辆专用大巴再送我们到奥运村西大门。

下了车，热浪汹涌扑来。我们还不能直接进村，要等着奥组委的一位工作人员给我们办手续。

谁也不知道怎么回事，大家就在那里等着，一两个小时过去了还不见消息。只见那位工作人员戴着草帽一趟又一趟地跑来跑去，浑身已经像水洗的了，我和几十个姑娘傻子一样在门外翘首、焦急。

门外是一片空旷的水泥地，刚种下不久的小树还没有一点儿阴凉。北京七月中午的太阳晒着是什么滋味啊！无处可躲，简直没有一点儿辙。

没有证件，大门是绝对不能进去的，守门的武警和志愿者们严格按规定办，只认证件不认人。

大门是用很大很大的帆布棚构成的，里面有安检设施，检查得比机场都严。大批大批的志愿者进进出出，一片繁忙。忽然想到从前大户人家办喜事，洒扫庭除，杀猪宰羊，张灯结彩，一个个忙得脚底板不沾地……可不是吗，现在是我们国家在办喜事啊。

再忙再急，安检是丝毫也不马虎的。

在奥运村的旗阵前

升旗广场上，礼仪小姐已经做好了准备

终于，那位工作人员一脸汗水朝我走来："马妮老师，你的好了，快先进去吧。"

"天哪，我进去有什么用啊？没有她们我进去干什么？演练什么？"我指着这群姑娘，急得都想哭，"是怎么回事嘛？"

后来我才知道，我是属于前期在奥组委注册的工作人员，能查到我的信息，所以就先办好了我的证件。而这群礼仪小姐还没有注册，负责升旗仪式的部门要为礼仪小姐们领取到进村资格证，这个工作他们没有提前做好。

其实，这个时候，很多部门之间的沟通协作都不顺畅，还陌生着呢，有时候会出现混乱，影响工作效率。

我先进去了，心情烦躁，就欣赏欣赏风景吧。

整整两个小时过去了，我的姑娘们总算进来了。赶快准备演练，忽然意识到已经过了中午饭的时间，我们还没吃饭呢。

接下来的问题就是：吃饭、喝水、上厕所。

没想到，这里没有饭，没有水，也没有厕所。我看到奥组委的领导、工作人员、在场的志愿者们，都一样忍受着，我们只能坚持，坚持！

演练，跟剧院排戏一样，是把各个部门的工作整合起来，达到相互之间的衔接配合流畅，确保不出差错，控制好每一个环节的时间，不能随意压缩，更不能拖延。礼仪小姐这一块，重要的是明确每个人做什么，规定好现场位置、路线、动作的顺序，特别要注意，那一堆写着各个国家名称的牌子绝对不能搞错。这一切需要的是很强的责任心，还要有方法。

今天演练的重点，是礼仪小姐的流程部分，其他部门也必须在场配合。

烈日下，所有参加演练的人按照指令各就各位，小姐们按照流程认真地执行动作。一遍又一遍，任凭太阳晒、汗水流，咬牙坚持着，始终保持所要求的体态标准，没有一点儿松懈。

可是，大家要上厕所，忍耐也是有限度的啊，这可如何是好。

感谢一位志愿者，他经过侦察，发现远处的一个工地有厕所，在奥运村范围内，但离升旗广场很远。那也得去啊。于是，全体集合，一起去厕所。让人哭笑不得的是，那是个男厕所，又只有一个马桶。不管那么多了，占领住，排队轮流上。

就是在这样的条件下，我们完成了第一次升旗仪式现场的演练。

从奥运村出来，已是黄昏。一天没吃饭了。我和公司的一个同事累得一句话也不想说，直奔一家餐馆，抱着一碗牛肉饭狼吞虎咽，不知啥滋味。

静下来想，堂堂奥运村竟是这样的状况，有点儿不可思议。但我们理解：一切有待于完善，需要时间。

训练一群男子汉

（2008年7月7日，中国人民解放军三军仪仗队）

奥组委又委托给我们第三项培训任务：为中国人民解放军三军仪仗队奥运会升旗手团队做形体培训。

去三军仪仗队，给战士们做形体培训？这事让我有些意外。

从小到大，我都崇拜解放军，非常喜欢解放军战士的军容姿态。后来做“形体梳理”，我对他们的形体、队列训练有了一些认识和体会。特别是仪仗队，战士们肢体到位，体态标准、挺拔昂扬，威武阳刚。每次经过天安门，我都会盯着守护国旗的战士看不够，在地下通道里值勤的战士也一样，体态一丝不苟。我会想象着，这样的体态是怎么训练出来的呢？

我经常跟别人说，我太佩服军人的体态了，最佩服他们的训练方法，他们的训练方法太有效了。

所以，我觉得意外，三军仪仗队战士们的体态已经非常标准，升旗的动作流程也非常准确熟练。为什么还要我去做培训呢？

仪仗队的首长把我引进训练大厅的大门，眼前的景象让我惊呆了：整个大厅站满了仪仗队的战士，笔直的队列，笔直的身体，甚至每一个人的表情也可以用“笔直”来形容，那是名副其实的“整齐划一”啊！

忽然响起一阵热烈的掌声……

我很激动，再看看战士们一个个严肃紧张的模样，太可爱了。也就在这一刻，我知道自己需要做什么了。

我想，当这些战士们不在工作岗位，下了班，也一定是一群活泼的小伙子，和普通男孩一样有自己的快乐和欢笑。而到了岗位上，就一定是标准板正、威武刚硬、严肃紧张的。

奥运会上要有无数次的升旗仪式，那里将是这群战士的新岗位。

在这个岗位上，我希望战士们在自己标准的体态基础上，糅进一种松弛、舒展、高贵、平和，让他们过于紧绷的神情软化一些，增加亲和力。

按照这个思路，我对这群男子汉进行了一次很特别的训练。

在优美柔和音乐的伴奏下进行训练，对战士们来说还是第一次。柔和的音乐和刚硬的身体形成反差，那景象很有趣，而我要的不就是这种刚柔相济吗？

我引导他们认真体会伸长脖子、挺起胸膛的高贵感、幸福感和自豪感。安排两个人一组背靠背站立，让背后的九个点紧紧相贴。在这个状态下，从颈椎开始引导整个脊椎向上牵引，特别强调两肩在向后扩展的同时，自然下沉放松，要找到上身肢体既挺拔又轻盈的感觉。运用芭蕾基训中的下蹲组合，配合手臂的起落伸展，让肢体在动作的时候力度得当，不是单纯地显示力量。

让三军仪仗队的升旗手们更舒展

与训练女士的感觉不一样

面呈“王”字，从内心发出微笑，在这里也是训练的重点。

引导战士们仔细地体会，在庄严气氛中的那种自豪、自信、友好、善意，怀着诚挚的珍爱之情，去对待每一面国旗，那是一个国家的象征。当国旗升起的时候，心与国旗同步，不管是哪个国家，都要怀着崇敬之情为他们高兴，为他们祝福，让奥运会上的每一次升旗都能焕发出庄严、和平、愉快的气息。

“奥运会升旗手礼服”，叫作“中华立领”礼服，它最大的亮点是立领上面绣的青花瓷图案，小小的点缀却很有力量，透着浓浓的中国味儿，蕴含着中华民族传统文化的气息，让整套礼服端庄高贵，又富有阳刚之气，表达的正是刚柔相济的美。

对仪仗队的升旗手们所进行的体态调整，核心是糅进平和的精神。我想，这正好与“中华立领”礼服的风格韵味是协调的，与穿军装的感觉有些不一样。因此，我对培训很有自信。

容纳300多人的“大蒸笼”

（2008年7月24日，昌平职业学校体育馆）

奥运会颁奖礼仪专业志愿者337名佳丽，从7月12日起，全部集中在昌平职业学校，吃住训练都在这里，进行封闭式培训，今天已经是第13天了。

337人划为3个班。上海的40位姑娘也如期到达，分散在3个班里。训练科目仍然是那六个方面：笑容、站立、行走、托盘、引领和程序。

学校坐落在一个小镇子上，这个小镇很不整洁，还有一段路坑洼不平，下一场雨，路面要泥泞好几天。我先生开玩笑说，谁也想不到，这个不起眼的镇子里藏着一群天仙啊。

而职业学校的校园里面倒是很好，整洁疏朗。体育馆也很棒，两层楼，二楼是两个室内篮球场贯通在一起，有三个篮球场那么大，空间高大宽敞明亮，训练就在这里。

但是，糟糕的是，现在是夏天啊。

篮球场拱形的房顶就是一个巨大的塑料棚，连着四面通体的玻璃窗，太阳一晒，就是一个“大蒸笼”“桑拿房”。没有空调，没有风扇，你能想象它有多闷热，热得透不过气来。这怎么能训练呢？但是第一天的训练，大家就这样硬撑过来了。

第二天，工作人员搬来了两台硕大的电风扇，直径有一米多，开起来风特别大，声音也特别大。凭我的经验，这好像是工厂车间里用的那种风扇，真让人哭笑不得。但好歹有风了。风大声音大，我们就离风扇远点儿训练。人多场面宽，讲课要用话筒，可离风扇远了话筒线又不够长，没法用，就干讲，讲得嗓子冒烟，使劲儿喝水，使劲儿出汗，衣服湿了，头发也湿了，擦汗的毛巾一会儿就拧出一滩水，弄得我红头涨脸，完全顾不得什么形象了……

就是在这样的条件下，我们一直坚持到了今天，已经适应了。

也正是因为这样的训练条件，让我看到了这群80后、90后如花似玉的姑娘们顽强、坚忍的一面。这些娇宝贝们，大都还没有离开父母单独生活过，现在要经受这样的苦和累，而且她们经受住了。她们很守纪律，再累再热，哪怕受伤了也不懈怠，动作不到位就一遍遍地练，没听到谁叫苦。也都跟我一样，个个红头涨脸，但脸上依然是花一样的笑容，天真美丽。

这，让我从心里赞扬她们，喜爱她们。

活动脊椎一样很重要

昌平职业学校，奥运会领奖礼仪小姐在集中培训

队伍里的警花

（2008年7月25日，昌平职业学校体育馆）

有几天上课的时候，我发现站在前排的一个姑娘不大对劲儿。哪儿不对劲儿呢？仔细看看，原来是不漂亮，好像年龄也偏大。再注意看其他人，发现还有几个明显地年龄很大，跟我们心目中礼仪小姐的样子很不符。按条件来说，这样的形象是不可能被选上的，但这几个人咋回事呢？是托关系走后门来的吧？奥运这么重大的事情，还会发生这样不负责任的行为？我心想，等到培训汇报的时候，我把这几个人放在第一排，让领导们看看，是谁把这些不合格的人塞进奥运礼仪小姐队伍中的。

有一天课间休息，一个学员来跟我请假，说她这两天不能参加训练了。我一看，不正是那个第一排的我看着不对劲儿的姑娘吗？我很不客气地问她为什么。她拉起裤腿让我看，我一看，浑身立刻起了鸡皮疙瘩，她的腿上长满了大大小小的红豆，是热毒，有的地方都烂了。我不忍多看，答应她去休息。她可能看出来我有些不高兴，就告诉我是医生叫她休息，尽量少出汗。

她像是跟我说话，又像自言细语："其实跟那帮小孩子一起训练，我们自己都被自己的精神感动。"

我不解地看着她："你们？你们是谁？"

"我们是武警学校的，是警察，年龄比她们大多了。你看我们几个动作不太好看吧，那也是费了好大劲儿呢，很笨吧我们几个，是不是，马老师？"

我明白了，她们是有特殊任务的。这几个年龄大的姐妹是警花，肩上承担着平安办奥运的使命啊。

我被感动了，顿时心生敬佩。

在后来的训练课堂上，我会情不自禁多看看她们，看她们用心刻苦的样子，看她们同其他人一样完成标准动作。我感觉，她们是那么可爱可敬，焕发着她们特有的美丽。

奥林匹克烙上中国印

(2008年7月26日，昌平职业学校大礼堂)

举行“北京奥运颁奖礼仪专业志愿者集中培训结业仪式”时，北京奥组委执行副主席蒋效愚先生来了，上百家中外媒体的记者们来了。半个月来，这里的337名美女们成了奥运的焦点。

结业仪式的主要内容是礼仪小姐们作汇报展示，也是三个班依次进行。展示的结果告诉人们，她们圆满完成了培训任务，蒋效愚副主席给予了高度赞赏。

仪式结束以后，姑娘们马不停蹄，拉上早已收拾好的行李箱，个个都像赶往航班的空姐一样，飒爽英姿。她们登上已经预备好的一辆辆大巴车，奔赴各自执行颁奖任务的比赛场馆。

看着她们款款而行的身姿，真是养眼，我想起了在训练中常对她们喊出的一句话：“美丽的东方女郎，端庄，优雅，大方，可爱！”

举办一届“有特色，高水平”的奥运会，是我们的目标。为了这个目标，北京奥组委对文化活动系列定下一个主题，叫作“奥林匹克烙上中国印”，我很喜欢这句话。

大家都看到了，北京奥运会的会徽、奖牌、吉祥物、礼仪服装、环境设计、对外宣传的视觉形象等，都有很浓厚的中国气息。那么，对于我们的礼仪小姐——这一群年轻的姑娘，怎么去“烙上中国印”呢?

在集训之前的一次讨论会上，我说，服装穿在礼仪小姐身上，一眼就能看出来这是“中国的”。但是，要从穿服装的人的神情姿态、举手投足中自然地散发出中国女性特有的气质风韵，才是更重要的。

其实也简单。洋人穿旗袍唱京剧，在气质上总会与中国人有差异。北京奥运会的礼仪小姐都是中国人，就已经具备最根本的“中国味儿”了。

我们要做的，就是以更美、更富有魅力为目标，让这群少女尽可能多地了解中国优秀的礼仪传统，用身心来体验“中国味儿”的礼仪元素，让它逐渐渗入自己的意识、神情和体态里。比如在训练中运用传统的女性“道万福”“兰花指”这样的肢体动作；运用戏曲里面的“云步”，还有从戏曲的步法演化而来的“行走呈一串树叶”这样的步态；运用“回眸一笑百媚生”的姿态神情等，把这些训练元素与“开肩拉颈”“提收松挺”，与芭蕾的舒展形体技巧充分融合起来，同时，在所有的肢体动作中，始终贯穿面呈“王”字，从内心发出微笑……

说起来名目不少，实际训练起来并不复杂，而且很有趣味性，提高了训练的效率，使训练事半功倍。

就这样，一群叽叽喳喳的女孩子，已然有了淑女模样。当她们以自己的优美体态展示在世人面前的时候，我们看到的就是一群富有中国味儿的当代女子，感受到的是中国女性的优雅、端庄、含蓄、大气的美丽。媒体报道称她们是“破茧成蝶”。

“奥林匹克烙上中国印”，也在我们的礼仪志愿者身上鲜明地体现出来了。

姑娘们走了，师生分别没有伤感，只有愉快的期待，期待8月8日她们向全世界的美丽亮相。

奥运村正式开村

（2008年7月27日，奥运村升旗广场）

7月27日，是奥运村正式开村的日子，也是为第一个入住奥运村的国家代表团举行升旗仪式的日子，这第一个入住的代表团就是中国体育代表团。

开村之后，就要迎接陆续到来的各国宾客，为他们举行欢迎仪式和升旗仪式。

为了这一天，我们已经反反复复演练了无数次。

第二次进村演练的时候，说实话心里有些害怕。不为别的，为了这里的没水没饭没厕所，还要头顶烈日。可是来到一看，改善了很多。在广场边上，用帆布搭起了一排屋子，有礼仪小姐们专用的化妆间、更衣室，候场和休息也在这里。桌椅镜子柜子都齐备，而且有空调，有饮水机，有充足的桶装水。

第三次进村，一切都齐备了。临时厕所安置在帆布屋子的一角，很方便。村里的食堂也向志愿者和工作人员开放了，那是我见过的最好的食堂，餐厅那么大，宽敞极了，明亮，干净，看着就舒服。饭菜丰富、卫生、可口。我估计当时有上千人同时就餐，都不显得拥挤。

看到这些，我先前的担心一扫而光。应该理解，有些安排一时不到位很正常，国家大事也有轻重缓急之分。自己人关起门来吃点儿苦是应该的，对待外人，一定要显示出中国人的“面子”。其实这个“面子”不是表面文章，而是显示中国人做事的素质、能力和水平，更体现出中国人民对全世界的友善和尊重。

经过多次的演练，各部门的衔接已经很熟练了，礼仪小姐的动作流程

别致的五环头饰

和邓亚萍在奥运村升旗广场指挥升旗仪式演练

执行得也很到位、很得体。特别是她们穿上礼仪服装，佩戴上别致的五环头饰，仪态万方地出现在广场上，立刻就会成为全场的亮点。看她们不论是站立还是行走，一举一动、一颦一笑都是美的享受。每次演练都有记者和志愿者参加，一有机会，他们就会跑过去和礼仪小姐照相合影。外国友人们更是盯着姑娘们不放，照片拍个没完。有的人特别喜欢女孩们后脑勺的五环头饰，就专和后脑勺合影。

升国旗的环节最为关键，也最容易出问题。演练中曾出现过事故，国旗升到半截被卡住了。这种事故是绝对不能在正式升旗的时候发生的。所以，升旗手们每天都要几百次地练习，严格控制好升旗的速度，还要保持良好的姿态和表情，不能紧张。

世界乒乓球冠军邓亚萍，是奥运村的副村长，她参加了最后两次演练，扮演村长的角色，我扮演国家元首，跟礼仪小姐们一起，合作演练上下场、讲话和交换礼品的动作顺序。

我是第一次接触邓亚萍，给我的感觉，她是个很自信、很坦率又非常认真的人，走路有一股冲劲儿，你时刻都能感觉到她打球的那股气势，做事就做事，少废话。因为我比较熟悉要演练的流程，所以会时不时地告诉她这样或那样，她都会很爽快地照着做，一遍又一遍，不厌其烦。

终于到了正式开村、正式升旗的时候，要来真格的了。

我对姑娘们说："所有的流程顺序，你们都已经做得很熟练、很漂亮了。今天不管来的是谁，都保持松弛。就当我们是在办喜事，用心接待好我们的来宾，热情、大方、快乐。"

我发现舞台有了变化，原来的那座希腊风的彩色凉亭撤掉了，换上了四合院的朱红色大门作为背景，地地道道的中国特色。

升旗仪式就要开始了，我们看见一大群人依次走进广场，走上观礼台。这一群人就是中国体育代表团，他们穿着大红西装、黄色衬衣，高大的姚明也在其中。中国体育代表团来啦！广场响起掌声和欢呼声。我仰着脸看姚明从我身边走过，那简直就是一个吉祥物，太可爱了。还有刘翔，他已经默默地坐在了位子上，还有易建联……都是自己的亲人啊！此刻的快乐是从来没有过的，不知怎么用语言表达好。

只是天太热，他们穿得太厚，看他们一个个热得汗直流……

一会儿，领导们来了。开村仪式，升旗仪式，在既庄严又轻松的气氛中顺利完成，比过节还热闹。

在仪式进行中，我的注意力都在礼仪小姐们身上，在升旗手战士们身上，悬着一颗心。仪式结束了，一切顺利、圆满，我悬着的心落下来了。

体育健儿们很快撤离了，广场里继续沸腾着。我们的礼仪小姐又成了人们最关注的焦点，照相，照相，姑娘们成了道具，一个照罢又一个上去。我在一旁看着，看她们婀娜的身姿，灿烂的笑容，配着鲜艳的五环头饰，那么美丽，又怎能不让人喜欢，我喜在心里，眼眶湿润了。

但别忘了，姑娘们，马上将有更繁重的工作要做。特别在8月8日奥运会开幕之前的几天里，每天要有十几个甚至几十个国家的代表团举行升旗仪式，会很累的。

加油！姑娘们！

Part 3

她的故事

“形体梳理”课堂是女人的园地，

大家活动身体，交流谈心，分享心得。

每一个女人都是一本教科书，

都可以从中获得生活的启迪，

成为我们要寻求的美的养料。

她让我们相信：

美没有年龄界限，美不论高矮胖瘦，

美在健康，美在自信，美在心灵。

美，各有颜色

平凡的美触动人心

一个美丽的女人是什么样的呢？

没有固定标准。我们可以说善良的女人最美丽，宽容乐观的女人最美丽；也可以说自信的女人最美丽，勇敢坚强、吃苦耐劳的女人最美丽；还可以说身体健康、温柔体贴、举止优雅、聪明智慧、孝敬老人、有同情心……有这样品质的女人都是美的。

前人早就总结出了三个字：真、善、美。真正的美不在于地位、财富、职业、家境、身材、长相，而在于内心，在于修养，在于品行。

内在的美是最大的能量，是一个人魅力的源泉。

我们是普通老百姓，过着平常琐碎的日子。就在这些平常琐碎里，呈现着万千女人的美或者丑。

一个光鲜靓丽的女子，如果她懒惰、自私，出口说脏话，随地扔垃圾，或者没有同情心……大家一定不会说她美。

我们上课的文化馆里有一个清洁工，个子瘦小，是一个50多岁的女人。她工作一丝不苟，把走廊、大厅、楼道每一个角落都打扫得一尘不染，从来不做面子活儿。这都没什么特别的。可是在卫生间里，我发现墙角里一把破椅子下面总是放着一桶水，原来是她每次涮拖把用过的水。按说，打扫卫生用的是公家的水，又有专门涮拖把的小池子，涮过拖把直接把水放掉就行了。但她没有那样做，而是把水桶放池子里接水涮拖把，涮好最后一遍，再把一桶水从水泥池子里拎出来，放到椅子底下，下次再把水桶小心翼翼挪出来，拎进池子里。想想她这样拎来拎去都费劲儿，谁也不会在意，领导也不知道她这么做。我亲眼看到了，问她："大姐，这水还留着干吗？不麻烦吗？"她就一句话："能再涮一遍拖把。"

不管她是懂得水资源宝贵，还是出于勤俭节约的习惯，她这个微不足道的动作非常可敬，体现了劳动妇女最朴素的美德，她是美的。这样的美太平凡，却有触动人心的魅力，让人联想多多。

其实，生活里这种触动人心的情景很多，如果经常感受到它，心不断受到滋润，再来看身边世界的时候，就会增加很多愉快和爱，我们的身心会更舒展，变得更美。

坚忍沉静的女人

我八九岁的时候，特别喜欢看一个同学的妈妈。那时候还不懂什么是美，就觉得这个妈妈长得真好看，眼睛亮亮的，笑的声音特别好听，却言语不多。每天上学、放学我都要找个理由，拐个大弯儿到这个同学家去，说是跟她一块儿去上学，一块儿做作业，其实就是想看她妈妈。

到了我们都成家有了孩子，我还是喜欢看她。从前是被她漂亮的容貌所吸引，后来，则是被她的坚忍、勤劳和沉静的魅力所打动。

她是真漂亮，皮肤白嫩，瓜子脸，五官非常耐看，我描写不出来。但是，她是个瘸子，瘸得厉害，拄着拐杖，走路高一脚低一脚，叫人看着别扭，还担心她会摔倒。她个子矮小，是个家庭妇女。她丈夫却一表人才，高高的个子，在政府机关上班。

这不是一个富裕的家庭，可是家里收拾得干净舒服，还很雅致。她自己和家里的大人孩子也都收拾得干干净净、整整齐齐的。

我记得她做饭的样子——拄着拐杖到厨房，坐在一个特制的高凳子上，这样，切菜揉面就可以丢掉拐杖来做了。那时候家家户户的厨房都是黑黢黢的，可她家的厨房却是干净亮堂，灶台白白的，炊具井井有条，墙上糊的报纸，过一段时间就换一层新的。

她一心想着把日子过好，想办法挣钱，就给一个杂货店糊纸盒，是装点心用的纸盒，糊一打12个能挣五分钱。有时候我们向她要二分钱去看小人书，她总是满面笑容掏钱给我们，可我们却不去想这二分钱她要糊好几个纸盒呢。

“文化大革命”的时候，她自己还弄了一个“地下车间”，搓麻绳卖。那时候不准许私人搞什么挣钱的活计，只能偷偷做。她家屋后有一间很小的土屋，最多有四五平方米，又黑又矮没窗户，她就在里面，就着门缝的光搓麻绳。有一次我同学带我去那小屋，一推门，就听见她妈妈小声喊：“谁？”我们俩笑着挤进去，赶紧关上门，半天我才从黑暗中看见，她妈妈在满屋子的麻纰堆里窝着呢，完全不是我平时见到的干净利索的模样，头发也乱了，汗津津的，但她的笑容还是那样好看。待了一会儿她说：“快出去吧，闷得慌，呛人。”还对我说：“小妮，别给人家说这事啊。”我点点头。里面确实很呛人，我们出来了。那时候我很懂事了，我不会说出去她搓麻绳的事的……

这样的一个女人，能跟一个健全标致的男人稳稳当当走过一生，把一个家操持得温暖舒适，把五六个孩子都抚养成人，真是了不起。

我回味这个妈妈，她不会因为自己长得漂亮而骄傲，也没有因为自己是个残疾人而自卑，生活得那才叫淡定。你能感觉到她内心的沉静和乐观，感觉到她的柔弱而坚忍。不管什么时候，见到她都是喜笑的样子，默默地做着一个女人、一个妻子、一个母亲该做的一切。

我最早见到这个妈妈，她还不到30岁，后来再见到她，70多岁了。她老了，可她的目光、她的笑容没有变，她更沉静了，像个智者。

顽强而美丽的生命

我经常在上课的时候讲到我的一个学员，我说她是一个美丽的女人。

这个学员是冶金部研究院的工程师，是一位乳腺癌患者。她送我一本书叫《握住生命的手》，都是癌症患者写的文章，写他们如何面对疾病、如何战胜疾病的心路历程，里面有她写的一篇。她在送给我的那本书上写了两行字：

“马妮老师，谢谢你让我握住一个美丽的生命。”

其实，与其说她是我的学员，不如说她是我的老师。因为我从她的身上看到，她是怎样去握住一个顽强而又美丽的生命的。她从我这里学的更多的是方法，而我从她那里学到的是精神。

联想到她平日训练的样子：她每次上课，从海淀到交道口那么远的路，都是骑着自行车来。她平静的脸上带着微笑。她跟大家同样训练，你绝不会感觉到她是一个癌症病人。但她又绝不回避她的病，更不会拿这病当理由给自已找方便，她认为癌症和感冒一样都是病而已。

我读了她写的文章，虽然我已经知道她的故事，但她的文章还是让我止不住泪流，震动着我的心。

可以说，她是一个多灾多难的不幸的人。

丈夫十几年前因为一项试验受感染，得了一种罕见的绝症，四年后卧床不起。这时候，她自己由于子宫肌瘤引起贫血，做了子宫切除手术。出院以后，丈夫病情恶化，她拖着虚弱的身体承担起家里的一切。她写道：

> 当我在医院里碰到一位病友在她丈夫的搀扶下来复查时，心中为自己的顽强不知是自豪还是悲伤。夜深人静时，我真想大哭一场，想大声喊叫，但是看看病弱的丈夫，只能任泪水悄悄地流。

更残酷的是，三年后，她成了乳腺癌病人，岂不是雪上加霜！

> 人们关怀的话语里都含着一个疑问，生活对于我们还有什么意思吗？确实，我们这个家早已没有了轻松和快乐，但我和丈夫仍然携手坚持着。支持我们的是一种责任和一丝企盼：既然多年前我们彼此选择了对方做自己的人生伴侣，那份情与爱就蕴含着今天这种责任；我们都希望有一天医学进步了，有了治丈夫病的药，将重新开始我们的生活。但令我撕心裂肺的是，丈夫没有等到有药的那一天，永远地离开了我。

而她自己的病，做乳腺癌手术，化疗，那一次次让她死去活来的治疗，又恰恰是在丈夫病重期间进行的。同事和亲友的关怀照顾，都代替不了丈夫。但她恰恰不能像别的病人一样，享受到丈夫的温情，她只能想象这种感觉，她只能靠自己。她挺过来了。康复期一结束，她专程去了泰山，站在高山之巅，她感受到自己生命的顽强和伟大。

她说生命不在长短，重要的是活着的质量。不要怕死，怕死没用，将生死置之度外，快乐地过好活着的每一天。她说女人要做一棵独立支撑的大树，要有一颗平静的心，做最真实的“我”，一切虚的东西，都是使人累的东西，只有真实，才是自然。她说一个人的生命不但可以是顽强的，也可以是快乐的、美丽的。

也可能是，只有经历过生死关头的人才会有这样的人生感悟，但我们这些相比之下比她幸运、比她身体健康的人，不是可以从她那里获得启迪，使我们的心胸更宽阔，爱心更博大，形体更健美吗？

缺点转化为特点

当一个人具有了人格魅力，她的缺点就能转化为特点，成为她独有的美。

早年间，有一个著名的戏曲演员，她本不是演员，是在剧团里端茶扫地干杂活儿的，长了一脸雀斑，牙齿灰黄色，被叫作“四环素牙”，可以说是丑丫头一个。

有一天剧团要演出，女主角突然病倒了，票都卖出去了，怎么办？

没有人能顶上去，全团人正急得团团转的时候，这个丑丫头站出来说她会演这出戏。大家不敢相信：她会演戏？但救戏如救火，让她试试吧。就叫她唱几段，做几个身段，大家一看还真是那么回事儿，就冒险让她上了。结果她一演，居然比女主角一点儿都不差。大家说，这孩子怎么这么有心，什么时候学的戏呢？

从那以后她正式做了演员，成了团里的台柱子，成了著名演员。观众非常喜爱她的戏，也喜欢她这个人，省里市里的领导也很赞赏她。人们都说，她很美，有味道，甚至说她的味道就在于那一脸雀斑和“四环素牙”上。

这实际上就是说，她的才华、她的人格魅力展现出来了，她的缺点倒成了她的特点，如果没有这个特点，也就没有她独有的美了。

再说一个大学毕业生，做统计工作，是个有见解、有思想的姑娘。但她的脸有缺陷，下巴骨非常短小，几乎没有下巴，样子怪怪的，像只猫。

她为此苦恼，自己的学历、工作都很好，可是29岁了还没有男朋友。她说，别人给她介绍过三四个男孩，都是见了第一面就不再约她。

有一次上课，我发现她跟人说话时向前伸着脸，是讨好人的样子，弄得别人都想躲她。她是想让别人在意她，可效果不好。

我琢磨着她的情况，还是心态问题，要克服自卑心理，她需要增加一点儿傲气，增加自信。我建议她，体态上要挺拔，跟人说话不要把头伸过去，稍微扬一点儿头，侧一点儿眼睛，不要太正眼看人；再一个，用上牙齿很随意地咬着下嘴唇，稍有骄傲的样子，心里是尊重对方的，但又有点儿矜持。

她很高兴，接受了我的建议，并试着去做。上课的时候，我们俩会悄悄地交流，递给她一个鼓励的眼神，她领悟得很快，整个人的感觉变了，慢慢地形成了自己的特点，很有味道了。她仍然不漂亮，但是别人跟她说话，不会因为她的缺陷而躲闪她了，她有了属于自己的魅力。

半年以后她结婚了，给我送了请柬，感谢我给她的帮助。我说关键还在于你自己的把握，如果把握不好，那种咬着嘴唇、斜着眼看人的表情，会让人觉得做作，还会让人觉得你在蔑视人家，让别人讨厌。你现在这个状态很自然，很好。

你的魅力独一无二

一个人青春美丽的外表，会随着岁月而褪色，岁月肯定要在我们的脸上、身上留下痕迹。可是，魅力就不同了，魅力是一个人综合素质放射出来的光彩，而素质是可以不断提升的，并且，你的魅力又是独一无二的。我们要坚信这一点，自信地生活，直到老去。

不要以为外表天生丽质，就一定有魅力。漂亮的外表容易被人注意，但也容易被人遗忘。而有个性、有自己风格的人才能给人留下深刻印象。

有一个外国的丑女孩，她知道自己丑，如果像别人那样打扮的话，会越打扮越难看，只能给漂亮女人做陪衬。她对着镜子仔细寻找自己的优点，发现嘴巴还可以，不算太难看，腰还比较细。她就想办法突出自己的嘴，展现自己的腰，经常对着镜子寻找合适的姿态。同时她明白，跟漂亮女人一起交流，内在的修养非常重要。她就用功地读了很多书，各方面的书都看，修炼自己的心智。

在社交场合里，她的打扮都是比较低调的，但却有特点。她举止优雅得体，特别是她的谈吐，言之有物，绝不夸夸其谈，透出她的良好修养。不管是男士还是女士，都喜欢听她说话，她能自如地与你保持和谐的互动，不卑不亢，让大家交流起来轻松愉快，到结束时让你意犹未尽。同时，她学习跳舞，舞步跳得也很标准。她的丑被忽略了，丑，也不是她的包袱了，缺点转化成了她的特点，拥有了自己的魅力。

漂亮很容易成为资本，但如果忽视个人修养，就只不过是个“花瓶”，跟这个丑女孩比就苍白了。

工作着是美丽的

有个学员，长得很漂亮，是个全职太太，看得出她家境很富裕，生活很舒适，就是对丈夫不放心，疑神疑鬼，经常跟踪她丈夫。有时候丈夫在家里，她也要“设计”考验，假装出去办事，然后再假装忘了什么突然返回来，就是想抓到丈夫不轨的证据，她说自己成天过得像特务似的。

刚来上课的时候，她看人都是斜着眼睛，很不友好。其实她的眼睛长得特别好看，就是因为她老是警惕着周围的人，把自己弄得眼睛都变形了。

后来，她找了一份会计工作，有时把报表、账本带回家，铺一桌子，打开电脑写呀算呀。她对丈夫和女儿说：“都别打扰我啊，我要做账。”他们就轻手轻脚的，不惊动她，丈夫还会泡一杯咖啡悄悄放在桌上。她有时候工作到很晚，丈夫站在她身边说：“亲爱的，你工作的样子真漂亮，我拍下来了，简直一幅美人画儿。”女儿也说：“妈，你工作的时候特别好看。”这父女俩，有两年多没见过她这个样子了，她也是好多年都没有听到过这样暖心的话了。

工作让她找回了自己。其实全职太太也是工作，只是不适合她，让她“闲”得老往歪处想自己的丈夫，眼睛都想斜了。

也是因为她找到了自己的位置，让自己重新焕发出了女性的魅力。

少女的心思别小瞧

有一个中学生，从山东来的，我叫她小东，那年14岁。

小东的姨妈是我们的老学员，提前给小东报了名，暑假一到，小东来北京参加少女班训练。第一次课大家见面，少女们议论："咋有个男生？"说的就是小东。小东是胖墩儿，脸也胖，脸上的肉都能把鼻子埋进去了，眼睛也显得小，穿着肥大的T恤、短裤，最突出的是，她头发剪的是寸头，就是一男孩儿样子。

姨妈说她没穿过裙子，就是太胖了，所以来减肥。

少女班的训练也是从体态着手，面呈"王"字、提收松挺必不可少。我们让少女们找小公主那种高傲的美感，体会优雅的淑女姿态，要感觉自己就是一个"美人"，快乐地向上挺拔起来。

可我发现，小东有点儿"刀枪不入"，所有的训练口令在她身上、脸上都没反应，尽管她也动作，却像个木头人。而且她不断举手要说话，我问：

"小东，要说什么？"

"老师，我不想做美女，我要做武则天似的女人，母仪天下。"

同学们听了，有的一愣，有的大笑，我也笑了，心想，少女的心思不可小瞧啊。我说：

"大家别笑，小东说得挺好，她有这个追求，就会更有训练的动力。但是小东你可知道，武则天有个绰号叫'武媚娘'？什么是媚娘？妩媚，漂亮，她首先是一个美女啊，才有条件走进皇宫，成为皇后、皇太后、女皇帝，母仪天下。所以，你也要把自己训练成一个美女，然后再说母仪天下的事。你说是不是？"

她眨巴着眼睛，脸有点儿羞红，点头同意了。接下来按部就班训练，着重让她开双肩、拉脖子、做深层收缩，减肥的效果特别明显。腰身的曲线出来了，肢体灵活了。面呈“王”字的练习，让她的脸也慢慢舒展开，鼻子突出了，眼睛变大了，其实她眼睛不算小，现在有神了。她不再是那个慵懒松懈的胖墩儿了。

她姨妈给我说了一件事：看到小东变化很大，就给她买了一件连衣裙，等她回来，先用布把她眼睛蒙上，给她换上连衣裙，拉到镜子跟前，解开蒙着眼睛的布，小东看着镜子里的自己，不敢相信自己也能漂亮，激动得哭了，转过身搂着他俩的脖子一个劲儿地亲，不知道说什么好，突然对姨夫说：“我叫你爸爸，叫你爸爸！”

小东开学迟到了一天，当她穿着裙子走进教室的时候，全班同学不约而同站起来给她鼓掌，喊着“小东！小东！”这是一个女孩子的蜕变，她变美了。

变化能激发一个人的能量。小东原来的样子被人嘲笑奚落，损害了她的上进心，很自卑，学习成绩总在全班倒数第一第二名。而在此后的一学期里，她的成绩进步到了前16名。

寒假她又走进我们的训练厅，一头短发的美少女，踮着脚尖走到我耳边说：“走在校园里回头率高，好幸福。”

哈……少女的心思真不可小瞧。

一个健身教练的述说

她曾在N市一家大会所里工作了十多年，做健身教练，来“形体梳理”师资班学习的时候29岁。她说自己上高中的时候就喜欢上了健身运动，市面上流行过的所有健身项目，她全都去学过，来之前学的是瑜伽。这样的经历给了她很多经验教训、心得体会。

一次记者来采访，我请几位师资学员也参加，不料她成了主讲人。

我最早是跳健美舞、韵律操的，各式各样的蹦跳很爽。到25岁，觉得蹦跳不动了，减少运动量，身体开始发胖，心里恐慌，就减肥，吃过的减肥药有20多种，长年累月地吃药，直到不敢吃饭，因为消化不了，也解不下大便，吃的东西只能再从嘴里掏出来，吐出来。你们很难想象我怎么一天天熬过来的。我的胃是硬的，又请按摩师给我按摩胃，请中医开中药吃。这次来学习，我还带了两大旅行袋中药呢。每天下了课，我还要到六院去输液。

这情况大家都不知道，听得我们鼻子发酸，心疼她。

我能来学习“形体梳理”是缘分，是幸运。缘分是，半年前我在书店看到了《寻找美丽》这本书，翻一下就买了，却放在家里好几天也没看。那正是我最痛苦、最纠结的时候，心里念着，都是骗人的都是骗人的，我啥没练过，还形体梳理呢！还寻找美丽呢！我命都快没了！但终于，我还是拿起了书，先看目录，“要想不发胖，先把脖子拉长”？“吃饱饭再减肥”？赶紧找这两节看。一夜我把书从头到尾看完，放下书，我大哭了一场。做健身教练十来年，我根本不懂得形体、体态为何物，不懂得减肥为何物，还去教人？想想我以前训练的学员，看她们一个个汗流浃背，拖着疲惫的身子走出训练厅，形体却毫无改善，我不寒而栗，骂自己，我才是个骗子！只知道告诉她们坚持坚持，减肥就要节食，这不能吃，那不能吃。我要做她们的榜样，拼死了也要减肥，结果真要折腾死了。所以我是幸运的，认识了“形体梳理”，认识了马妮老师，要不然我又是一个减肥的牺牲品。

可想而知，她来学习“形体梳理”要比别人付出多几倍的努力。学到中间，她不再吃中药，也不输液了，吃饭慢慢增加饭量，到最后健康毕业。三年后我去N市讲座见到她，她身穿风衣，脚穿中跟鞋，素颜长发，简洁大方，气质优雅，太美了。她说她去年生了一个漂亮的女儿，我真为她高兴。

爱，是个学问

扮演好不同的角色

生活是一个大舞台，无形中，我们都在扮演着不同的角色，有些角色是要扮演一辈子的。

我看过一个女王的故事。女王社交活动很多，常常回家很晚。有一天她夜里回来，丈夫已经睡了，她轻轻敲门，丈夫醒了，明知故问：

“谁在敲门？”

女王说：“是女王在敲门。”

门没有开。女王有点儿纳闷，调整一下自己，第二次敲门。

“谁在敲门？”

“是伊丽莎白在敲门。”

门还不开。女王再做调整，第三次敲门。

丈夫问：“谁在敲门？”

女王答：“你的妻子在敲门。”

门开了，她获得一个热情的拥抱。

这是一个传说故事，它告诉我们：在不同场合，把握好自己所扮演的角色的感觉，是很必要的。做妻子就要找到做妻子的位置和姿态。女王对于国家来说是至高无上的“王”，但她在自己的父母面前是女儿，在孩子面前是母亲，而在丈夫面前就是妻子。

女人的一生，投资最大的是爱情，投资最长的是家庭。一个家庭像一片果园，需要精心照料，浇水施肥，修枝打杈，除草灭虫，它才能健康生长，该开花的时候开花，该结果的时候结果。

家庭也像企业，要经营，它是夫妻双方的事，但一般来说女人负担得更多一些。一万个家庭有一万个模式，到底应该怎么经营？没有统一标准。它需要真爱，还需要智慧，与我们的丈夫一起，耕耘好这块园地。

有些做妻子的，一心一意为这个家，愿意把家里所有的事都承担下来，她是一个好母亲、好管家，也是个好保姆，好财务。但是她往往忽视了最重要的一点，那就是她是一个女人，一个妻子。这种忽视是不知不觉的，以为结婚了，一家人了，没必要讲究什么了。于是自己从里到外，女人、妻子的角色感淡了，就知道干活儿。她对家的贡献很大，却在不知不觉中失掉一些重要的东西。

这样爱适得其反

曾经有一天，我先生的一位诗人朋友到我家来，一屁股坐在沙发上说：“唉，痛苦啊痛苦……”

我先生说：“嗬，诗兴大发呀？”诗人说：“你没体会呀，唉，我老婆跟我结婚都13年了，她怎么一次也没有病过呢？简直就是一头牛啊。”

我一听立刻骂他：“你混呀！你真是有病。让你整天守着个病西施，下班回来洗衣服、做饭、带孩子、拖地，让你累得跟狗一样，看你还痛苦不痛苦。”

他直摇头：“哎呀，你哪里明白……我也想感受感受，老婆生病了，我也能坐在床头，端着个小碗儿，拿着个小勺儿，一点儿一点儿地喂……”

这位妻子岂不太冤枉了？她疼爱丈夫和孩子，她比较壮实，有些胖，里里外外一把手，洗衣做饭带孩子不用说，还把男人该干的活儿也干了。整天在家里穿着大裤衩、背心，头发乱乱的，干活儿干得红头涨脸，毫无怨言。她舍不得让丈夫干活儿，往六楼上扛煤气罐都是她干。我还亲眼看见，她竟敢站在阳台栏杆上，往墙外面钉钉子。这样的活儿她都干？丈夫呢？躺沙发上跷着二郎腿喝茶看电视。她把丈夫当成了大孩子去疼爱，丈夫反而把她看成一头牛。

妻子把丈夫惯坏了，丈夫什么家务活儿都不做，还出去打麻将。回来晚了，妻子睡了，他还能把她叫起来给自己做吃的，伺候他洗澡。要是哪一顿饭做不好，丈夫还发火摔碗，后来还发展到打老婆，家里的气氛越来越不对头了。打得凶了，邻居来劝架，指责他：“还文化人呢，敢打人？”丈夫说：“她又胖又结实，不怕打。”

娘家人知道了痛骂那男人，也骂女儿没志气，没自尊。

她说：“不是没自尊心，我也很痛苦，但我有孩子，看到那些单亲家庭的孩子受委屈，我不能让自己的孩子也那样。不管丈夫对我怎么样，但他对孩子好……”

就为了这一点，她要坚持过下去。

丈夫呢？偏偏嫌她太壮，像头牛，很希望妻子能多一些温柔。而妻子在这方面太没意识，太不讲究，就知道干活儿，不懂得怎么爱丈夫。时间一长，丈夫不珍惜她了。好在丈夫爱孩子，也没有婚外恋，所以妻子选择维持这个家，是对的。现在的问题是，她该如何经营好这个家？

找到做妻子的感觉

我对这位妻子说："你得学会做女人，自古就有'娇妻'一说，要做一个娇妻，不是说你疼男人，不让他干活儿就是爱他了。"

她说："我又不会发嗲，这么个大块头，怎么做娇妻？"

我笑了，说："发什么嗲呀？你要是发嗲还让人肉麻呢。娇妻不是发嗲，也不在块头大小，而在于你心里的感觉。你应该讲究一点儿自己，学会温存，不是一到家就撅着屁股干活儿，他不稀罕，还说你像头牛。别忘了你是个女人！"

我请她来上形体课，跟大家一块儿来"臭美"。

她来了，觉得很新鲜，还有这样练习美的？经过训练，她的胖肚子减下去不少，最重要的是腰身曲线出来了，有体态感了，不再是没有一点儿形的大块头了。脖子向上一拉，胸脯一挺，还是很漂亮的。她压根儿没有想到自己还能这样好看呢。

丈夫见了眼前一亮："哟？感觉不一样了嘛，老婆！"就这么一句话，让她心里舒服了好久。

后来她说，她懂得要温柔了。

有一天她病了，其实她以前也生过病，只是仗着身体好，小毛病自己扛一扛，随便找点儿药吃就过去了。所以丈夫就觉着她从来没病过。她说这一次也不是什么大病，就想躺床上，家里也没收拾，饭也没烧。

丈夫回来一看想发火，见妻子在床上躺着，妻子说："老公，我好难受。"丈夫急忙问："怎么了怎么了？"那是少有的关心语气。妻子说："头疼，身上没劲儿。"丈夫也是真的关心，摸摸她的头又摸摸自己的头："吃药了吗？""吃了，衣服还没洗呢！"丈夫说："算了算了，明天再洗。”妻子说：“今天吃饭怎么办？”丈夫说：“你能起来吗？要能起来咱出去吃。”

这情景都陌生了，又尝到了丈夫关心的甜蜜。第二天她继续有病，给丈夫道歉，还是没劲儿做饭搞卫生。丈夫一时手足无措，还是带着妻儿出去吃饭，也开始动手搞卫生了。

连着三天这样，丈夫有点儿急了。干点儿活儿不要紧，就是老出去吃饭太花钱了，还得做饭吃。他问妻子怎么做，妻子在床上说一句他做一样儿，后来干脆把妻子抱到厨房门口，让妻子坐在椅子上指挥他做饭。

这样一来丈夫有了体会，体会到妻子到底是女人，不是只会干活儿的牛，也体会到了妻子的辛苦。下班回家自己躺着休息，她还要忙不停，一年到头这么做，能不累吗？

诗人心有反悟了，决定少去打麻将，也要做一些家务，比如扛煤气罐什么的。妻子仍然很勤劳，又多了温存，丈夫也知道体贴妻子了，有时候妻子习惯性地去拖地，丈夫就会夺过拖把：“哎哎哎，我的活儿我的活儿。”

这位妻子，懂得了要爱惜自己，又用小“诡计”转变了丈夫的态度，相处融洽了，双方心里都有了满足感。其实，生活里，耍点儿“小阴谋”，搞个恶作剧，也可以成为生活中的浪花，给生活带来乐趣，让家真正成为一家人相互依存的快乐的港湾。

总结一下：我们疼爱自己的男人，一定要让男人对家有足够的责任感，对家有牵挂，这样，男人对这个家才会有最实在的爱，女人绝不要把什么都包办了。

焕发出你的优雅气质

女人有天性的温柔和娇媚，我们不能把它丢掉。为人妻子，有做不完的家务事，但再忙，也不要忘记自己的仪表仪态。夫妻之间出现矛盾的时候，如果抱着一种情绪："我就是老了，就是丑了，我家务事多，我邋遢，怎么着吧！"这是不讲理了。爱美之心人皆有之，男人是爱美人的呀。

"女为悦己者容"，说的就是为爱我们的人和我们所爱的人，要把自己修饰得好看。注意自己的仪表仪态，是爱自己，也是爱对方，爱这个家。

有一次刚下课，一个妈妈抱着孩子哭着进来，劈头就说她丈夫有了外遇，她不想活了。她是个硕士生，比她丈夫的学历还高，以前是她丈夫追的她，好不容易把她追到手，现在有了孩子还不满一岁，他就变心了。她抹了一把眼泪说："我很难过，我要参加'形体梳理'训练。"我心里说：这女子好有性格啊。

她不是美女，也可以说有点儿丑，还有点儿"土"。她穿着一件宽大的外罩，红红的大格子，里面衣服的领子胡乱翻着，下面穿一条说不上什么颜色的秋裤，灰不拉几的。头发是烫的，一个卷儿一个卷儿很乱，像鸡窝，嘴唇口红涂得鲜红鲜红，又厚又大，眉毛画得浓黑，还有点儿倒八字。年纪不算大，可脖子上的褶子却一层一层的了。

说实话，她真伤心，可我却看着好笑，大大咧咧，说话大嗓门儿，旁若无人，也是挺可爱的一个人。对这样性格的人，我觉得可以有话直说。

我说："不管你是研究生还是博士生，你都是女人是妻子。你看你这形象太不讲究了吧？难怪你丈夫不喜欢你。"

她委屈、生气，说："我年轻的时候漂亮着呢，结婚了，家里一大摊子事，哪有时间讲究嘛！"

我说：“男女之间、夫妻之间要有相互吸引的东西，你自己都不爱自己了，怎么叫别人爱你？”

我把她拉到镜子跟前，让她看看自己的形象，她扑哧笑了，来了一句：“孩子都是我带呀。”把我逗乐了。我说：“你愿意来训练很好，你很需要训练的。但你需要静下心来，不能堵着气来训练，堵着气训练效果不会好。”她说她就是下了决心要来训练的。

开始训练她会走神，我知道她是在担心丈夫是不是晚上又不回家，又在干什么坏事呢？我说：“你不要走神儿，你在家的时候他都可以不回来，现在你能管得了他吗？不要去想他，既来之则安之，全身心投入训练。”

毕竟是硕士，理解能力强，悟性好，很快就有了状态。她的身材条件是不错的，不算太胖，很快就训练得有型了。我建议她改变妆容。原来画的眉毛不好看又太突出，都显不出眼睛了，其实她眼睛还是蛮漂亮的。口红要重新选择色彩，不能太红太艳。头上乱糟糟的发卷要重新梳理，简简单单就好，她不适合原先的造型。

这样，她形象改变了。以前看她丑、“土”，被现在的一个知性女人的气质冲淡了。第一次仪态训练课，她穿上裙子、高跟鞋，站在镜子跟前端详自己好久，激动得哭了。我说：“这才是我们的硕士生妈妈的样子啊。”

后来我们成了朋友，她丈夫夸她“我老婆现在是总统夫人的气质”，她很高兴，生活也安稳踏实了。

一个巴掌拍不响

有个学员身材条件很好，毛病是有点儿扣肩。而最大的问题是眉头紧锁，打不开，嘴角向下耷拉着。训练进行到一半了，别人都有了很明显的变化，她却没有。训练气氛那么好，却一点儿都感染不了她。我看出来她有心事，这样训练下去是不会有什么效果的，既花钱又浪费时间，她来干什么呢？

一天下了课，我请她到办公室来，她很坦率地说出了自己的心事。

她说，她现在等着离婚呢，等女儿中考之后就办手续。她结婚十几年了，公婆一直不接纳她。公婆曾为儿子物色过一个对象，他们认为是现在这个媳妇破坏了他们的最佳计划，所以处处跟媳妇过不去。还有两个小姑子也不欢迎她，跟她对着干。

丈夫很爱她，也是顶住家里的压力，选择她做妻子的，这说明他们的感情基础还是很牢固的。结了婚，开始的日子还好，但常年在一种不和睦的环境中生活，搞得丈夫也动不动就指责妻子，以至于到了过不下去的地步。

看来妻子是无辜的，有委屈。她年轻的时候漂亮、活泼，能歌善舞，工作上，为人处世都很出色，单位里有文娱活动，她都是重要的角色。可是进了这个家，却遭到如此待遇，她怎能不伤心、不压抑呢？她说，自从生了孩子以后，就很少再笑过，这十几年一直都是在忧郁中度过的。

从孩子懂事起，夫妻俩就分居了。他们的住房很小，跟婆家同在一个大院儿。她带着女儿住，丈夫跟自己的父母住在一起。

晚上睡觉时，她经常感到身体发热，烦躁难受，就乱抓挠。一次她抚摩到自己的阴部，顿时觉得舒服些。她懂了，这种难受是生理反应，她需要丈夫的爱抚。她很委屈，渴望跟丈夫在一起。但丈夫很少过来，偶尔来一次也未必有那种情绪。逐渐，她有了自慰的习惯。

夫妻长时间不在一起，偶尔在一起，丈夫却满足不了她。她就告诉丈夫，应该怎么做，哪个部位会舒服，会有快感。丈夫非常吃惊，非常反感，说你怎么会这一套，跟谁在一起了？妻子如实交代，说没跟谁在一起，是自己难受的时候无意中发现的。

丈夫的耳朵里，本来就塞满了自己爹妈、妹妹们对妻子的不满，现在，老婆居然有自慰的行为！他不能忍受，认为自己老婆是个荡妇，不是个良家妇人。这使得两人的关系更加恶化，丈夫坚决提出离婚。

她说，原以为成个家不容易，为了丈夫和孩子忍着，维持着这个家，但现在已经维持不下去了。

按说她是一个受害者，婆家人对她不公平。但是，从她的做法看也有问题。

比如，自己的丈夫是你的公婆造就出来的，为了你爱的这个人，为了自己的小家，也应该对公婆尽责，有时候受点儿委屈也是需要的，值得的。十几年了，老人总有生病的时候，做点儿好吃的送过去，他们不会不接受。在日常生活的小事上，对老人关心照顾，也会减少丈夫受“夹板气”。老人不理你，你主动理他们，不算掉价。主动这样做了，紧张的关系就会慢慢软化。这么多年，总会有机会来缓和这种关系的，但她不愿意去做。

一个巴掌拍不响，后退一步海阔天空。一直这样僵着，自己肯定也有问题，不能只怪别人。

还有自慰的问题，要看自己的丈夫能不能接受这样的事情。有人看这事是正常的，有人却反感，认为是放荡。而这个女士的做法太草率了，为什么要告诉他这个隐私呢？她如实说了，不但没得到理解，反而更加重了他们的感情危机。

做事情需要有方法的，方法对了就能顺利通过。这里面也包含着怎么经营婚姻、经营家庭的问题。

这位女士来训练，是因为见到邻居的训练效果很好，她才来的。想参加训练，其实是潜意识里渴望找回正常的生活。可她在训练中却是背道而驰，没弄明白，一直心事重重，愁眉不展，脸色阴沉，就等着一个月以后办离婚，又怎么能训练出效果呢？

我建议她再来上课时，能够舒展眉头，微笑着参加训练，找回好心情，找回好体态。既然来训练了，就在这两个小时里充分地放松自己。如果在女儿中考前这段时间，能够把灿烂的笑容和优美的体态重新找回来，能够宽容、善待家里的一切，说不定事情会有转机，说不定奇迹会发生呢。

她接受了我的意见，训练结束时，整个状态有了起色，但愿能对她未来的生活产生好的影响。

冲动更坏事

说实话，女人遭遇这样的问题，很多时候又是无可奈何的。

几年前有一次谈话课很热烈，谈着谈着，谈到了丈夫，一下子沉默了，过好久有人说话了，含泪诉说自己的不幸。紧接着，又热烈起来，一个接一个说丈夫，这堂课成了控诉大会，控诉男人变心、不忠诚。9点钟下课，这堂课拖到了将近12点。

我看到，婚外恋、婚变让多少女人、家庭跌入了苦海。有些很年轻的少妇，就已经被丈夫“闲置”起来了。怎么办？我想，我们女人能做的，就是要自尊、自信、自立、自强，要理智，不要做傻事。

有的女人就会做傻事，结果事与愿违，越来越糟糕。

我听到过不止一个女人说过这样的话：“他要是敢对我变心，我就杀了他！”

说这句话的时候，有的像是开玩笑，有的咬牙切齿，有的痛苦沉重。不管怎么说的，我想，既然爱过，就不要那么仇恨。感情变化，婚姻变化，总是有很多原因的，需要理智对待，不能冲动行事。

一天早上我还没起床，接到一个电话，没容我问，电话里劈头就是：“马老师我完了，昨天晚上我砍了他一刀。”我知道她是谁了，因为这段时间，她一直在给我讲，她先生可能有外遇，而且也说过如果他敢怎样，就杀他之类的话。

只是“可能”有外遇，她就能动手。我很震惊：“你弄清楚了吗？真有还是假有外遇？怎么都不能冲动，你这样不是加快你这个家解体吗？”

她说，丈夫前一天晚上一回来倒头就睡了，看他那样子就是刚干完坏事回来的，一气之下，拿刀就在他头上划了一下，划破了……当时她先生给她两条路，一个是让她自己提出离婚，一个是起诉她，说跟她在一起没有安全感了。

之前，她怀疑先生有外遇，却没有得到证实，两人为这事闹得不可开交，先生很恼火，说她神经病，就提出离婚。她对我说，她不愿意离婚，哪怕先生真有外遇，她也还想维持这个家。但是，今天她这样一做，把夫妻俩的关系推到了悬崖。后来，他们还是离婚了，这是她最不愿意走的一条路。

如今人的观念是过不下去就分手，离婚已经是很正常的事情。有人说，现代社会离婚率高，也是社会文明的表现。但是，中国人向来是崇尚夫妻恩爱、白头偕老的，其实西方发达国家也一样看重这一点，对自己的妻子或者丈夫不忠诚，同样是会受到谴责的。组成一个家是缘分，来之不易，需要夫妻双方自重，相互珍惜，不要让它轻易散掉。

爱要有缝隙

有句歌词说，爱你爱到骨头里。有一位女技术员就是这样，爱丈夫爱得没有一点儿缝隙。

她把丈夫看成是天底下最杰出的男人，自己深爱他，就认为别的女人也会跟她一样喜欢她丈夫。所以她最怕丈夫跟别的女人接触，时时刻刻都在监督。她经常往丈夫单位打电话，要是丈夫没在，她能拎着一根棍子到处去找，公园的草丛里，河边的树林里，抡着棍子乱捅。丈夫要是回家晚一点儿，她不能容忍，甚至把做好的饭泼到丈夫脸上。她有时会冷不丁到丈夫的单位去“查访”，进门就说：“正宫娘娘来了！”她一直以为别的女人都想跟她丈夫好，她要向别的女人示威。

她大学毕业，有知识也漂亮，但她的行为使她变得很凶很丑，像个泼妇。她丈夫单位里的女同事，没有人敢跟她丈夫多讲一句话。她丈夫比较内向，业务能力很强，是单位的中层领导。因为妻子的所作所为，他经常被弄得很狼狈，很苦恼。人们议论，她这样爱一个人谁受得了，这是霸道的爱，虐待的爱。

除了对丈夫不放心外，其他的事情她都做得非常好。她专业优秀，年年被评为“先进工作者”，家里大人孩子的衣食住行，弄得井井有条，可以说是一个贤妻良母。有一次丈夫生病住院，她对丈夫的疼爱、照顾，真是把心都掏出来了，让周围的医生、护士、病友都深受感动。他们有两个孩子，一男一女很可爱。这夫妻俩刚结婚的时候，曾是叫人羡慕的一对儿。不仅郎才女貌，而且是夫妻双双才貌双全啊。

没想到妻子爱得太“严密”，没有一点儿缝隙。除非她把丈夫拴在腰带上才能放心吧，但这是不可能的。物极必反，正是因为她没有缝隙的爱，导致这个家庭出现了大裂痕。

一次丈夫出差，住在宾馆里。碰巧，他大学的一个女同学也出差住在这个宾馆。一男一女聊天，是他多少年来没有过的了，妻子不在身边，是难得的自由。他们谈往事，谈现在，谈到家庭，他流露出了自己的苦衷，女同学理解他，同情他。丈夫从这个女同学身上感受到久违的温柔，两个人碰出了情爱的火花。

丈夫似乎才感觉到，世上还有这么温柔的女人。他忘了自己的妻子也这样温柔过的。一个男人不能和一个温柔的女人为伴，就是白活了。就这样，他妻子最担心的事情终于发生了。

丈夫是个老实人，鼓起勇气做了越轨的事，回到家就心慌意乱。妻子本来就非常敏感，丈夫经不起审问，事情交代了。

这还得了，家里的战争开始了。妻子把婆婆叫来，诉说自己的委屈，说自己对丈夫那么好，他还背叛她。

她到丈夫单位去闹，向众人数落丈夫的不忠，说以前为什么那样管着他，就是防着这种事呢。丈夫觉得很丢脸，受不了，离家出走了，不知去向。

这个妻子对丈夫的“爱”法，人人皆知，所以众口一词说，走到这一步，都是她自己作的，这样的老婆没有男人能跟她过。大家对丈夫的出轨却并不指责。

妻子当然不认为自己有错，而且万分委屈。

她婆婆是退休教师，体弱多病。她早对媳妇有看法，这回儿子被逼出走了，做母亲的很生气，于是婆媳间矛盾激化，见面就吵。

不料没过多久，老人去世了。她的死本来跟媳妇没有直接的关系，但是却激起了民愤，周围的邻居们都说婆婆是被媳妇害死的。邻居们甚至到区政府门口请愿，要求媳妇偿命。

事情恶化到这个地步，对妻子是五雷轰顶，她无法辩解，人们的成见、舆论的压力太大了，她要崩溃了，被迫逃出了这个城市。

她走了，丈夫回来了。丈夫很通情达理，不相信妻子会害死老人。但他想好了，离婚！处理完母亲的丧事，他就去打听妻子的下落。

妻子躲在外地一个多月回来了，丈夫提出离婚，她流着悔恨的眼泪，反过来请丈夫原谅她。

她也是我的一个学员。回想这些事的时候，她感慨万千，她说：“这一切不都是因为我爱他吗？”他们没有离婚，丈夫也没有再提起过，但双方的心里，都有了一个结实的疙瘩，很难化开。她说她现在性格都变了，平稳了很多，但她所向往的一个完美无缺的丈夫和一个完美无缺的家，都有“缺”了。

我对她说：“过日子没有十全十美的，但照你原来那样去爱一个人，那么霸道，就能完美无缺了吗？看上去你很强大，谁也不敢惹你，其实是你不自信，不宽容，是自私啊。爱一个人就要信任他，尊重他。该是你的终归是你的，不该是你的你拴也拴不住。”

要有生命的跳动

生活的磨难各种各样，很大成分是来自爱情、婚姻和家庭方面，而且这些磨难又是最折磨女人心的，有人说这叫“内耗”。跟这种内耗相比，我们在工作上、事业上或者人际交往上遇到的麻烦和苦恼，就不算什么了。

有一位女士四十来岁，形体条件非常好，长得也漂亮，我说她有这样的形体条件不做舞蹈演员可惜了。

她形象好，但她的心却是拒人千里之外的。她的眼神不太友好，特别是对比她年轻的女性，她会有一种莫名的敌意，看谁都不顺眼，也很少与人交流。我不了解她的具体情况，但能看出来她心里有一块东西压着她。

她家境也不错，穿衣服讲究，看得出都是用心搭配的。她开着宝马车来训练，连着参加了两期训练，又经常来回课。可是，她的训练没有什么效果。她在学员中是最漂亮的，让人看着却并不美。我在想，她来训练什么呢？是来消磨时间吗？她的形体毛病并不严重，就是有点儿扣胸，但训练这么久了，她的胸都一直也没有打开。我知道她有心事，神情冷淡，几乎没有笑容。所以虽然有很好的自然条件，却没有女性的美丽。

她的神态总给人一种压力，我们的员工都不喜欢接近她，我有时候见到她，情绪都会受影响。但我还要尽我的职责，每次走到她跟前我都鼓励她："把自己展开一些，有什么心事，找人谈谈，别憋在心里。"我悄悄对她说："你在咱们班是最漂亮的，你应该是一只美丽的白天鹅，但你现在的样子倒像只凶凶的黑天鹅，你可知道吗？这样说你别不高兴。"

课后她跟我说她身体不好，有乳腺增生，经常头晕恶心。我说："我猜你主要是心病，生活条件再好，也冲不掉你心里的苦。你的身材够标准的了，但还是盯着这儿有点儿肉，那儿有点儿肉，还要减肥。其实你不需要减肥，再减身上就没内容了，女人身上是要有内容的。你训练了这么长时间，只是机械地跟着动，认为这里可以让女人美，你就来了。可是你的心情一直没跟上来。我们说要放松心情，面带微笑，你就是不动心。实际上，你没有认识到女人美的最重要的内涵——心态的美。外形再好，心里却一直阴云笼罩着，你的美是空壳，不能动人。"

我的话很直接，对她也有触动。

她告诉我，她跟她丈夫是大学同学，毕业后都有一份很不错的工作。后来丈夫"下海"了，公司办得很大，就不让她上班了，说她去上班的工资还不够开车的油钱呢。她觉得也是，就辞掉工作，做起了全职太太。

她说，什么全职太太？就是高级保姆，跟社会接触很少，没有朋友来往，整天在金鸟笼、安乐窝里转悠，没有了自己的事业。开始丈夫有什么社交活动还带她出去，慢慢地就不带她了，说她出去说话像外星人，跟时代接不上茬儿了。丈夫就带着女秘书参加活动，慢慢地女秘书变了味儿，成了他的情人。

最让她痛苦的是，那个女秘书又矮又丑，学历也不高。她本来没把她放在眼里，认为这样的女人跟着丈夫很安全，没想到丈夫就是喜欢上了这样一个女人，她恨透了这个女人。

她说自己经常一个人在家喝酒，然后走到阳台上，计划着怎么杀死这个“第三者”：用枪打死她，太便宜她了；用刀割，一刀一刀地割，要看着她痛苦地死去；或者咬死她，先咬这儿，再咬那儿，一口一口把她咬死。像是演电影。

她恨丈夫。他俩都喜欢写诗，谈恋爱的时候写了那么多情诗，海誓山盟，爱得又深沉又浪漫，今天怎么如此薄情了呢？

她的心被扭曲了，抱着痛苦和仇恨挣扎着，成天琢磨着怎么报仇，报仇的欲望一分钟都没有停止过。她仇视一切，为一点点小事就能跟别人吵起来，她来参加训练，还是仇恨在心，放不下来。

我对她说：“既然来训练了，还想着报仇，盘算着怎么制伏他们，有用吗？结果就是你的眼睛里充满了敌意，越来越不招人喜欢。都说女人陷入这种痛苦里不能自拔，是在用别人的错误惩罚自己。你就是在惩罚自己，自己在心里酿造的苦酒，也只有你自己喝。所以要正视现实，起码在来训练的时间里甩开一下，绽放一下自己，你很漂亮啊，慢慢调整心情，慢慢走出来。”

这件事还告诉我们一个道理，女人要工作，要有自己的事情做，哪怕工作不起眼，你可以每天为这份工作去紧张，去梳洗打扮换衣服，赶时间上班，迟到了要罚钱，任务完不成要加班……为了这份工作，你要跟上时代节奏，让生命跳动起来。这是一个女人很需要的生命的跳动。这样，女人就不完全是一根藤了，也是一棵树。即使另一棵树没了，自己还能挺立起来。

黄巷

Part 4

我的方法

改善形体、减肥没有灵丹妙药，

如果说有的话，它就在自己身上存在着，

“形体梳理”可以帮助你把它开发出来。

方法，对于减肥、改善形体很重要，

但是，树立正确的观念和良好的心态，

比方法本身更重要。

“形体梳理”的方法简单，但却是深入浅出的，

要在经过切身的体验过程之后，

再化繁为简，让她随时随地可以运用。

几个概念

先简单介绍一下内分泌、经络穴位、丹田、脊椎这几个概念，它们和“形体梳理”关系很密切。对这方面的知识，不需要去强记它，只要有个基本了解就可以了。

内分泌

人的内分泌系统是一个极其复杂微妙的系统，它不像外分泌有导管，它没有导管。它的分泌物叫作激素，是通过血液或者淋巴输送到全身的，直接进入血液循环。

内分泌系统由多种内分泌腺组成，各有各的功能，但它们之间又有密切的联系，相互协调，共同对人体内的各种新陈代谢起着调节的作用。

内分泌失调，就会导致人机体的内在平衡被打破，就会出现精神倦怠，腰酸腿软，免疫力下降，浑身乏力，也会导致许多疾病。

经络穴位

这是中医的概念。

人体经脉分正经和奇经两类，正经十二条，奇经八条。十二经脉是气血运行的主要通道，而奇经八脉具有统率、联络和调节十二经脉的作用。

任脉和督脉就是奇经八脉中两条最主要的脉。

任脉，从会阴穴起，沿身体正面中线向上，到面部下嘴唇的承浆穴止。

督脉，从尾骨下面的长强穴起，沿身体背后中线，也就是沿着脊椎中线向上，经头顶百会，到面部，到上嘴唇内的龈交穴止，也可以记成是到人中为止。

任、督两脉通过舌尖与上颌轻轻地相触，也就是舌尖抵着上颌，这两条脉就沟通了，正好环绕人的上身躯干一周。

任脉上常用的穴位有：

会阴，女性是在大阴唇后联合与肛门连线的中点；

曲骨，在下腹部，前正中线上，耻骨联合上缘的中点；

关元，在下腹部，前正中线上，肚脐下四指；

气海，在下腹部，前正中线上，肚脐下二指；

神阙，在腹部中央，也就是肚脐；

中脘，在上腹部，前正中线上，肚脐上四指强；

承浆，在面部，前正中线上，下嘴唇唇沟的正中凹陷处。

督脉上常用的穴位有：

长强，在尾骨骨端下，与肛门连线的中点处；

命门，在腰部，后正中线上，第二、三腰椎棘突之间凹陷中，约与肚脐相对；

大椎，在后正中线上，第七颈椎棘突下凹陷中，低头平肩中点处；

风府，在颈部，颈后正中线上，入发际一指强，枕外隆突直下，两侧斜方肌之间凹陷中；

百会，在头顶，正中线上，与两耳尖连线的交点处；

印堂，在面部，正中线上，两眉之间；

人中，在面部，正中线上，鼻下上嘴唇人中沟处。

还有一些常用的穴位，不在任脉和督脉上：

风池，在颈部后，入发际，与风府穴相平，两侧凹陷处；

天枢，在腹部，肚脐两侧二指强处；

气户，在胸部，锁骨中点下缘，约乳头直上处；

大包，在腋下中线上，腋窝与第十一肋骨端连线的中点处；

三阴交，在小腿内侧，脚内踝尖上四指，胫骨内侧缘后凹陷处；

涌泉，在脚底，脚掌前三分之一中间凹陷处；

腰眼，在腰部，第四腰椎棘突下，旁开四指强凹陷处；

承扶，在大腿后面，臀下横纹的中点处。

丹田

俗称小肚子，也叫下丹田（印堂被称作“上丹田”），任脉正好穿过这个部位。

道家称丹田是男人的精房，女人的胞宫，实际上是储藏人的精气的地方。医学上称之为男人用以藏精、女人用以约血的地方。中医有句话说，男人一天一恭，女人一月一经。这是人体的自然循环状态。调整好丹田，对于将身体保持在一个良好的循环状态，是很重要的。

脊椎

脊椎是人体的中轴，是生命的支柱。它由若干个椎骨借助椎间盘、关节和韧带紧密连接而成，分为颈椎、胸椎、腰椎、尾椎四段。

颈椎7节椎骨，胸椎12节椎骨，腰椎5节椎骨，尾椎7节椎骨。

它在人体中的重要作用是不言而喻的。它的关节，除了静卧的时候以外，无论坐着还是站着，都要承受相应的重力。其中，椎间盘是全身各种组织中最早出现退行性改变的组织。

脊椎方面的一些病症影响着人们的健康，也影响着人们的形体。特别是颈椎这一部分，是更容易出现病变的部位。比如颈椎病，就给人们带来了很多痛苦。

疏通内部气息

人的各种形体的毛病，不论是胖是瘦，不论是颈部错位、胸部不挺括、扣胸塌背，还是臀部下坠、行走拖沓等，除了自己把握形体不得法以外，还与人的惰性和内分泌失调有很大关系。所以，调整内分泌，从内里铲除人的惰性，对于改善形体是很重要的一步。

我把中医经络的原理与肢体动作配合起来，着重调动任脉和督脉以及相关穴位的功能，刺激经络穴位，促使内分泌系统有序化，使机体保持在正常、健康的运转状态。

“形体梳理”的内部气息梳理，是把体态的正确感觉与疏通经络气息的手法结合起来做的，这与其他气功一类的做法有根本的不同。在运用这套方法的时候，请注意这个区别，每一个动作都不要丢掉“提收松挺”的体态感觉，因为我们的目标是改善形体、塑造体态。

疏气养气深呼吸1

上天赐予我们正确的形体感觉是尾椎、腰椎、胸椎、颈椎成一直线，向上牵引。

身体直立，双脚并拢。目光平视远方，两眼可以睁开，也可以微闭，舌尖轻抵上颌。两肩放松，自然向后扩展，两臂自然下垂，胸部自然挺起。

眉头打开，面呈“王”字，提收松挺，从容自信。

让我们保持着这样的体态，舒展优美，调整气息。掌心向外，两臂自体两侧缓慢上抬，中指用力伸长，感觉能触到天际。两臂伸直上举至头顶，两掌相合，随之下落至胸前合十。

两手分开，随两臂向后平伸，中指用力伸长，转掌收拢，经体侧向上拢向头顶，两手指尖相触，慢慢下落，轻轻抱住头顶，深呼吸。

两掌经耳边下落，至胸前，掌心向前，随两臂侧平伸，收拢，拢至面前，屈肘端平，拢向印堂，中指点按印堂穴，深呼吸。

转掌心向外，随两臂大幅度画圆，中指伸长，画至体两侧，开肩扩胸，屈肘，两掌掌心贴住腋下，不要耸肩，深呼吸。

转掌心向下，两臂向前伸展，中指伸长，经体侧至背后，开肩扩胸，拢向命门穴，掌心贴住腰眼，深呼吸。

形体梳理训练中

收膝，提臀，挺胸，下前腰，腰腿尽量保持挺直。两手沿臀部、腿的后侧向下抚擦，经脚跟、脚趾至脚内侧，以中指找脚心，深呼吸。

两手向上抓住脚腕，中指点按三阴交穴。下蹲，提臀，连续做3～6次。

提收膝盖，提收会阴，挺胸扩肩，身体直立起来。

两手抚擦至曲骨穴，点按；至气海穴，点按；至肚脐，点按；沿腰带向后抚擦至命门穴，点按。掌心贴住腰眼，深呼吸，养气。

两掌随两臂自体后经体侧向上收拢，中指伸长，拢向头顶，向上牵引。

两掌随之下落，经面部、颈部、胸部、腹部至肚脐，两掌相叠，掌心贴住肚脐，深呼吸，养气。

还原。

掌心张开，中指伸长，随两臂上下交叉大幅度画圆三次。

两臂分落体侧，随之向前合拢，与肩平，至面前，中指指尖相触，屈肘端平，拢向承浆穴，中指点按，深呼吸。

指尖轻擦皮肤向下划动，经下巴、颈部、胸部、腹部至中脘穴，点按；至肚脐，点按。两掌下滑轻揉腹部三次。

继续向下划动，意念到达会阴，提收会阴。两手分开，沿大腿部绕至体后，中指相触在长强穴，点按。

向上划动输气，经尾椎、腰椎，至命门穴，点按，掌心贴住腰眼，揉动三次。继续向上，意念到达胸椎，两手分开，经腋下绕肩至背后，中指相触在大椎，点按。继续向上划动，经颈椎至风府穴，点按；至百会穴，点按；继续划动，经印堂穴、鼻尖、至人中穴，点按。两肘端平，注意舌尖轻抵上颌。深呼吸。

两臂交叉大幅度画圆，中指伸长，向体后扩展，经体侧至体前，两手相叠，掌心贴住肚脐，深呼吸，养气。

还原。

疏气养气深呼吸2

坐成莲花座，颈椎、胸椎、腰椎、尾椎，感觉成一直线，向上牵引，头顶找天，两肩放松，自然向后扩展，目光平视。

两臂相抱于背后，两眼微闭，舌尖轻抵上颌。眉头打开，面部呈“王”字，从容自信。

松开双臂，两掌自体后经体侧向上收拢，中指伸长，拢至头顶上方，掌心相对，向上牵拉。然后，保持掌心相对，两臂分落体侧。再向上收拢，再分落体侧。如此反复做三次。到第三次分落体侧，两臂向背后扩展，两腿随之伸开，与上身成90度。两臂连续经体侧向体前收拢。同时，挺胸，俯身，两手拢至脚面，顺腿内侧向上收拢，拢至肚脐，点按。深呼吸。

上身仰卧下去，两手平放于体侧。

收腹，提臀，提收膝盖，脖颈伸长，下巴找鼻尖。

身体拉长。意念中，头和脚向两端延伸，感觉整个身体像根棍子，一直触到天际。又感觉身体慢慢飘起来。双手交替搓揉腹部12次。

双手紧按腹部，感觉身体慢慢下落，落至地面。

两腿分开，两手十指指尖相触，罩在肚脐上。提收会阴，意念中，清新气息汇入下丹田。

两腿并拢归位，两手重叠，掌心贴住肚脐，深呼吸。

揉腹，逆时针揉12次，顺时针揉12次。深呼吸。

还原。

关于深呼吸

呼吸是本能的，下意识的，一般情况下不会感觉到它。而深呼吸，则是把呼吸组织起来，成为一个有意识的身体活动。

深呼吸是把胸式呼吸和腹式呼吸结合在一起的呼吸方法，它带动胸部、腹部相关联的肌肉、器官进行较大幅度的运动，更多地吸进氧气，吐出二氧化碳，帮助我们排出肺内的残气，吸入更多的新鲜空气，给体内的各个脏器供应所需要的氧分，同时增强血液循环，改善脏器的功能。

深呼吸对于放松情绪、解除疲惫都是有好处的。

有学员说，她们在别的健身训练中也有深呼吸，但总是学不会，掌握不住深呼吸的时候，肚子怎么样鼓起来再收回去。这个一鼓一收是小肚子在动，还是整个肚子都在动？弄得不会呼吸了。

听起来有些复杂，其实在具体做的时候，不需要想太多。谁不会呼吸呢？不要把注意力放在肚子上，不要去想肚子怎么样起伏。就从自然呼吸开始，鼻吸口呼，慢慢地把吸气和呼气延长。注意不要把气憋在胸腔，让气息继续向下进入腹部就可以了。

我们的深呼吸，还是归结到体态上来做，简单化：膝盖绷直，臀部提收，鼻子缓缓地吸入一股长气，像闻一束鲜花，然后再从口中慢慢地呼出。

至于其他，胸腔、肚子该怎样动？不要去想，只关注一呼一吸，你的胸腔、肚子的状态就是对的。

点按穴位

用点按手法，刺激经络穴位，加强内部气息通畅，也是形体梳理的重要环节。这个环节，最好与整个梳理的步骤结合起来进行，单独点按穴位，效果有限。但是经常点按，有益无害。

点按穴位可以根据自己的身体状况进行，点按的感觉是酸、麻、胀、疼。

比如，配合改善臀部下坠，可以点按“承扶”；配合腹部减肥，可以点按“中脘”“气海”“天枢”“三阴交”；配合解决其他形体问题，还可以选择阿是穴，实际上也是一种简易的按摩，等等。

梳理外部肢体

基本动作

下面所讲到的动作方法，更多是提示性的，不是“一二三四五六七八……”地写出来的。

任何一种动作方法，用文字都是很难表达清楚的。我想多说身体的感觉，请大家多体会，可以试着做，也可以适当发挥。中心是体态正确，心态平和。

不要勉强去记一套一套的动作，根据自己的需要，拎出少量的几个动作，走着站着坐着睡着，随时随地都可以运用，把方法与日常的活动融合在一起，就可以轻松自如地控制自己的形体。

早上起来洗脸刷牙的时候，洗衣服做饭的时候，等车坐车、骑自行车、乘电梯、排队挂号的时候，与人谈话的时候，办公的时候，看电视的时候，睡觉前和睡醒了以后在床上的时候……你什么时候想做，立刻就能做，愿意做多少时间，也是随意，十分钟八分钟也行，三分钟五分钟也行，一分钟半分钟也可以。

这样，改善形体、保持体态的主动权，就会掌握在自己的手里。

面呈“王”字

这是一个面部的动作，是一个表情，也可以把它列入内部气息疏通的动作里。

展开眉头，眼角向两边拉，一横；脸颊向两边拉，一横；嘴角向两边拉，又是一横，一共是三横，鼻子是一竖。呈现出一个微笑的状态。向两边拉，是放松的轻轻的一种感觉，而不是生拉硬拽。

这样做是为了能有一个好心情参加运动。如果是愁眉不展，心事重重，耷拉着脸，倒不如不运动。面呈“王”字就是要唤起好心情，它是“形体梳理”训练始终需要保持的状态，是不可缺少的一个动作。

眉头展开，眉在笑；引导双肩展开，肩在笑；再带动臀部上提，臀在笑；牵动全身都在笑。

通过这个简单的面部表情，从外到内，再从内到外，慢慢地诱导自己的心情变得轻松，让肢体更舒展，在这种状态下进行训练，才能真正有效果。

“洗脸”

洗脸，乃洗心也。这是从面呈“王”字衍生出来的一组把杆动作。

单手扶把杆，侧身站立与把杆呈90度，外侧腿向前迈出一步成主力腿，身体重心在前；内侧腿在后为动力腿，前脚掌着地。在音乐伴奏下，两腿交替作为主力腿和动力腿，也就是身体的重心一时在前，一时在后，配合头部扭转，面呈“王”字。

完成一个段落之后，转过身换另一只手扶把杆，动作相同。

这组动作需要优美的音乐伴奏，强调面呈“王”字，强调舒缓心情。比如用歌曲《月亮代表我的心》伴奏，随着旋律节奏，变换主力腿和动力腿，再把歌词化为内心独白，体验歌曲的意境和美感，慢慢地清洗掉心里的杂质，洗去烦恼，洗去找碴儿的脸色和抱怨的眼神，让自己面容清爽起来，眼睛明亮起来，心情舒畅起来。

注意面呈“王”字的要领——放飞心情，让微笑从内心发出。

提收松挺

“提、收”，就是系腰带以下的部位，膝盖、臀部、腹部向上提收；“松、挺”，就是系腰带以上的部位，前胸、后背、颈部向上挺拔，两肩放松。

提收膝盖，提会阴，夹肛门，提收臀部；提收腹部，感觉肚脐向背后找命门，不要塌腰挺肚子。

两肩向后扩展，同时要放松，两臂自然下垂，胸部自然挺起。

不要抬下巴，感觉喉头找头顶百会，脖子向上挺立，引导整个脊椎在感觉上成一直线，向上牵引，头顶找天。

“提收松挺”里面最要注意的是“松”。整个身体是拉长的感觉，但面部、下巴、脖子、两肩都不能僵滞，要放松，保持平稳呼吸。眉头打开，面呈“王”字。同时体会女性最美的颈部和高贵的胸部。

这就是“提、收、松、挺”的正确体态。

“提收松挺”是一个相对静态的动作，但在静态中却有生机勃勃的机体活动。它对于控制多余脂肪的滋生和堆积，对于防止形体毛病任意地泛滥，对于改善各种形体毛病，都有非常重要的作用。

可以说，这个看似简单的“提收松挺”，既是我们要达到的形体目标，又是最重要的训练手段，它贯穿“形体梳理”的始终。

九点靠墙

用“九点靠墙”的做法加强“提收松挺”的效果，尽快找到正确的体态感。

九点靠墙做法很简单，两腿并拢，背靠着墙面站立，身体后面的九个点贴着墙面，这九个点就是：两只脚后跟、两个小腿肚、两个臀尖、两个肩和后脑勺。九个点尽量贴住墙面，保持“提收松挺”状态，面呈“王”字，自然呼吸。

注意提收松挺的要领，保持状态的时间可长可短，量力而行。

开肩拉颈

开肩拉颈是调整体态中最重要的步骤，对于克服扣肩塌背、脖子前伸、脖子向下坐等形体毛病至关重要，也是减肥的关键步骤——“要想不发胖，先把脖子拉长”。

拉长脖子和展开双肩的动作是相互牵连的，我设计了一种动作：双臂平伸向后扩展，双手在体后握住上下起落，就像燕子飞翔的样子（我把它叫作“小燕飞”）。双手相握在体后上下起落，重点在于两臂伸直，肘关节不能弯曲，感觉到肩胛骨部位的活动很明显，好比燕子的翅根部位，应该非常有力量，它的翅膀才能承担起长距离的飞翔。这里面还要注意，两臂向上抬的时候要量力而行，不要为了抬高手臂而影响了脖子向上拉的状态和膝盖绷直的状态。

拉长脖子，无论你的脖子长或短，我们说是一种感觉上的拉长，用喉头去找头顶的百会穴，向上牵引。注意把两个锁骨中间的小坑（三角窝）拉出来。

提会阴、夹肛门

要弄清楚会阴和肛门这两个部位的区别。我们说“提会阴”，是以先提会阴带动腹部、臀部、大腿这一带在动。我们说“夹肛门”，是以先夹肛门带动这一带在动。

实际上，说提会阴的时候，肛门、肚脐也在动；说夹肛门的时候，会阴、肚脐也在动，但要弄清楚哪个部位先动的，好为以后的减肥科目做准备。

另外，经常练一练提会阴、夹肛门，对尿频会有改善的作用，有助于提高女性的性生活质量，有助于延缓更年期，也会缓解一些更年期症状。

这个动作可以随时随地做，站着做、躺着做都可以。

活动脊椎

活动脊椎可以站着做，也可以坐着做。

站立活动。两腿分开，与肩等宽，双手叉腰，眉头打开，面呈“王”字，提收松挺。

先从上至下：

颈椎，低头，感觉到颈椎拉动；

胸椎，两肩往前扣，感觉胸椎拉动；

腰椎，收肚脐，向后找命门，感觉腰椎拉动；

尾椎，收紧肛门，提收臀部，感觉尾椎拉动。

再从下至上：

尾椎，收紧肛门，提收臀部，尾椎挺起；

腰椎，立起腰部，肚脐仍然是找命门的感觉，不要腆肚，腰椎挺起；

胸椎，扩胸开肩，胸椎挺起；

颈椎，抬头，喉头找头顶百会，颈椎归位，向上牵引。

如此上下反复，次数不限。

坐式活动。可平坐，坐成莲花座，也可坐在椅子上。坐莲花座时双手扶膝，坐椅子时双手叉腰。面呈“王”字，头顶找天，两肩向后扩展，自然放松。动作同上。

不论站立式还是坐式，都是从上至下，再从下至上。颈椎、胸椎、腰椎、尾椎；尾椎、腰椎、胸椎、颈椎。活动的节奏可快可慢，以能感觉到脊椎的拉动为准，反复次数不限，量力而行。

活动脊椎，就像是在擦洗它，像打扫灰尘一样。通过活动，可以防止它生“锈”，还可以清除它的“锈”，对脊椎上的病症，特别是颈椎病，都有明显的缓解作用。与此同时，也就增强了脊椎的力量、韧性和灵活性，使它更好地支撑躯体挺拔起来。所以，活动脊椎是“形体梳理”的一个非常重要的内容。

半脚尖站立

这是借鉴芭蕾基训的一个动作。

一次乘公交车的时候，没有座位，我手扶着一张椅背，无意中踮起了脚尖，身体挺拔的感觉好极了，后来，我就把它作为“形体梳理”最基本的训练科目了。

没有专业把杆，随便扶着一个稳固的物体就可以做，比如椅背、桌面、窗台、墙壁都可以。扶把杆的动作，力量不在手上，而在腿和脚上，扶把杆是为了保持身体稳定平衡。

双手扶把，两脚并拢，“提收松挺”站立。然后脚跟离地，尽可能抬高，脚面尽可能绷直，身体的重量全在脚前掌位置上。踮起脚跟的时候，身体不要晃动，胸部先有感觉，向上挺拔。膝盖绷直，不能挺腹撅臀，而要收腹提臀，整个身体直上直下，保持“提收松挺”。身体向上牵引，拉长，感觉头顶能触到天。

注意“松”的感觉，两肩向后扩，并自然下沉。舒展眉头，面呈“王”字，眼睛平视前方，最好少眨眼睛。回想往事，回想自己最清纯、最快乐的时光，体会女性颈部、胸部的美感和高贵感。

半脚尖站立，一次一至两分钟即可，不在于时间长短，关键是要保持体态正确。

结束的时候，脚跟落地要缓慢，身体笔直下落，保持“提收松挺”的感觉不变。脚跟完全落地之后，不要松懈，将两手重叠，右手掌心贴住肚脐，深呼吸三次。

半脚尖站立，有助于恢复、增强腿的力度，有助于解决下肢重的问题，可以使腿部轻巧，身体不会往下坠，还有助于控制身体的重量。

总之，它更加强了“提收松挺”的效果。

下胸腰

胸，是女人最高贵的部位，我们用下胸腰的动作来梳理出它美的韵味。

女人的气质和魅力，表现最直观的地方就在胸部和颈部。有不少女性，身材本来是很不错的，但给人的感觉总是缺少点儿女性的风姿，很重要的原因就出在胸上。挺胸是人人都知道的，但不少人在挺胸的同时，把后腰塌下去了，腰一塌，胃和腹部突出了，同时挺得僵硬，“美”得很勉强。

胸部容易出现的毛病是胸部不挺括、扣胸等，下胸腰就是要解决这个问题。

胸腰，这个部位最能体现“提收松挺”中的“挺”字，挺的位置就在戴胸罩前后这一带。在挺胸的同时，命门和肚脐是“提收”的，双肩是在放松的状态下向后扩展的。

不要用侧腰，侧腰是为舞蹈设计的训练动作，我们不教跳舞，练侧腰往往会影响到下胸腰，导致下胸腰做得不准确而影响效果。

不要塌腰，也就是命门不要向前顶。塌腰是比较难克服的一种形体毛病。

一手扶把杆，双脚并拢，半脚尖站立，另一手臂侧平伸，注意肘关节伸直，手势呈兰花指。保持腰部挺立，肚脐找命门，在戴胸罩的地方找挺胸的感觉。

维持站立1～2分钟，做完一侧，转身换手扶把杆，做另一侧，动作同上。

不要忘记面呈“王”字，体会天使一般的美感。

下蹲

也是借鉴芭蕾基训的动作。

单手扶把杆，保持身体平稳。“提收松挺”站立，两腿分开，略比肩宽，脚呈“外八字”，另一只手臂侧平伸。

缓慢下蹲成马步，下蹲时，膝关节的角度不要小于90度，两膝尽量向外扩展，开胯。下蹲到位不停顿，接着缓缓起立。

不管是蹲还是起，要始终保持颈椎、胸椎、腰椎、尾椎向上牵引的感觉，扩肩挺胸，两肩放松，面呈“王”字。同时，做动作的时候要胸感在先，也就是先有胸的感觉。

身体始终保持平稳，不俯不仰。肚脐找命门，收腹，提臀，同时臀部向前顶。

我们见到过西方宫廷的女人骑马的形象，据说那有助于培养高贵优雅的气质。有的就是通过骑马来训练形体。人骑在马上，不能抠抠搜搜的，必须身体端正，脊椎挺直，肩部、颈部、胸部、腰部的感觉也随着到位，就会显得端庄、潇洒。

下蹲的马步就是模仿骑马的姿势，上身直上直下，不要前倾，也不要后仰。不在于蹲的幅度大小，关键在于体态正确，注意不要撅屁股。

下蹲时，平伸的手随着下落至体前。起立时，手随之自体前上抬，起立到位，手再划向体侧。眼睛随手而动，一蹲一起，反复数次。

下蹲可分两边做，左右手轮换扶把杆，做的次数自己掌握。完成动作之后，两手重叠，掌心贴住肚脐，做深呼吸。

下蹲有助于增强膝盖的柔韧性和力度，有助于消减大腿、臀部、腹部的脂肪。

下蹲时，设想自己是一个木头人，木头人的头和臂可转动，膝关节可弯曲，但躯干不能随意弯曲，这样来保持身体端正。

这个动作稍有难度。在有一定难度的情况下，还要保持形体的“提收松挺”状态，所以，这个动作在培养女性体态美感上，功能性很强。

分解动作

前面的基本动作，目的是对形体做一个基本的整理，捋顺它，感觉正确的体态应该是什么样子。接着，就需要和肢体分解的训练动作结合起来，逐一进行梳理，从而获得正确优美的体态。

分解训练是相对的，“牵一发而动全身”。无论做什么动作，都要在整个身体“提收松挺”的状态下进行。

头部和颈部

我们把头和颈看作一个部位，这是影响一个人形体形象的最明显的部位。特别是颈部（脖子），从生理上看，它在头和躯干之间，比较细窄，很多重要的组织器官都集中在这里。而在结构上，它又是人体中比较脆弱的部位。它的脊柱（颈椎）要有坚强的支撑力，来支撑起头部。还需要有比较大的、又很敏锐的可动性，来适应视觉、听觉和嗅觉等的刺激反应。从形体上看，它又最能展示女性的美。所以，颈部对于人的健康和美丽是关键的。

颈部错位很常见。颈部不能拉长伸直，不在正位上，会导致脖子皮肤松弛；或出现重下巴，脖子后面出现一块肉团；或引发颈椎病等。颈部的问题又会导致一系列的形体毛病，比如扣胸、耸肩、塌腰、挺肚等。

针对减肥，我提出“要想不发胖，先把脖子拉长”，那么，要解决其他形体毛病，同样需要先把脖子拉长。

活动头部和颈部的做法是，后脑勺和颈椎拉直向上，喉头找头顶百会，然后做转动脖子、向四面点头和伸长脖子的动作。

转动脖子。把头低下去，摸到颈椎中最突出的那一节椎骨，以它为圆心，以下巴为一个点，画圆。向前、向左、向后、向右都要努力拉长，找最大半径画圆。然后反方向画圆，两个方向交替。

点头。仍以突出的那一节椎骨为圆心，以头顶为一个点，分别向左、向后、向右、向前四个方向做点头的动作，而不是画圆。头顶也是向点动的方向伸长，找最大半径。先左方向做，再右方向做。

这两个动作都是以脊椎为圆心进行的，但一个是以下巴为动作的点，一个是以头顶为动作的点，一个是画圆，一个是点头，在做的时候要感觉它们的差别。

做的速度不要太快，用力不能过猛，防止头晕，防止伤害颈椎。先试着来，慢慢增加力度，次数可多可少，可以随时随地做，灵活掌握。

伸长颈部。仰脸，下巴向上找鼻尖，然后带动脖子依次向正前上方、正前方、正前下方、胸前、喉头运动。到喉头时，下巴尽量贴近脖子，再仰脸，下巴去找鼻尖。然后再重复。等于是下巴带动脖子，在正前方前后画一个圆。身体尽可能保持不晃动。

这样活动可以预防或者改善颈椎的僵滞状态，促使颈椎灵活有力，挺拔向上，同时有助于清除脖子的多余脂肪和皱纹，改善重下巴的状况，也有助于消除脖子后面生长出来的肉团。

这个动作对颈椎病病症，也有一定的缓解作用。治疗颈椎病用的器械牵引疗法，人是被动的。如果我们能开发出自己向上牵引的能力，岂不更好。

肩部

肩部，是上臂和身体相连的地方，由肱骨头和肩胛骨构成的肩关节，能进行屈、伸、收、展、旋内、旋外等多种活动，是人体中活动范围最大的关节。

肩部的正确状态，应该是向体两侧平展开来，在胸廓的支撑下自然下垂。每个人自然条件不一样，有的肩偏宽，有的肩偏窄，这是无法改变的。我们要防止、要改善的是端肩、耸肩、扣肩等形体毛病。

这个部位可以活动的方式较多，也比较容易做，但我们往往不注意发挥这个部位生理上的特点，造成了肩部的凝滞，影响外部形象，又形成病灶。有的人肩胛骨一带肌肉增厚，反过来影响了肩部的活动，失去了女性的灵秀感，而端肩、耸肩、扣肩更会影响一个人的形象魅力。

肩部的活动主要是活动肱骨头。先以肱骨头为主动，依次向上、前、下、后，或者上、后、下、前转动，两臂自然下垂，不要用力，就靠肩膀带动向前转、向后转。动力就出自肩关节这个部位，不要用手臂带动肩。这样进行旋转，会使肩部更加灵活，更有效地到位。两肩可以同时旋转，也可以交替旋转。然后，再用大臂带动肩膀伸展、转动。

肩部活动时，要保持躯干不晃动，幅度和力度都可以稍大一些，尽可能把力量作用到肩胛骨内侧的上角位置，让肩关节充分感受到伸展、转动的作用，逐渐找到肩部自然平展在胸廓上端的感觉，从而克服端肩、耸肩、扣肩的毛病，削减肩背面增厚的赘肉，改善驼背的状况。

胳臂

女人的臂，应该是圆润而富有弹性的，而到了一定的年龄，这个部位容易松懈，弹性减弱。用哑铃之类的器械锻炼，可能会对恢复肌肉弹性有好处，但要注意使用方法，不建议剧烈的运动，以免造成损伤。

这部分的活动，一个是屈肘甩动小臂，感觉上以肘为圆心，以手腕转动带小臂，分别向前、向后甩动画圆。

再一个是伸直甩动整个胳臂，感觉上是以肩为圆心，伸平双臂，以中指牵动，直直地向前、向后甩，甩成一个大圆。可以两只胳臂同时甩，也可以交替甩。向后甩是很困难的，不可能真正甩圆，但要尽最大努力。

甩臂的动作很简单，可是作用很大。这个动作，除了对两臂本身产生影响以外，还对胸部、两肋和上腹部产生影响。也就是说，可以牵动胸罩以下、腰带以上这一部分，有助于削减这一部分堆积的多余脂肪和赘肉。

这个动作最重要的是有助于矫正体态，验证体态是否到位。动作的时候，必须保持“提收松挺”状态。甩动的幅度宁可做得小，也不要晃动身体，更不能伸头或者挺肚子去凑合。

以上的活动颈部、肩部和双臂这三个动作，有一个共同的作用，就是打开后背颈椎下端部位，也就是大椎穴周围。这个部位最容易僵滞，一经打开，人会感到像卸掉包袱一样，很轻松，是改善形体的重要一环。我们要好好体会这一点。

手腕

不要小看手腕的活动，它一方面对手腕的灵活性、柔韧性和力度有帮助，而且跟双臂的活动一样，对全身都会产生作用，它能够同时作用于背部、腰部、腹部、大臂等部位的肌肉，有助于增强肌肉弹性和力量。

做这个动作要求身体“提收松挺”站立，两臂侧平伸，像戏曲中的“拉山膀”。然后，以中指带动手腕转动，先向一个方向转数次，再反方向转。中指要用力伸长，感觉要触到两侧的天际，转动的幅度尽可能大。

同时注意体会，活动手腕的时候，对大臂肌肉的作用，要把力量作用到大臂肌肉部分，防止这个部位的肌肉过早地松坠下来。

还要注意，做这个动作的时候，无论两臂有多酸疼，都应该保持肩膀下沉，不要耸肩，身体不要晃动，要在体态正确的情况下坚持，而不是相反。

胸部

这里要说的胸部，着重是讲乳房。

胸是女性最在意的部位，又是最能体现女人风采的重要部位。可以体会一下，女性的举止中，先有胸的感觉是非常有味道的。比如走路，不是腿先迈，也不是脚先行，更不是头或者肚子先动，而是胸先有走的感觉，再迈动双腿。如果人还没动头先伸出去了，或者肚子先腆出去了，这种姿态最影响女性的美。

所以，拥有挺括丰满的乳房，再找到挺胸的感觉，会大大提升女性的魅力。

人的胸是由胸廓支撑着的，胸廓就是一个骨架，它是由锁骨、肋骨、前面的胸骨、背后的胸椎等结合构成的。这个胸廓又是以背后的胸椎为支柱的。颈椎、胸椎、腰椎、尾椎在感觉上应该是一条线，向上牵引，头顶找天，保持这样的脊椎状态，胸部的感觉也就基本上对了。同时，结合肩和臂的运动，加强扩展胸部，那么，胸部美的状态就会比较稳定。

胸部不挺括、扣胸等毛病，在“下胸腰”里讲到了，坚持练习，是可以改善的。

这是一个方面。

第二方面，说到女人的胸，最重要的就是乳房。乳房松坠下来，干瘪平坦，是最让女人心烦的事。女人的乳房应该是丰满而富有弹性的，无数女人为它费尽了心思，也促使聪明人发明了各种各样丰乳、隆胸的方法，有用药物的，有动手术的，胸罩之类的用品就更多了，跟减肥产品一样，吸引着人们疯狂追逐，就为了能拥有美丽的乳房。

乳房是一个相对独立的器官，主要是由腺体和脂肪组织构成。乳房又与胸肌紧密地连接成一体。女性乳房的发育主要是由雌激素的刺激而达到成熟。

根据乳房的生理特征，我们首先要调整好内分泌，让激素分泌正常，这是保持乳房良好状态的内在因素。与此同时，再运用活动胸部的动作，来加强它的机体组织的活性。

活动胸部的动作叫含胸和扩胸，以胸肌的运动带动乳房组织从根部活动起来，促进腺体和脂肪组织处于活跃状态，促使它丰满，促使它与胸肌一起增加弹性。

这个动作的做法是，身体“提收松挺”站立，一只脚向前伸出，脚尖点地呈虚步，为动力腿；全身重量放在后面的腿上，它是主力腿；两腿都要伸直收紧，同时用力提收腹部和臀部。

在这个姿态下，深呼吸，双肩上提，提收会阴，收紧小腹，两臂转肘向体前乳房挤压，手背相对，把中间乳沟挤出来，这是含胸。

接着，再做深呼吸，收小肚子，挺胸，开肩，双臂随着向外展开。在双臂带动下，把胸部向上、向后扩展到最大限度，这是扩胸。

连续做若干次，深呼吸、提肩、转肘、向中间挤压，含胸，再扩胸。感觉上不要让胸部的活动中断，一直处在一含一扩的过程中。

完成一轮再进行下一轮，变换主力腿和动力腿，以使两侧乳房受力均匀。

含胸和扩胸的动作要尽可能做到最大限度，但不要过于用力，不要做得太快，同时加入自己的意念，跟气息融合一起灌注到乳房里。

> 说明：含胸和扩胸是一组特殊的健胸动作，操作比较复杂，效果产生得缓慢。所以它不是“形体梳理”的常规科目，适时再做推广。

腹部、腰部

腹部是人的躯干的一部分，介于胸和骨盆之间，它包括腹壁、腹腔及其内脏。人的腹壁分后壁、前壁和两侧壁，腹后壁就是我们通常说的腰。腰，是由脊柱的腰椎和它两旁的肌肉构成的。

先说腰部。

腰部应该是很灵活的，可直，可弯，可扭转。腰椎起着支柱的作用，我们要保持它的支撑能力和灵活性，使它伸直、弯曲、扭转都十分自如。

我们提出的“提收松挺”四个字，肚脐以下提收，肚脐以上松挺。而腰正好处在这两种感觉的交界处，要仔细体会这个部位的正确状态。

有的人找不准腰这个部位支撑向上的感觉，就容易形成塌腰的毛病。塌腰，就是腰椎部分不是向上挺立，而是向前顶，结果把肚子和胃顶出来了，使不该突出的肚子和胃突出放大了，这也是形体中比较顽固的毛病。有这种毛病的人，往往以为自己是很挺拔的，其实用劲儿用得不对。

我们需要结合活动整个脊椎，来感觉腰椎以及腰这个部位的状态，就是整个脊椎成一直线，向上牵引，腰椎也是向上的感觉，而不是向前顶的。

那么腰部的肌肉问题怎么办呢？要知道腰部的肌肉和腹部（也就是肚皮）是连成一体的，所以要把腰部的肌肉和腹部结合起来看。

说到腹部和腰，更多的人想到的就是肥胖的问题、减肥的问题。不错，人的肥胖大都表现为腰粗、肚子大，身体像枣核，两头小中间大。许多减肥的女士，最苦恼的就是这个“中间地段”。

解决“中间地段”的问题，一个是运用“提收松挺”，在“提收松挺”的基础上做深层收缩。再一个就是活动胯部。

胯部

胯部和腰部、腹部连在一起，是一块很大的部位，也是比较容易懒惰的地方，所以，除了静态的深层收缩以外，还需要加强它的动态活动，就是用胯部的活动带动腰和腹部。

胯部的活动是提胯、转胯、两边送胯。

其中提胯是左右交替向上提，提的时候两条腿都是绷直的，提起来的一侧，脚尖点地。

转胯是前后左右画圆，也可以画成横8字形。

送胯是胯骨向身体的两侧顶过去，一左一右。

胯的活动可以参考迪斯科、转呼啦圈的感觉，上下前后左右的活动都尽可能让胯部达到最大的幅度，同时体会胯骨的关节、腰部的肌肉、腹部的肚皮等都有很明显的牵动。

在这个动作里面，重要的是保持身体向上牵引，不能往下懈，不能有向下坠的感觉，仍然要结合“提收松挺”来做。

这一部分的动作幅度和强度虽然都可以适当加大，但要注意不要扭闪着腰。

臀部

臀部的主要问题是臀部下坠。其实对中国女性来说，肥胖并不是最大的形体问题，臀部下坠才是我们形体健美的大敌。

臀部是人体中相对突出的部位，它的重心向下是自然的。但是如果让它毫无控制地向下，臀部与大腿部位没有了分界，整个人就会有一种向下懈的感觉。它不仅影响形体美，影响人的健康，年龄大了还会腿脚不灵活。

臀部下坠和臀部肥胖比起来，前者的问题更严重，更应该引起重视，宁肯胖一点儿也不要臀部下坠。

臀部下坠的女性，往往上身偏瘦，下身显得胖大，与上身不协调，因为下身较重，走路会拖沓。有这种毛病的人往往并不知道是臀部下坠，以为是发胖了，于是就减肥，就节食。臀部下坠的人，一般来说是体内缺乏足够的能量来支撑身体，如果再去节食，就会使体质下降，加重臀部下坠。

中国人的身材比例一般是下身偏短，而臀部一下坠就更显得腿短上身长了。所以，及时克服臀部下坠的毛病，是改善形体的重要内容。

而对于没有臀部下坠的朋友，要注意防止。因为由臀部下坠而引起的形体变形，调整起来比较吃力，比减肥更困难。

解决臀部问题，不论是肥胖还是下坠，基本做法就是“提收”，还是离不开“提收松挺”。

第一，要仔细体会“提收松挺”和“深层收缩”。

第二，运用提胯动作，加强臀部肌肉缩紧向上提的感觉。

第三，“提收松挺”站立，然后挺胸，下巴用力找鼻尖，接着向下俯身，尽量保持后背平直不弯，下到自己的最大程度，双手抱腿，胸部尽可能贴近大腿，膝盖绷直，提臀，感觉臀部向上找天。能不能抱住腿要根据个人的情况而行（缺少运动的人做这个动作，腿后面的筋肉会疼，坚持做几次就会减轻疼痛感），最关键的是，背部和腿都不能弯曲，要保持挺直（如果弯了就没什么作用了），下巴找鼻尖，臀部找天。

第四，建议女性在生孩子坐月子过程中，适当地增加活动。因为坐月子等于是给多余脂肪的滋生、堆积提供了最好的温床。我们既要补养好身体，又要防止积攒过多脂肪。多余脂肪是很容易在臀部、腹部积累的。这期间，不管是睡在床上还是起来站立，都可以进行“提收松挺”的活动，特别是做收肛门、收会阴、收腹部、收臀部的动作，对产后恢复形体都是非常好的做法。

我还想提醒爱美的女人们，如果有臀部下坠的毛病，就要按臀部下坠去调整，不要轻易地去节食减肥。

腿

现代女性越来越懂得“美腿”是多么重要。腿是最能体现女性性感和风采的部位。腿与臀部紧紧相连，臀部的状况必然影响到大腿。所以进行臀部的运动对腿部同样是有作用的。

现在我们来看看腿部本身，有三个方面的问题。

第一，腿部的整体感觉。人的腿的先天差异是显而易见的。有的修长，有的短粗；有的大腿骨偏长而小腿骨偏短；有的腿骨很直，线条流畅，有的显得弯一些，或是O形腿，或是X形腿；还有的膝盖部分比较厚大，显得突出。这样就形成了不同的腿型。

天生的骨骼问题，是不容易改变的。骨头短的没有办法变长，骨头弯的也很难变直。针对这种情况，就要从腿部的整体感觉上想办法，使腿部与整个身体协调。有的女士，腿型很好，但从整体感觉上并没有充分展现出自己腿型的美丽，就是体态的协调问题没解决好，很可惜。

第二，腿的肌肉问题。有不少女孩子，年龄不大，腿却很粗，有的大腿过于粗壮，有的小腿肚子太粗。她们穿裤子不好看，穿裙子又怕暴露出小腿来。这种腿粗的情况，有不少人并不是天生的，而是因为后天缺少形体姿态方面的指导，慢慢养成了不好的形体习惯所形成的。

比如有的人感觉自己发胖了，想减肥，就去跑步或进行其他锻炼。由于不得法，不懂得身体各部位的正确感觉，以为只要运动就会消耗，就会减肥，结果往往是越练腿越粗壮。她们在跑步的时候，往往腿是处于懒惰的被动状态，肌肉也是处于松坠的状态，腿上的肉一颠一颠的，人向下坠着跑，反而会加重腿部的毛病。

第三，膝盖。大家都知道，膝盖是非常重要的一个部位。膝盖的毛病很常见，在训练课上，学员们在做下蹲动作的时候，经常能听见膝关节嘎巴嘎巴的响声，有的疼痛，有的上下楼梯关节发软，这当然很影响腿部功能的正常发挥。

解决这三个方面的问题，最根本的都是要紧紧抓住“提收松挺”的体态感觉，与臀部、胯部的活动结合起来，同时做深层收缩。这类动作可以随时做、经常做。下蹲的动作也可以经常做，保持膝关节的柔韧性和力度。

腿部的运动，一要肢体到位，二要有较大的力度，这样才能有助于消除脂肪和赘肉，才有助于克服大腿粗胖和小腿肚的粗大问题。

总之，不论腿型怎样，都要抓住“提收松挺”，要在个人自然条件的基础上去寻找适合自己的美的姿态，树立起自信心，那么，魅力就属于你。

脚

脚还有必要专门来谈吗？有必要，对每个人来说，脚部的保养都是十分重要的，而对于追求美的人来说，脚部的运动更是不可忽视的。

脚应该是有力的，很灵活，富有韧性和弹性，扭动、绷直或者钩起都能十分自如。有的女士穿高跟鞋或者中跟鞋的时候，走起路来脚腕显得很脆弱，好像随时都有扭伤脚的可能，双脚不敢轻松地迈步，连带着膝关节不能自如地伸屈，总觉得她的膝关节部位老是伸不直，导致整个形体是下坠的，挺拔不起来。有的由于脚下不扎实，走起来形体是向前探着的样子，就显得缺乏朝气。本来穿高跟鞋是为了突出女性的风采，有的人却穿成了一种负担，给人的感觉很累，得不偿失。

我们常说，这个人腿脚很麻利，那个人腿脚不利索，说的是腿和脚是一回事。是的，它们确实是一个整体。在腿的训练中，我们强调的是肌肉的提收紧致和膝盖部位的屈伸绷直。

脚的活动，就是钩起和绷直脚面、转动脚腕这两个动作。要求是，身体保持“提收松挺”状态，然后单腿直立，双手不扶靠任何东西，叉着腰，另一只脚前伸，脚尖点地，但不要用力，重力全在站立的那条腿上。两条腿都要收紧膝盖。在这样的状态下，做钩脚面和绷直脚面的动作，一钩一绷，都做到最大限度，连做数次。再做脚腕转动的动作，也就是以脚趾带动整个脚画圆，画到最大限度。一只脚做若干次再换另一只脚。

活动脚的时候，要能明显地感觉到大腿和小腿肚的肌肉被牵动。

在单腿站立活动脚腕的时候，身体要保持平衡和体态正确，这样，也等于是对全身的“梳理”来一个鉴定，可以从中检验出体态是否到位，是否达到了“提收松挺”的要求。所以说，脚部的活动，不仅作用于脚本身，增强脚腕的力度、灵活性和弹性，而且是作用于腿，作用于全身的。

加强动作

爬行

就是模仿动物的爬行。爬行的时候，两手着地，着重感觉脊椎的活动，头尽量向上抬，两腿伸直，臀部有意识地向上找天。爬行的路线和速度可以非常自由，可以原地转着爬，也可以双手扶住地面，两脚做登山步动作。时间不限。动作结束时起身要慢，微闭双眼，站定恢复“提收松挺”，做深呼吸。

这种爬行，对全身都有很好的调整。对脊椎，特别是颈椎，对手腕、肩、腿的韧带，对膝盖、臀部以及内脏等都会产生非常好的影响，是一种综合性的梳理方法。

拉三围

女人的曲线美就体现在三围上——胸围，腰围，臀围。女人不论胖瘦，如果没有三围的曲线美，她的风姿自然会减分的。

很多人希望借助外力，使自己的胸挺起来，腰细下去，臀部翘起来。有人为了腰细，利用某种“模具”硬把自己的腰勒细。其实，强制勒紧腰，会使气息不畅，对健康不利，同时也不能从根本上解决形体问题。硬勒是不能把腰勒细的。还有做抽脂手术的，也不能从根本上把腰弄瘦。

我的观点还是依靠自己的力量，随着形体梳理到位，再把三围拉出来，获得真正的曲线美，而不是硬勒出来。

拉三围的做法是：“提收松挺”站立，然后，下巴上仰找鼻尖，拉长颈部，把胸和颈向前送出去，同时上身慢慢下俯。注意背部一定要保持平直，不要弯。臀尖向上找天，膝盖绷直。两肩向后扩，不要端肩，不要低头。

上身下俯的幅度要根据自己的能力。俯身拉动时，腿的韧带和腰等部位会有很强的胀疼感，要依自己能够承受住为准。最关键的是保持脊椎和腿都是绷直的，一弯曲就不行了。

俯身拉动的次数由自己把握，拉几次之后可慢慢挺直身体，恢复“提收松挺”站立，然后从头开始做第二次、第三次……完成动作后，不要立刻松懈下来，保持提收松挺，做深呼吸。

这个动作对削减臀部、大腿的脂肪很有作用。

深层收缩

这是减肥的重要动作。

在静态中让机体产生剧烈的活动，从身体肌肉的最深层、也就是紧贴着骨头的骨膜开始向里收，收的力量从里到外一直达到表皮。腹部收缩也是相似的做法，肚脐向后腰找命门穴，同时，上腹部和小肚子都要向体后贴靠。通过这样的收缩，加剧肌肉组织的活动，促进体内脂肪的消耗，促进脂肪转化为肌肉。同时，也是要阻止多余脂肪的任意堆积，争取不给它提供堆积的时机和空间。

“提收松挺”站立，两脚分开，与肩等宽。

深呼吸三次，吐出体内废气。膝关节、大腿、臀部用力提收，小腹和胃向后背收缩。感觉肥胖部位的脂肪、肌肉从最深处拉动，拉至最表皮，也就是表皮向内、向最深处紧缩。同时找另一种感觉，就是提会阴，夹肛门，肚脐往后背贴，找命门穴。

在收缩的过程中，要不断加强收紧的力度。膝盖、会阴、肛门、肚脐这几个点要收紧了再收紧，尽量持续时间长一些。

要注意，收缩的时候比较费力气，但力量一定不要用在脖子、肩膀和胸部上，这几个部位恰恰要放松，让收缩的力量用在胸罩以下的部位。收缩的时候，呼吸是正常的，面部是松弛的，脖子要能够正常转动，而且不影响说话发声。

所以，做深层收缩一定要在形体感觉到位和内部气息通畅的基础上进行，否则会出现顾此失彼的情况。这需要仔细地去体会。

深层收缩可以连续做若干次，一次一分钟左右，能坚持时间长更好。动作结束时，不要立刻松懈，要维持住刚才的身体感觉，恢复到“提收松挺”状态，深呼吸。

掌握住深层收缩的要领之后，随时随地都可以运用，包括走路和睡在床上。

睡地迪斯科

仰卧，身体仍然要找到“提收松挺”的感觉，颈部向头顶牵引，两腿并拢，脚面和膝盖绷直，夹肛门，提会阴，肚脐向背后找命门穴。大腿、臀部、腹部都向内紧收，然后左、右腿交替提胯，沿水平方向一上一下、一提一送，从小幅度慢慢地做到最大幅度。活动时上身尽量保持不动，膝盖不要弯曲，两条腿的后部全部贴在床面，以胯为主带动腿部，做水平运动。

这个动作看起来是活动胯，实际上对全身肌肉弹性的恢复，对克服臀部下坠，削减腹部、大腿以至于小腿肚的多余脂肪，都会产生良好作用，而且，它还加强了深层收缩的效果。

动作完成时，不要松懈，恢复“提收松挺”的感觉，做深呼吸。

注意，要防止小腿肚、脚趾抽筋。不要一上来就使劲儿绷直，试着来，慢慢加大力度。如果抽筋了就停止动作，等恢复过来再进行。

形体组合练习

形体组合练习，是把已经体验到的肢体状态和感觉综合起来，进行实际的练习，更注重形体的协调性和美化。

形体组合练习，学员们把它叫作“仪态课”，这是形体梳理的一个亮点，也是最招人喜欢的训练科目。

形体梳理基本的训练科目都是强调功能性的，是要解决形体问题的，所以，难免会有一些单调，需要一定的耐心和毅力去完成，而不是玩耍的。

那么，相对来说，形体组合练习就显得轻松好玩儿。它不是形体梳理的基本科目，但是，却可以用它来检验训练成效。同时不要忘记：改善形体的功能性仍然贯穿在里面，是始终不能少的。

在这种组合练习里，我们会适当地加进一点儿舞蹈元素（不能复杂，要让没有舞蹈基础的人也学得会），使它更优美。再加进一点儿情境，让每一个组合练习好像是一个有内容的“小品”。这样，既不丢掉它的功能性，又进一步把肢体动作美化，用这样的训练方法来深化我们内心对美的感受，提升体态的美感。所以，形体组合练习是比较有趣的训练科目。

此外我要说，不管什么样的形体组合，都只是一种示意。在实际生活里，每个人应该根据具体的情况来调节自己的形体。就像我们在关于仪态、礼仪的章节里面所讲的，保持了好心态、好体态，你的举止行为就不会出什么差错，形体的状态就会是协调的，让人看着舒服的，而不是刻板地模仿一招一式。

下面列举几个组合练习的方式，希望能唤起你的想象，体会其中的味道。

走出一串“树叶”

民间有句话叫“百练走为先”，这在中国的戏曲、武术里面，也是训练基本功的一个要领，行走要扎实、稳健、敏捷、流畅。对于形体梳理来说，走姿，步态，是体态塑造中非常重要的因素。

如何做到走姿正确、优美？我给大家提出一个参照的形象，可以用来观察自己的走姿是不是正确的，这个形象就是：走出一串“树叶”。

假如你是在沙滩上走，走过一段距离回头看一看，留在沙滩上的脚印像是一串树叶，这就是好的走姿。脚印均匀地排列两边，呈小外八字，不是大外八字，也不是内八字。两只脚分别落在一条直线的两侧，两腿既不要叉开走，也不要走成时装模特那样的猫步，在日常生活里走猫步就做作了。

纱中行，林中行

在训练厅的天花板下面，悬挂下来若干条纱幔，一直垂到地板上方，横竖成排，我们可以把这些纱幔想象成是一片彩色的小树林。

女人们就在这片“小树林”里穿行。伴着音乐的节奏，用走成一串“树叶”的步态开始行走，或快或慢，或者直行，或者环绕着“小树”走，转弯的地方要灵活。

在“小树林”里行走，与“小树林”融合在一起，放飞心情，去体会那种空灵的感觉，享受亲近“大自然”的舒畅和喜悦。

不同的心情会带来不同的步态。你可以走出轻快、走出奔放、走出雅致。

不管用什么样的情景行走，都不要忘记“提收松挺”基本的体态感，这样走起来就会好看。

与纱细语

我们伴着音乐节奏在纱中穿行，寻找到其中的一条纱幔，你可以把它当作自己的“爱人”“孩子”，揽在怀里，抚摸它，亲吻它，跟它说悄悄话，有时又把它伸展开，跟它舞起来，有奔放有含蓄……

这样的组合要求全身每个部位的动作协调、流畅，要让自己的两腿、双臂、胸、腰、脖子、臀部，更包括我们的眼睛、眉宇之间，每个部位都动起来，都有语言、都会说话，表达出相亲相爱的甜美来。

在与纱对话的组合里，最要注意感情朴素，不要勉强自己舞蹈，更不要挤眉弄眼，只要肢体舒展、协调，体态“提收松挺”就好。

坐、站、走

坐、站、走，都是再简单不过的动作了，我们每天的生活、工作都是在坐、站、走的活动中完成的。但是，运用经过梳理的肢体感觉去做这些动作，就可以让我们的日常姿态举止变得更优美，让周围的人更舒心。

其实这个练习，就是要纠正人们在坐姿、站姿和走姿上养成的一些毛病。人在平日里很容易产生惰性，养成坏习惯，所谓坐没坐相、站没站相、走没走相。比如坐椅子不前不后地往椅背上一靠；比如站着松松垮垮，腿没力量，腰也支撑不住似的；走路拖拖沓沓，膝关节发软等。经过形体梳理，我们知道了这些毛病的症结，知道了“提收松挺”，那么，我们就会有效地去纠正它。

“坐如钟、站如松、走如风”，这个说法很阳刚，好像更适合军人，适合习武的人、男人，但我认为女人们也是可以借鉴的，坐得要端正、端庄，站着柔美又有力度，走起路来也能英姿飒爽。

仪态训练的坐椅组合：体会端庄和松弛

这个练习是以椅子为支点来进行的。坐下、坐端正、起身、站定、往前走、转身再走回到椅子……看似简单，却最能展现自己的精神气质。

坐椅子，要保持上身的“松挺”状态。如果不靠椅背坐，可以坐在椅子的前三分之一或二分之一处，看椅面的大小而定；如果靠椅背坐，则把臀部抵在椅子面根部，坐满，让身体舒服地靠在椅背上。尽量不要坐得不前不后靠着椅背，那样一则体态不美，二则容易松懈腰腹部，久而久之就会滋生多余脂肪和赘肉。

坐下和起身的时候，都要不经意地用手快速整理一下自己的衣裙，免得衣裙折乱，造成尴尬。

行走有慢有快，要走出风采，慢走比快走要难一点儿。体会“行走的脚印呈一串树叶”的步态，多做练习，就能尝到它的乐趣。无论怎么走，高贵的身体都不要晃来晃去。

就这样坐、站、走反复做，仔细体会不同姿态的转换，找到最适合自己的、感觉最舒服的姿态。而当你经过练习获得一种正确姿态的时候，即使是随意的举止也能透出你的美。

扇组合

扇组合，是手拿一把小团扇，坐在椅子上进行肢体的动作。大家喜欢叫它“扇子舞”。

很多朋友心里都有一个舞蹈梦，很想跳舞。我们知道，舞蹈是最需要腿上功夫的，那是要经过长期刻苦的训练才能达到的。其中的擦地练习，又是最基础、最重要的，同时它又是最单调、最枯燥的一种训练。但是对于一般职业女性来说，不需要那样练习擦地，也就不会有舞蹈演员的腿上功夫。所以，我就设计成坐在椅子上舞动扇子，也叫“坐椅扇组合”。

坐椅扇组合，就是针对想舞却没有基本功的朋友设计的。要尽量减少腿上的动作，着重在上身和两臂的动作。还是以正确的体态为基础，脊椎要挺拔灵活，扭转自如；两肩自然放松下垂，两臂上下左右舞动，大开大合，要舒展、流畅。

所以，坐椅扇组合虽是“舞”，但它矫正形体的功能性一点儿也不弱，而且更需要肢体的柔韧度和控制力。

在这个组合里，需要简单地学习一下“云手”的动作，体会肘关节、手腕、兰花指在动作时的微妙的感觉。

两腿动作很少，但也不是完全摆在那里不动，而是要跟上身的动作紧密配合。随着上身的动作，有时双脚着地，左右移动变换腿型；有时双脚离地，两腿向上提收，感觉身体悬起来，像“飞天”。再一点，腿和脚无论怎么动作，都是两腿并拢，脚面绷直的。

这个组合做得好，可以以假乱真，既遮掩了腿上功夫不足，又让不会舞蹈的人过了一把小小的舞蹈瘾。

开拉组合

这是专门为北京奥运会礼仪培训创作的重点训练科目，是从开肩拉颈扩展出来的。

早在北京申奥成功的第二年，我就开始思考更有针对性的训练科目，之后，就有了这个“开拉组合”。

开拉，就是开肩拉颈，是调整体态中最关键的步骤。这在前面已经讲过了。

这个组合，在开肩拉颈的功能性基础上，增加了一些民族化仪态的内容，目的是让年轻的礼仪小姐们尽快达到训练目标。“奥林匹克烙上中国印”，在礼仪小姐们的身上也要体现出来。

我们把开肩拉颈中的“小燕飞”加以延伸，变换姿势，做“回头望月”的动作；双手上举做“反弹琵琶”的动作；两手分别经过肩膀和后背在背部相互抓住，扭转身子成“鱼美人”姿势等，加大了颈部、肩部的活动幅度和力度，提高了身体的可塑性。

在开拉组合的最后部分，我们特地增加了中国传统的礼节练习，比如女人的道万福、兰花指；借用戏曲的走云步，练习身体的稳定性和柔媚感，体会“回眸一笑百媚生”的意味等，让整体形象具有端庄、大方、含蓄、优雅之美。

当时，正巧遇到了一首民乐曲，它启发了我的创作灵感。这首曲子给开拉组合注入了一股神韵，引领着姑娘们的肢体更加舒展流畅，更富有中国女性的魅力。

柔软的哑铃

哑铃是坚硬的，怎么柔软呢?

其实，这里面有我思想上的一个小小的转变。三十几年前看健美操的时候，我比较排斥哑铃那样的健身器材，因为我不喜欢女孩子练一身的腱子肉。

而女人大臂的肌肉很容易松坠，针对这个问题，我用了“活动手腕”动作（前面的“分解动作”里有说明），希望能起到克服肌肉松坠的作用。但是这个动作的作用是有限的，赶不上女人的“身体年轮”在增加，阻止不了臂上的肌肉松坠，我自己就有这种情况，所以就想找一种方法，看能不能延缓肌肉松坠。

有一天，我在家里发现了一对小哑铃，是儿媳妇前几年带过来的。此刻看见它，我心里一动，没有排斥它的感觉了，而是把它拿起来、举一举。我想，健身房的器械运动能够强化人的肌肉锻炼，我要借鉴他们的训练方法，来增强大臂的肌肉。同时又想，我用哑铃，一定要跟形体梳理结合起来，以体态为基础来使用它。随着这样的想法，就有了这个“柔软的哑铃”组合。

我用的哑铃一只3磅（1磅约等于0.45千克）重，有点儿分量又不算重，适合女士，适合柔软又有些力量的运动。上举、平举、前推、甩圆和“提收松挺”的体态糅在一起，能明显地感觉到对大臂肌肉的作用，同时，还能够增加后背、腰部、腹部的肌肉力量，增加体能。

这个组合很适合长时间坐办公室的朋友们练习。

坐椅开拉

这个组合，完全是因为一个公司的女孩而起。

她工作能力非常强，做到了公司高管。她身材高挑，光鲜时尚，本应该很漂亮很有气质的，却颈部错位，严重驼背，弱不禁风，简直就是一颗豆芽菜，毫无体态感。

其实这样的形体调整起来并不难，运用开肩拉颈很快就能解决。可没想到，我带着她站立，只是轻轻地扩一扩肩膀，还不到半分钟，她就头晕呕吐，脸色苍白，赶紧坐下趴到桌子上，将近10分钟才缓过来，也不能再活动了。身体差到这份儿上我很震惊（中小学生也常见这种现象），稍微一运动就大脑缺氧了，难道她平时一点儿都不锻炼吗？她说很多女孩是这样，工作忙压力大，没时间锻炼，公司有健身房也懒得去。

这就是仗着年轻放任自己，不知不觉积攒出问题了。

所以针对这样的人群，我编排出“坐椅开拉组合”。利用现成的条件随时都可以做，经过坐着开肩拉颈，改善最关键的颈椎部位，改善脊椎的状况，促进气血通畅，然后再站起来锻炼。

这个组合的特点是，骑在椅子上做动作，上身的重量大部分落在大腿的内侧位置，让臀部的一部分悬空。开肩的力量要尽可能达到肩胛骨的内侧上角位置，拉颈要体会喉头去够头顶百会。

这个组合适合所有长时间坐着工作、学习和玩手机的人。

化繁为简

记住“提收松挺”

把形体梳理的道理和方法融化在日常生活里，随时随地都可以运用，就可以比较轻松地实现改善形体、保持体态的愿望。

实际上，在外部肢体活动中，一定包含着调整内部气息；在调整内部气息的同时，外部肢体也必然在进行梳理。它们是相辅相成的，要仔细体会这一点。

我们可以发现，“形体梳理”从始至终都没离开“提收松挺”四个字。不论是外部肢体梳理，还是内部气息疏通，都要保持“提收松挺”的体态。

“提收松挺”是目标，又是手段。“形体梳理”的过程，就是从“提收松挺”出发，最后还要回到“提收松挺”。可以说，“提收松挺”包含了“形体梳理”的全部精神。

再一点，舒展眉头，面呈“王”字，保持好心态，也是“形体梳理”贯穿始终的要求。保持好心态，才有好体态；要有好体态，先有好心态。

所以，在我们经过一个循序渐进的训练过程，找到了正确的形体感觉之后，只要把“提收松挺”和面呈“王”字这两点拎出来，经常体会，并且运用到我们的日常生活里，就可以很好地“梳理”自己的形体、保持自己的体态。

在这个基础上，每个人可以针对自己的形体情况，选择相关的动作，化繁为简，来保持和加强“梳理”的效果。

选几个动作经常做

在日常生活中，在繁忙的工作之余，不必按部就班、从头到尾地去做一整套动作，闲时多做，忙时少做。比如，我们可以选择这样一些动作，随时动起来：

1.舒展眉头，面呈“王”字，“提收松挺”，深呼吸；

2.半脚尖站立；

3.活动颈椎和肩、胯、膝盖这三处容易僵滞的部位；

4.提收会阴、提夹肛门；

5.需要减肥的多做一做深层收缩、睡地迪斯科。

“形体梳理”的所有动作，做的时候不求数量多、强度高、幅度大，而求做得正确，量力而行，循序渐进。说到底，是要在保持正确体态的基础上进行动作。

还要注意，在做“形体梳理”的动作结束时，别忘记抓住我们曾经讲到的“停”字，要在“停”的时候延续、吸收每一个动作的感觉，让这些感觉成为自己身体的记忆，最终养成一个良好的体态习惯。

“正产品”与“副产品”

“形体梳理”的目的是改善形体、塑造体态，这是我们的“正产品”。而在训练中，经常看到一些女士妇科病的症状减轻了、缓解了或者消失了。因为我不负责治病，更不能承诺治病，所以称这为“副产品”。

产生这种良好的“副产品”是不奇怪的。合理的运动都是有利于健康的，“形体梳理”也是一项运动，但它纳入中医经络的原理、穴位点按的功能和心理疏理环节，再结合运动使体态正确，更有利于促进人身体气血通畅，内分泌协调，自然会有助于消除身体的病灶。

“形体梳理”就是要促进健康和美丽之间的良性循环，“副产品”是“形体梳理”的必然结果，它和“正产品”相辅相成，形成良性循环，维护着我们的健康和美丽。

关于“副产品”给女性朋友带来好处的事例很多，下面列出几个事例，是想让大家从另一个侧面来认识“形体梳理”的内涵和作用。

来自训练场的报告

程晓虹，42岁，感光材料技术员

月经中断八个多月，她以为是更年期提前了。心想既然是更年期，就爱发脾气，就会烦躁不安，所以在家里动不动就骂人。弄得先生下班不愿按时回家，吃过饭宁肯到街头小卖部站着看电视，也不愿在家看。她硬把自己列入更年期行列了。

训练中有两次点穴，她那天下课回到家给我打电话："老师，我那个来了。"

"什么来了？"

"月经呀，八个多月没来，今天又来了呀，好舒服。我太高兴了，给我的朋友们都打电话了，告诉她们这个喜讯。我一定要给您打个电话，谢谢您马妮老师。"又说："等到晚上，我要给我先生和儿子道歉，告诉他们我不是更年期，以前乱发脾气对不起啦。"

我为她高兴。她的腹部肥胖，脖子粗，而且向下堆着，几乎是陷进身体里了。训练后，她脖子拉长，形体挺拔起来，腹部减肥三寸多，体态伸展了，气息通畅了，导致体内的淤结化解、疏通，这是水到渠成。

杨菁，27岁，外企职员

大学毕业在外企工作，跟公司的女子们比着减肥。她并不胖，是怕发胖，居然跟着别人吃减肥药。吃了两年，连原来的身材都没保持住，反而越来越胖了，而且头发脱落，月经不调，一个月要来潮两三次，典型的内分泌失调，身体垮掉了，被迫辞掉了工作。

她参加训练，是她妈妈带她来的。当时她没有信心，眼泪汪汪的，她妈妈寄希望于我。

我说："到这儿来不是治病的，就跟着我们去找'美'，别的什么都不要想。"她们答应了。

这个女孩理解能力强，很会配合，寻找体态感，疏通气息，她做得都很准确。形体调整的效果很明显，腹围减去了五寸七。最重要的是，在训练经过的20多天里，她月经没再来潮，后来她告诉我，月经正常了。

王丽娜，17岁，学生

月经不调，三四个月不来一次。有时过了两三个月，坚持不住了，就用黄体酮调整，而来的月经量非常少。她个头儿很大，形体肥胖，班里的学员都说她像个小伙子。

训练后，她体态变化明显，腹围减少八寸一。在第二次点穴之后，她月经来潮，跟上一次相差的时间不到一个月。后来她又上了一个多月的回课，月经周期逐渐正常，来的量也适中了。她自己最深刻的感受就是有女孩子味道了。

顾晶晶，38岁，企业会计

严重颈椎病，经常头晕恶心，上第一堂课时就晕倒了。颈椎错位导致脖子后面堆出一个大肉团，脖子、肩膀一带感觉僵硬、沉重，影响到整个形体不端正，胸部不挺括，腹部肥胖前挺，行走拖沓。

训练后，颈部拉起来，颈椎的活动灵活了，两肩打开了，脖子后面的肉团逐渐消失，卸掉了一个大包袱。腹部减肥四寸七，腿部力度增强，行走轻快了，颈椎病引起的头晕恶心症状也渐渐消除了。

因为颈椎病，她以前出差坐车，不到一个小时就坚持不住了，头晕恶心。现在她说，连续坐五六个小时都没事了。

毛军平，62岁，退休干部

第一天来上课穿着拖鞋，直言是来治腿脚肿的，因为她听说有人在我这儿治好了这种病。我说："我不是医生不会治病，只训练形体。"她坚持要参加训练，脚肿得穿不进体操鞋，就赤着脚练。

我发现她的眉毛一边高一边低，嘴角有点儿歪，她说是卒中后遗症。三次训练课后，她可以穿体操鞋了。训练到后期，腿脚的浮肿现象基本消除，眉毛、嘴角也恢复正常。

老人非常激动，接着就鼓动她的女儿、媳妇、亲家母等一大帮亲戚朋友来参加训练，一时间，接连好几个班里都有她介绍来的人。

高芝兰，32岁，银行出纳

干瘦，瘦骨嶙峋，大热天穿衣服也要把脖子胳膊都护起来，包得严严的。体质很差，脸上没有血色，开始训练时坚持不下来，中间要停下好几次喘气。失眠、便秘、厌食都很严重。特别是失眠，有时连着七八天都睡不了几分钟，她说自己是要死不活的。

从体态上看，扣肩塌背，身体撑不起来，像颗豆芽菜。

训练以后，她首先是失眠改善了，尝到了多少年没有过的睡眠香甜。接着吃饭有食欲了，便秘也相应地好了。随着体态逐渐到位，体质增强了。结束训练半个月以后，她打电话告诉我，体重增加了八斤，同事都说她气色比以前好多了，越来越好看了。

郑莹，29岁，工会干部

她从广播里听到关于"形体梳理"的介绍，就约了好几个朋友一块儿来训练。她的形体没什么大毛病，腹部略微胖一点儿，她的目的是想体态更好一些。

训练后，腹部减肥二寸多，形体更有样儿了。原来有些衣服因为穿着有点儿瘦，就压箱底了，像什么高腰裤、低领的连衣裙，都是很贵的衣服。现在翻找出来，又能穿了，还穿出了新感觉。她说这次形体训练太值了，让好多淘汰的衣服又有价值了。

她患有甲亢，脖子粗又变形。训练之后，病症消失了，她自己还不知道，是同事发现她原来的粗脖子变细了。她再摘下眼镜看看自己的眼球，原来有些突出，现在也有好转了。几天后，她专门来告诉我她的惊喜。

金兰香，40岁，部门主管

子宫切除，腰椎间盘突出，腰疼得经常在半夜疼醒，疼得想哭，随之又患了失眠症。她说自己是一个不健全的女人。

病痛折磨她，使她失去了生活的乐趣。她不愿多劳累丈夫，就带着孩子住娘家，又应付着工作，每周和丈夫团聚一次。她很灰心，经常对母亲说，她可能要死在母亲前面，孩子就请母亲多照顾了。母亲训斥她又心疼她。

她参加训练，悟性很高，也很认真，很快抓住了身心舒展的状态，眉宇间开阔了。她眼睛好看，目光清澈温柔。一开始她担心腰不能做动作，但很快发现动作简单温和又循序渐进，所有的动作都能完成。

训练后，她腰疼症状减轻，体质增强了，体态挺拔端庄，人的精神状态跟以前判若两人。她妹妹和邻居看到她的变化，也来参加训练，她也经常来回课。

陈淑燕，54岁，大学教师

便秘30年，什么泻药、开塞露都用个遍，没解决根本问题，很痛苦。在家里上厕所，怕耽误别人，她都是最后一个上，成规律了。她形体上的问题主要是胸部不挺括，腹部胖一些。

训练到一半的时候，便秘的情况大大改善。训练结束时，胸部打开，体态到位，腹围减少三寸五。大便基本正常，浑身轻松了，现在上厕所，她对家人说："我快，我先来。"她说，"形体梳理"攻克了她30年的顽症。

其实，这里面有一个简单的道理：体态到位，增强胯部的活动，促进腹部和肠蠕动，就会松动大便积压。

赵丽芸，44岁，大学教师

形体毛病比较突出，扣肩塌背，腹部前挺，腿脚缺少弹性和力度，臀部松坠，很影响一个女性知识分子的气质和风采。

另外，尿频，每次给学生讲课都要戴"尿不湿"，打个喷嚏小便就会出来。尿频影响睡眠，有一点儿小便的感觉就得去卫生间，滴出几滴，不一会儿，又有感觉了，再去滴，一夜起来无数次。她说在学校里不少老师都有这个毛病。她的腿也是疲乏无力，膝关节僵滞，上楼梯腿发软。

40多岁正年富力强，可她却感觉，身体零件从内到外都要老化了，和丈夫过夫妻生活，丈夫说她是"木乃伊"，叫她心寒。

她来训练，本是想减减肥，能穿上好看的衣服，增加点儿女人味，让丈夫看着喜欢。但她很快明白了"形体梳理"的真正用意，减肥不是最重要的。

她积极配合，全身心地寻找体态美感，训练效果很显著，肢体各就各位，臀部弹性有所恢复，肚子瘦了一圈，体态很有风韵。她特别体会到，提收会阴的动作给她带来的莫大好处。

开始训练时，她总是站在离门口近的位置，为的是上厕所方便。一堂课俩小时，她得去四五次。训练到后期，她可以坚持整堂课不去小便了。

她在家里经常做提收会阴的动作，慢慢地，晚上睡觉可以一夜不起床了，早上起来小便很痛快，也不需要戴“尿不湿”了。

张爱琴，44岁，家政公司主管

也是尿频，还有子宫脱垂现象，做什么事情都小心翼翼的，跟丈夫在一起的时候，心理负担很重，很难投入，总觉得对不起丈夫，很苦恼。

通过梳理，精神状态大大改善，她体会到提收会阴的功能，坚持每天有机会就做，再加上深层收缩，增强了会阴部位的收缩能力，子宫脱垂明显好转。这使她心情变好了，有了自信，工作、生活的质量都有很大提高。

陈冬，28岁，部门经理

患有痔疮。坚持做提收会阴的动作，收缩肛门，使症状缓解，肛门周围明显的息肉没有了。

童艳艳，32岁，媒体记者

体质很差，脸色蜡黄，肩向前扣，脖子无力支撑头部。几年前她得病，一直在治疗当中。身上埋着针，不知道是治什么病的。她的身体完全靠药物和各种保健品维持着，市面一有新的保健品出来，她就去买，经常见她拎着一包一包的。

开始训练，她都练不完整，练一会儿就要停下来休息，头晕，出虚汗。我让她坐着，跟我们一起感受美的氛围，觉着可以站起来了再练，量力而行。这样坚持到六次课以后，她可以全部跟上课了，脸上也有了红晕。我说："生命在于运动。人不能受病的牵制，觉得自己不能运动，任凭身体弯腰驼背，体态不正位，内外不通畅，自然会积出病灶，光靠吃药、吃保健品是不行的。"她很同意。训练结束后她说："这样的训练太舒服，比吃那些保健品有用多了。"

李菊英，61岁，退休职工

高血压，高血脂，脂肪肝，骨刺，骨质增生，耳聋，心脏也不好，一身的毛病。还有，头晃动很厉害，让人看着都眼晕。她练过12年气功，从没有想到过练功跟体态有什么关系。现在参加"形体梳理"，寻找体态美感，身心通畅，觉得自己又年轻了。

训练后，骨刺、骨质增生大大好转，不疼了。原来蹲不下，上楼要抓住扶手一步一步往上拽。现在可以蹲了，上楼也可以不扶扶手了，头晃动减轻了。她说她其他病症也都有好转。

她常来回课，说"形体梳理"是她健康的伙伴。不过，让人哭笑不得的是，她家里有两人下岗，经济情况很差，没钱交学费。工作人员说，你没钱就不要来了吧，在家里活动也是一样的。但她说就喜欢上回课，一定要来，照顾照顾吧，我们也就给她一个特殊的照顾。

陆晓明，38岁，文化干部

单位居然给每个人发减肥药当福利，胖的和不胖的都吃，好像不吃就亏了。她不算太胖，也吃了一段时间，觉得身体乏力，再过些天，像伤了元气，乏力的感觉一直恢复不过来。面色灰黄，两眼无神，上楼迈不动腿，一副懒散的样子。她本来右侧乳房小叶增生，这时觉得更重了，右臂酸疼，抬不起来，写字时手都拿不住笔。她针灸治疗了半年多，还没见好。

训练后，体力开始恢复，写字的手明显地有力了，右臂可以很自如地甩动，腹部减肥近三寸。

后来在舞厅里看见她跳舞，青春焕发，她对我说，她每天都要“提收松挺”站立，面带微笑，美美地做几次深呼吸。她感觉深呼吸太好了，就是在排出废气，她的小叶增生在月经来潮的时候不感觉疼了，肿块也在变小。

邢立君，54岁，退休干部

肥胖症，就是因为太胖才提前退休的。

她个子不高，1米57左右，腹围却有三尺四五，两条腿胖得经常磨烂。她容易心慌，不敢有剧烈的活动。她常年减肥，在美容院里按摩，花了很多钱，也没见效果。她来“形体梳理”，认为终于找到好方法了。腹围缩小了七寸五，两条腿显得轻快了，心慌的毛病也减轻了。她以前根本不敢坐公交车，怕赶，怕跑。现在她可以追公交车了。她家住六楼，有时候故意不乘电梯，爬楼梯，她说她现在有劲儿了，觉得自己又年轻了。

何智慧，48岁，化工工程师

更年期，潮热，心烦，脾气暴躁，喜怒无常，还严重失眠，越烦躁越睡不好，睡不好就更烦躁，成了恶性循环。丈夫在国外工作，她一烦躁起来就对儿子发火。有时高兴了，欢欢喜喜做了一桌子菜，儿子一不小心惹了她，她能连桌子带菜全都掀翻，动不动就在家里砸东西。等冷静下来，也很后悔自己的举动，但当时就是控制不住。

她泪囊堵塞，不停地流泪，医生给她在泪囊里插上一根细细的东西，从眼角露出一小截，看着很难受。

她说她来训练不是为了减肥，是听说这里的气氛好，想来缓解自己的情绪。我说你这样想很好，就尽情地跟大家一块儿来感受美吧，放松心情，不要有任何所求。

她领悟能力强，练得很专心，很快成了班里最出色的美人，风姿绰约。她说这一段情绪稳定多了，夜里容易入睡了，泪囊也通畅了。她认为，如果经常这样梳理一下自己，更年期一定会好过得多。

更年期是个很复杂的生理问题，女性的潮热烦躁是难免的，也需要释放。如果能寻找一个好的途径来宣泄它，转移它，消化它，就能够减少烦恼和痛苦。

周红，33岁，军医

她的下半边脸是黑的，乍一看像是黑痣，其实不是，而是色素沉淀，一块一块都连起来了，面积很大。她治疗过，不见效。她第一次听我讲课，就很认可我的理念，认可我选择的一些穴位，所以她参加训练非常认真投入。

她很高兴地告诉我，她以往来月经都像是生一场大病，流出来的都是黑色的血块，每出来一块身上都发抖，两个腰眼直冒凉气，要用大毛巾或者秋裤缠在腰上，身体虚弱得可怕，有恐惧感。可是训练中这一次来潮，就只有开始一个黑血块，后面全是鲜红的血，太舒服了，身体也不觉得那么虚了。

训练后，她脸上的色素也有变化。她说，色素跟月经有密切的关系，只要月经能正常，她脸上的色素就会慢慢消失，现在刚训练不到一个月就已经看出效果了。

两个月以后我再见到她，脸上的色块真的不那么明显了。

……

例子很多很多。

在改善形体的同时，身体的某些症状也随着发生好的变化，几乎每一个学员都有这种情况，特别是月经不调、便秘、颈椎病、失眠这几种症状，得到改善的情况最为普遍。

有句话说："痛则不通，通则不痛。""形体梳理"一个最基本的用意，就是要使身体达到内外通畅。

来信摘录

我面前放着一摞学员们写给我的信、贺卡，那上面记录着她们的感受、感谢和希望，读着它们我很感动，是享受也是鞭策。我想摘出几段话，请大家再从这个角度看看，"形体梳理"要做的是什么?

摘录之一：

马妮老师，能认识您并参加您的训练课程，是非常值得纪念的事。我觉得自己最大的收获是，不仅掌握了一种梳理形体的方法，更重要的是找到了作为女性所应该有的那种自信、自然和喜乐的心境。真的非常感谢您的亲切的眼光，友善的微笑和富于鼓励的话语……

摘录之二：

四个星期的训练很快就结束了，感想很多，其中最重要的是体会到了您教授给我们的方法，那就是如何寻找做女人的感觉。随着青春岁月的流逝，我们甜美的笑容也被工作的压力、生活的负担剥蚀掉了，容貌、形体的改变也必然带来心理上的不平衡进而影响情绪，这一连串的不良反应势必影响一个女人的生活质量。

在您教课的过程中，您对自己的经历谈得并不多，但就是从这只言片语中，我清楚地看到了一颗追求至善至美的执着而坚毅的心灵，我非常钦佩。不瞒您说，我也是一个减肥“专业户”，十年来用了很多的方法，吃了很多苦……正是由于这些经历，我才深深地体会到您教给我们这些知识的可贵之处，它确实是那些爱美如生命的女人的福音。

摘录之三：

马妮老师，同您和所有同班的学员们共同度过的这一个月的时光，对我来说太重要了。从心理到生理到形体都有了很大的改观，脊椎到位，消除多余的脂肪，更重要的是找到高贵、端庄的形体感觉和心理感觉。端庄、美丽、善良、正直才是我们中华民族女性最具魅力的气质和品质。在我的心目中，您就是美的化身，您拥有完美的身材，还有一颗善良正直的心。

我其实也是坎坎坷坷地度过了多半生，不如意的烦心事经常让我紧锁眉头。但是在这一个月中，我发现了一件很奇怪的事情：面部呈“王”字，双眉打开，竟然使那些烦心事不会轻易地浮上心来，即使来了，我马上能拂去。我太高兴了。其实难过的事情不应该老是拿来让自己重温，那样永远都摆脱不了阴影。

我的身体不大好，颈椎病、腰椎病都很严重，还有内分泌失调。这一个月的梳理，我感到很有作用。我非常希望您能设立一个俱乐部，能让我们这些贤妻良母型的女人在一起畅所欲言，广交朋友，共度美好人生……

摘录之四：

特别高兴在新年伊始之际结识了您，并从您那里学到了许多知识，不仅让形体、气质更好，也受益于生活的点点滴滴。感谢您将美丽带给我，使我自信从容地面对生活。我觉得如果自己感觉妩媚起来了，世界将变得完全不同了。

……

前面的路

一个人所做的事情能被别人需要，被别人感激，是很幸运的，也是幸福的。我感谢所有因“形体梳理”而相遇、相识、相知的人们，是他们一次次给我这样幸福的时刻。

这本书就要结束了，可是关于女人美的话题是永远说不完的。

这本书就要结束了，可是我前面的路还很长呢。

我将尽我所能，继续用心地传播“形体梳理”，让更多的人受益。

我还有一个心愿，就是期待与有识之士携手共创中国的形体文化事业。

我知道这是一个不小的心愿，还只是远远地挂在前面的一幅美丽的“风景画”。

我会一步一步往前走，走进更美丽的风景里……

附：人体穴位图（1）

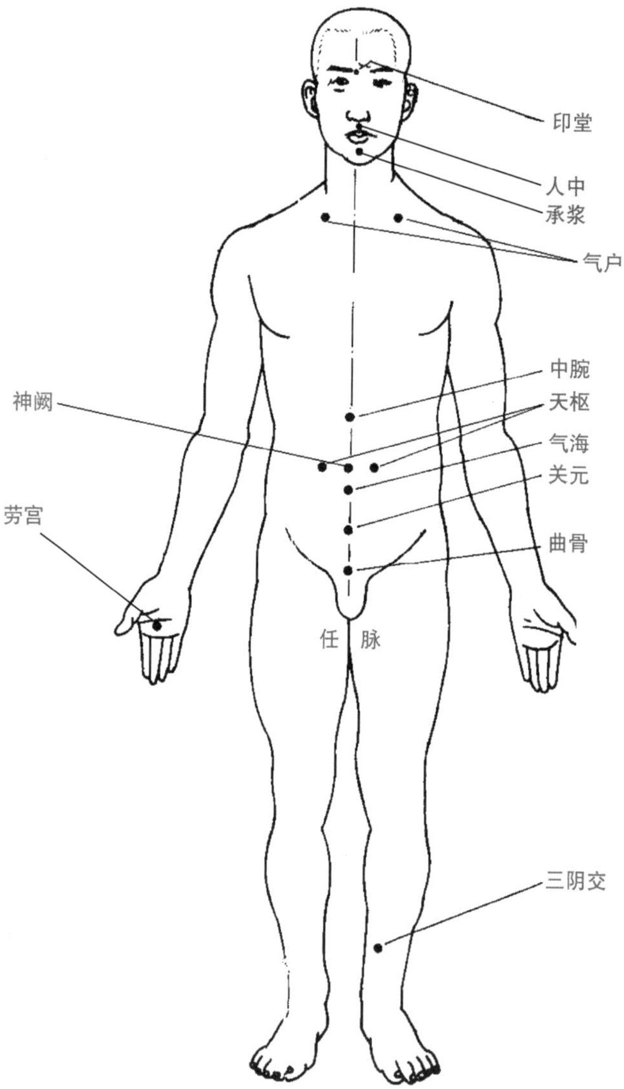

附：人体穴位图（2）

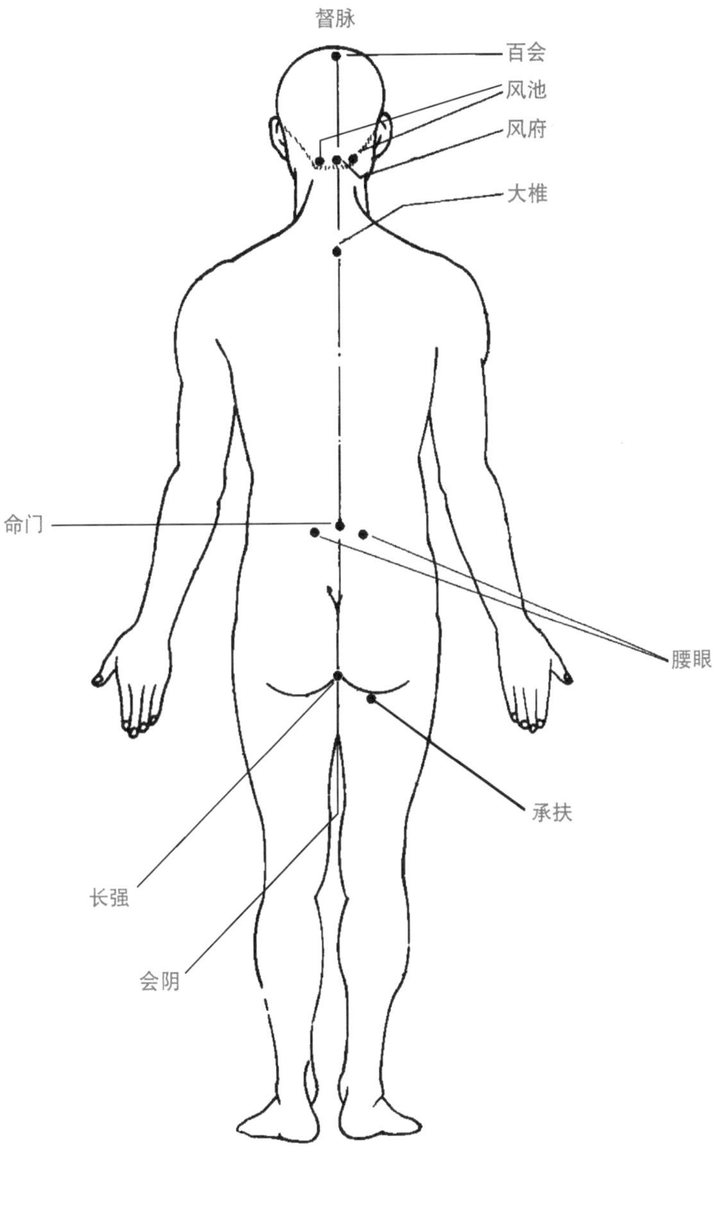

附：人体穴位图（3）

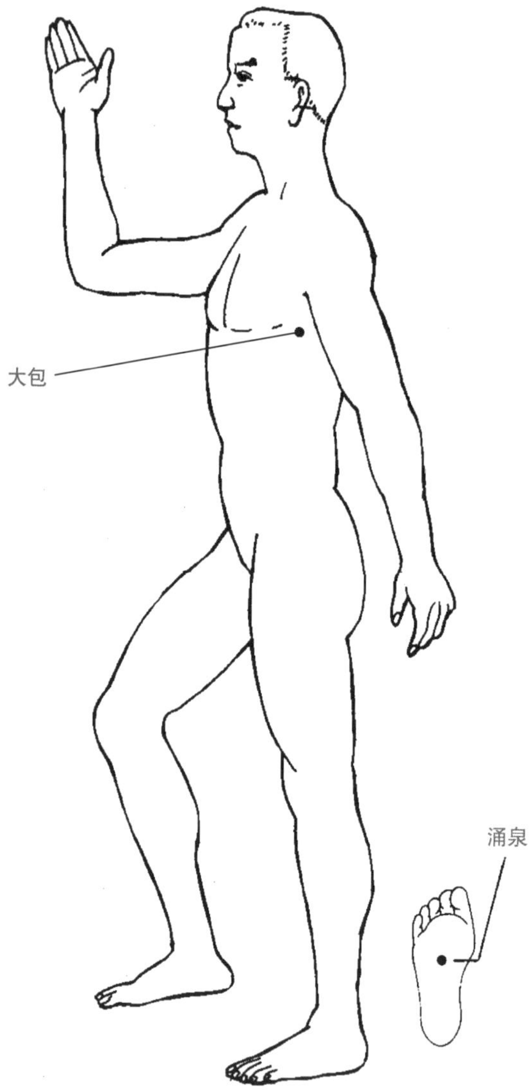

结　语

美是真实，

美是健康，

美是善良，

美是宽容；

美是自信，

美是和谐，

美是创造，

美是给予；

美是有同情心，

美是尊老爱幼，

美是积极进取，

美是懂得回报；

美是自尊，

美是坚忍，

美是质朴，

美是温柔；

美是一帆风顺，

美是披荆斩棘，

美是感受幸福，

美是经历痛苦；

美是向往成功，

美是淡泊名利，

美是心境自由，

美是青春永驻；

……

美，在千姿百态的生活里，在生生不息的生命中，它就在平时伴随着我们。

要是能常常发现美，认识美，品味美，我们就会对生活多一些热爱，少一些抱怨，我们就会生活得更好。

形体美只是我们生命中美好的一部分。

美在体态，美更在心灵……